职业院校高等学历继续教育发展研究

孙月红 ◎ 著

吉林出版集团股份有限公司

图书在版编目（CIP）数据

职业院校高等学历继续教育发展研究 / 孙月红著
. — 长春：吉林出版集团股份有限公司，2023.9
ISBN 978-7-5731-4329-7

Ⅰ. ①职… Ⅱ. ①孙… Ⅲ. ①高等职业教育－继续教育－研究－中国 Ⅳ. ①G719.2

中国国家版本馆CIP数据核字（2023）第182228号

职业院校高等学历继续教育发展研究
ZHIYE YUANXIAO GAODENG XUELI JIXU JIAOYU FAZHAN YANJIU

著　者	孙月红
责任编辑	齐　琳
封面设计	林　吉
开　本	787mm×1092mm　　1/16
字　数	210千
印　张	13
版　次	2023年9月第1版
印　次	2024年1月第1次印刷
出版发行	吉林出版集团股份有限公司
电　话	总编办：010-63109269
	发行部：010-63109269
印　刷	廊坊市广阳区九洲印刷厂

ISBN 978-7-5731-4329-7　　　　　　　　　　　　定价：78.00元

版权所有　侵权必究

前　言

新时代职业院校继续教育迎来了大发展的新机遇，顺应国家发展战略，建设终身教育体系，转型发展成为职业院校继续教育的必然选择。

首先，在我国应用型职业院校建设和高等教育大众化的背景下，职业院校继续教育面临着巨大机遇和挑战，传统以学科知识为主的学历继续教育已然不符合当今时代的发展需求，继续教育应该加强其应用的属性，注重人的全面发展以及职业能力的培养，大力发展以职业培训为主的非学历继续教育。

其次，进入新时代，经济和社会高度发展，职业院校继续教育必然出现新的改变，学习者的学习需求也更加个性化、多样化。为了激发普通职业院校继续教育的发展活力，实现高质量发展，普通职业院校继续教育应从供给侧入手，提升供给质量和效率，优化供给结构，创新体制机制，进而缓解供需矛盾，实现供需的相对平衡。

最后，职业院校正在转型期间，增强自身实力，在竞争中保持优势非常重要，为社会做好服务这一职能尤为重要，最好的方式就是做好继续教育工作。社会在飞速前进，在职人员的知识储备也需要不断更新。只有不断更新自身的知识储备系统，不断增强自身的综合素质，培养各方面能力，才能跟上时代的脚步，为企业的快速发展做出贡献。本书内容涉及继续教育多个领域、多方面的工作，既包括有关职业院校继续教育各项改革与发展的积极探索、工作研讨，也包括继续教育理论研究、行业继续教育新特色建设等，是对职业院校继续教育改革与发展规律性、理论性的探讨。

笔者在撰写本书过程中，借鉴了众多前辈的研究成果，在此表示由衷的感谢。由于笔者水平有限，加之撰写时间仓促，书中难免存在不妥和疏漏之处，还望广大读者批评指正。

孙月红
2023 年 7 月

目录

第一章 继续教育渊源与发展概述···01
 第一节 继续教育的概念···01
 第二节 我国继续教育的产生和发展·······································02
 第三节 继续教育理论的确立···07
 第四节 继续教育的重要性研究···10
 第五节 新时代职业院校继续教育的使命与责任···························14
 第六节 继续教育当下发展现状···17
 第七节 继续教育存在的问题···21

第二章 现代继续教育的教育形式···23
 第一节 成人高等教育定义及教育形式···································23
 第二节 远程（网络）高等教育···27
 第三节 高等教育自学考试···29
 第四节 国家开放大学（电大）···32

第三章 职业院校继续教育的现有运行机制分析·······························33
 第一节 职业院校继续教育运行机制的内涵·······························33
 第二节 物理层：职业院校开展继续教育系统的物理结构···············38
 第三节 表现层：职业院校继续教育的目的、行为和功能···············47
 第四节 规则层：职业院校继续教育的规则要素·························60
 第五节 运行环境：职业院校开展继续教育的环境·······················106
 第六节 继续教育的发展趋势···109

第四章 破解继续教育之问···110
 第一节 职业院校的困惑与挑战···110

第二节　继续教育机构如何适应市场需要 …………………………… 115

　　第三节　政策建议 …………………………………………………… 118

第五章　新时代职业院校高学历继续教育的转型 ……………………… 120

　　第一节　职业院校继续教育转型的理论基础 ………………………… 120

　　第二节　职业院校继续教育转型影响力场分析 ……………………… 122

　　第三节　职业院校继续教育转型的目标取向和原则 ………………… 128

　　第四节　职业院校继续教育转型的路径 …………………………… 136

　　第五节　"互联网+"背景下职业院校继续教育的转型发展 ………… 142

第六章　职业院校高学历继续教育供给侧改革 …………………………… 147

　　第一节　概　述 ……………………………………………………… 147

　　第二节　职业院校继续教育供给侧改革的必要性 …………………… 150

　　第三节　职业院校继续教育供给侧改革的逻辑与思路 ……………… 152

　　第四节　职业院校继续教育供给侧需要加强的方面 ………………… 157

　　第五节　职业院校继续教育供给侧改革策略 ………………………… 162

第七章　职业院校继续教育校企合作研究 ………………………………… 168

　　第一节　继续教育校企合作的必要性 ………………………………… 168

　　第二节　职业院校继续教育校企合作中需要加强的方面 …………… 171

　　第三节　职业院校继续教育校企合作对策 …………………………… 175

　　第四节　校企继续教育资源共享模式构建 …………………………… 180

第八章　职业院校继续教育质量管理研究 ………………………………… 183

　　第一节　概　述 ……………………………………………………… 183

　　第二节　继续教育全面质量管理的要点和内容 ……………………… 184

　　第三节　继续教育全面质量管理的重要性 …………………………… 190

　　第四节　职业院校继续教育质量管理的对策 ………………………… 192

参考文献 ……………………………………………………………………… 199

第一章 继续教育渊源与发展概述

第一节 继续教育的概念

一、继续教育的提出

"继续教育"源自第二次世界大战前后的英、美两国,从 20 世纪 60 年代开始蓬勃发展。最初,美国提出的"继续工程教育"专指大学后继续教育,即对已获取高等教育学历或学位、具有一定职业技术的在职专门技术人才不断更新知识、提高技能的教育。随着社会的发展,继续教育内容不断丰富,内涵发展不断与时俱进,现在的继续教育早已不是当初简单的继续工程教育了,而是已经应用到全社会的培训中。

二、继续教育的界定

"仁者见仁,智者见智",不同国家或组织对继续教育的界定也不尽相同。美国的继续教育是正规教育后的一种广泛性教育,表示成人对其职业知识与技能进行持续更新。

(一)继续教育在国外的界定

1974 年,联合国教科文组织规定了继续教育的概念,"继续教育是指那些已经脱离正规教育的、已参加工作的、能负起社会责任的成人所接受的各种各样的教育"。[1] 在日本,继续教育被称为研修,指进一步的学习研究,其办学形式多种多样,有自我发展、业余培训、自学和在职培训等;在英国,继续教育是指

---

[1] 杨智,孔祥平. 成人教育与继续教育关系的重新审视 [J]. 继续教育研究,2017(3):54-57.

停顿一段时间后再继续学习职业或综合性知识的一种成人教育形式；在法国，继续教育就是指职业继续教育，通过开设职业继续教育培训中心，使学员不断学习以适应变化的职业需求，同时也为人的职业转换提供帮助。可以看出，各国对继续教育的发展极其重视，由于国情不同，对继续教育的理解有独特的亮点，但实质不变。

（二）我国对继续教育的界定

在我国，目前相关学者对继续教育的概念没有形成一致的界定。著名教授叶忠海在对继续教育这一概念内涵的界定中认为，继续教育旨在通过提高已脱离正规教育社会成员的整体素质，特别是其中的创造素质，培养高级专门人才，直接有效地为社会主义现代化建设服务。

郝克明在《跨进学习社会的重要支柱——中国继续教育的发展》（2011）中对继续教育做了定义：继续教育是面向已脱离学校教育，进入社会的成员特别是成人的各种教育活动。[①]

国内学者对继续教育的研究相当丰富，继续教育内涵呈现出复杂、多样的特点。但是，无论学者对继续教育阐述的多样化程度有多高，我们发现，其对继续教育本质的理解是相同的，存在着一定的共性。

综上所述，继续教育是对脱离正规学校教育，包括在职与非在职的社会成人所进行的教育活动，宗旨是更新补充知识、扩大视野、提高创新能力，是实现科学技术迅猛发展的产物。继续教育是地方本科职业院校联系区域社会的重要桥梁，是服务社会发展的重要窗口，应承担为服务社会培养人才的重任。

第二节 我国继续教育的产生和发展

一、我国继续教育思想萌芽阶段

现代的继续教育是在科学技术快速进步、知识更新周期越来越短、生产技术需要受过更高教育的劳动者来与之相匹配的情形下提出的，并作为一种教育手段以法的形式固定下来。

事实上，两千多年前，我国就出现了继续教育思想，这种思想的提出者是子夏。

---

① 郝克明.跨进学习社会的重要支柱——中国继续教育的发展[M].北京：高等教育出版社，2011：36.

在"仕而优则学,学而优则仕"①中,子夏详细阐述了继续教育思想。子夏以"学"表示"初始教育"、以"仕"表示"继续教育",此乃"理同而事异"矣。"仕"是继"学"之后的另一种学习,是"学"的延续和升华;而"学"则是"仕"的开始和基础。

在描述"仕"与"学"之间的联系时,子夏对教育的理解已经非常深刻,这种描述也体现出了他的大教育观,他将入职后的教育(继续教育)描述为"仕",还将其放在自己的教育体系里面。

子夏的继续教育思想异常丰富,并有其鲜明特点,归纳起来,有以下三方面。

(一)学习时间的连续性

子夏的教育思想通过描述"学"与"仕"之间的联系,指出学习这件事情在短时间内是不可以取得成功的,除了刚开始已经受到的教育外,持续不断的学习也是必需的。无论你是为官从政,还是步入社会,都要利用业余时间继续学习。

(二)学习过程的阶段性

子夏将学习分为"学"与"仕"两个阶段,"学"是"仕"的基础,"仕"是"学"的延伸。"学"与"仕"构成了一个人的整个学习过程,两者结合,相辅相成,互为补充,能使人不断学到新知识、完善自己的知识结构、提高自身的实践能力。

(三)学习形式的多样性

我们从子夏的"仕而优则学,学而优则仕"中可以看出,他将不同的学习类型进行了归类处理。其中,不管是已经掌握的原始教育,还是后来受到的继续教育,子夏都将其中属于描述的知识部分叫作"学",而将具备程序性特点的知识叫作"仕"。

同样是"学"字,出现在不同句子中,其含义也是有区别的,如在"仕而优则学"中的"学"与"学而优则仕"中的学,二者是不能画等号的:第一个"学"表示自我修养,发生的场景是在接受继续教育。第二个"学"表示正式的学习,发生的场景是在接受原始教育。

"仕而优则学,学而优则仕"非常经典,子夏将继续教育的理念蕴含其中。在某种意义上说,它为后来继续教育的发展奠定了思想基础。

---

① 孔子.论语[M].长沙:岳麓书社,2018:235.

二、我国继续教育的探索阶段

（一）清末民初时期教育家、思想家的继续教育探索阶段

1. 黄炎培的继续教育探索

作为我国近现代的教育家，黄炎培还是一位民主主义者，同时也是一位爱国主义者，他倡导职业教育，对我国近代职业教育有着积极影响。他于1917年成立中华职业教育社，以"使无业者有业，使有业者乐业"为职业教育的总目的，在全国推行职业教育，创办职业学校。"为了帮助失学失业青年和提高就业工人、中下级公务员、店员、职员的文化水平和业务能力，中华职业教育社创办了为数众多的职业补习教育机构。"[①]

中华职业教育社建立了大量的职业辅导机构，其目的是为失业青年提供帮助，使就业人员包括需要提高自身能力的公务员可以在业余时间掌握必备的岗位知识。黄炎培和他的同事对当时脱离社会生活的传统教育进行改革，勇敢地对继续教育进行实践，最后收获了很多宝贵经验。

2. 梁漱溟的继续教育探索

梁漱溟是我国现代思想家和教育家，他致力乡村建设的开展。其"社会教育"是他乡村运动的重要组成部分。他在《社会本位的教育系统草案》中对"社会教育"（或民众教育或成人教育，也就是我们说的继续教育）与学校教育的关系进行了具体论述。他认为，社会教育是学校教育的补救，无论是学校教育，还是社会教育，二者应形成完整、合理、统一的教育体系。[②] 梁漱溟为乡村教育实践贡献了毕生精力，尽管受到历史影响而没有取得好的结果，但他的探索实践为我们后来研究继续教育提供了很好的参考，有着很深的影响。

3. 蔡元培的继续教育探索

1918年，蔡元培先生正在北京大学担任校长，作为一名闻名的教育家和民主革命家，他对平民教育非常看重，"平民夜校"就是其在北京大学开设的，同时开设的还有"校役夜校"。此举不但在历史上开创了北京大学继续教育的先河，也打开了我国高等学校继续教育开创史上的第一页。

（二）解放区的继续教育探索阶段

1927年12月，井冈山市的龙江书院成立了教导队。当时的环境不能为学员提供教室和宿舍，于是老百姓便为他们提供了住宿。学员的住所前面是一片草地，

---

① 田正平. 传统教育的现代转型 [M]. 杭州：浙江科学技术出版社，2013：141.
② 梁漱溟. 社会本位的教育系统草案 [M]. 北京：中国人民大学出版社，2015.

天气晴朗的时候，学员就以草地为教室来上课。没有笔，就用树枝、碳条代替；没有纸，就用地面、石板、石碑代替。于是，我们的党和军队便把这种经验继承下来，形成一种具有自己特色的继续教育方式，并对此进行了进一步探索，在武装部队及解放区迅速推行，在极短的时间内，为当时的部队和解放区行政部门培养了大批人才，大大提高了部队指战员的整体素质和解放区工作人员的知识水平和工作能力，也为解放区的劳苦大众提供了学习文化的机会和可能。

（三）中华人民共和国成立初期继续教育探索阶段

中华人民共和国成立后，百业待举，如何使在职人员更好更快地适应社会主义建设新要求成为当时我国社会主义建设的首要事务。中华人民共和国成立之初，就开始致力于劳动者的业余教育工作和在职干部教育工作。为了适应当时的形势要求，我国进行了新的继续教育方式探索，并且形成了自己独特的方式。

1. 不脱产学习

中华人民共和国成立之初，事务繁忙、工作紧张，工作人员只有在业余时间才能接受教育。因此，不脱产学习应运而生，并被工作人员所接受。开展不脱产学习的机构包括不同类型的学校，教学方式多种多样，如面授和函授以及电视和广播等。随着时间的推移、社会的发展，在职进修的内容也越来越广。跨部门、跨行业、跨学科的学习应运而生，学习者可以根据自身实际情况而选择学习内容、学习方式和专业方向。

2. 脱产学习

为了更快更好地让人们获取知识和技能，脱产学习让其脱离工作岗位全身心地学习所选专业和方向成为可能。这说明，一方面我国的生产力飞速发展，为人们提供了学习的机会和可能，另一方面也说明当时我国急需大量有文化、有技术的建设人才。其主要表现为各种短、中、长期的集中培训。有单独个体脱产出去的，也有单位集体集中进行的。这个时期的不脱产学习和脱产学习与我们今天所说的继续教育相比，是形、质两方面都非常接近的。也可以说，此时的继续教育是以不脱产学习和脱产学习这两种方式为代表的，是我国在继续教育方面的新探索。

三、美国继续教育学习的借鉴

（一）美国对继续教育非常注重

20世纪，因为科学技术的迅猛开展，世界范围内的生产竞争日益剧烈，美国工业界、教学界提出了"知识半衰期"，即一位工程师的最好表现为30~40岁，40岁往后，非基础性的专业知识每过6~10年即失效1/2，对计算机一类高技术范畴，其半衰期只有3年。这一问题引起美国业界的强烈反响，研讨讨论以后，共同认为传统的一次性教学方法现已远远不够，为了习惯生产技术和科技开展的要求，对工业技术人员必须给予屡次的、不断的直至毕生的继续教育。

（二）美国继续教育的类型

美国的继续教育类型首要有两种：

1. 短期训练班

这是首要方法，参与的人数较多，占90%~95%。

2. 在职工程师攻读较高学位（通常为硕士）

以业余为主，参与这一类型学习的所占份额约为5%，所设课程通常为三类。

（1）更新类型

这些课程多是当前大学中正开设的课程，可老的工程技术人员并没有学过，或所学的内容现已陈腐过期。

（2）管理型

对于这类课程，在校大学生并不学习，是工程技术人员实践工作中所急需的。

（3）开展型

归于高新型技术，是往后可能要运用的。

美国的继续教育手法是多种多样的，除面对面教学这种传统方法以外，还有函授、刊授等。如今，美国的继续教育不断增加电化视听设备的选用，这么做，其覆盖面大、时间灵敏、教学效果也好。

当然，他们也是经历了由低到高的进程：从面授、函授、电话逐渐走向运用电视、录像、卫星等新技术进行教学，然后大大提高了教学水平，促进了经济和科学技术的迅猛开展。

（三）美国继续教育的管理

美国联邦政府对全部继续教育事业的方针是支撑，而不是干预，而各州政府要依照美国宪法的规则对各自的继续教育行使直接管辖权。美国联邦政府对继续教育的支撑和领导，对不一样行业选用不一样的方针和战略。

1. 教学费免于征税

联邦政府对继续教育的支撑首要表现在税收方针上，即答应各公司的教学费列入本钱，免于征税，然后鼓舞公司兴办教学事业。美国国防部对个人的合同大学、合同公司用捐献设备和经费的方法给予支撑，美国国家科学基金会（NSF）对继续教育的研讨项目给予帮助并发放基金。

2. 给予大学经办继续教育自主权

继续教育对政府来说是一种出资，是社会生产的一部分，也会创造赢利，所以对大学举办继续教育通常不给以经济上的支撑，即使给，也是很小的。因此，美国大学的继续教育原则上是自负盈亏，所以，他们是否办、怎么办、开哪些课程，多是依据市场的需要而定。

3. 农业科学的继续教育赞助宽厚

美国政府对农业科学的继续教育赞助比工业要宽厚得多，而且安排系统颇有特点，美国各州的州立大学、土地赠予学院承担着对农业生产的指导作用，大学的农学院均在本州各县建立"农业参谋"进行科技推广和对农民及其家庭的教学工作。这些县农技参谋、专家组成员等要定时到大学轮训进修。作为公职人员，他们的费用由推广所及大学承担。

4. 对医师的继续教育方法不同

美国医师是高收入工作，要变成一名医师是相对艰难的。从事医师工作要大学四年本科毕业后，之后再实习2~5年，才能变成一个有执照的正式医师。美国对医师的继续教育有严厉的硬性规则，即每年必须进修25小时以上，进修的内容必须是有关医治的，而不是通常理论或将来开展等内容。举办继续教育的组织必须经各州审查委员会同意，通常只能是著名大学的医学院，经费由医师本人承担。

5. 对高等学校教师和科研人员的继续教育方法不同

高等学校教师和科研人员的继续教育与其他工作也有不一样的要求。对这些人员，首先是经过硕士、博士学位；其次是开展科学研讨、教学实习、咨询服务；最后即是选用学衔制，经过助理教授、副教授、教授的提升进行挑选以保持各层次人员的质量。因此，职业院校教师并没有狭义的继续教育的规则。

6. 对中小学教师的继续教育有一套管理方法

国家科学基金会要供给专款，专题研讨"怎么改善中学教学质量"等，对教师的业务水平有着具体要求。

第三节　继续教育理论的确立

继续教育是在20世纪30年代从美国发展起来的一个新的教育工程，称之为CEE（Continuing Education Engineering）。目的是对部分有需要的工程技术人员进行再培训，使其更快更好地适应快速变化的生产需求，以便快速掌握难度升级的新技术，从而保证新产业的生产任务顺利完成。经过时间和经验的积累，当代继续教育成为一种广泛、多样和灵活的终身教育方式，包括对各行各业进行专业培训的大众教育、中等教育以及大学后继续教育，作为社会终身教育的一部分，继续教育是不可或缺的。

一、继续教育理论研究的发展历程概述

（一）20世纪初至20世纪50年代末是继续教育理论研究的创始阶段

在继续教育理论开始研究的阶段，个人和群体对其进行的研究都处于相对低的阶段，是非常早期的阶段。主要是在学习目的、学习能力、成人教育学等方面获得了初步成果。这一时期的理论研究主要表现出如下几个特点。

（1）研究方法简单，逻辑不够严密，研究结果有较大出入。

（2）研究问题较为分散，不系统、不深入。

（3）研究者只关注成人学习中的心理研究，历史研究、哲学研究等其他方面的研究并没有引起研究者的重视。

（4）研究成果大部分都是由社会学家所取得的。

（5）研究主要集中在少数几个国家，如美国、英国、苏联、南斯拉夫等。

（6）研究范围比较小，研究进度比较慢，尚未在真正意义上为继续教育理论研究指明方向。

（二）20世纪60年代至今是继续教育科学研究的发展阶段

20世纪60年代，美国著名教育家马尔科姆·诺尔斯提出了要重视成人学习者的个性和优势。20世纪70年代中期，在对成人智力进行心理实验的研究中，苏联学者取得了一系列研究成果，陆续有多本专著问世，《成人生理心理机能的发展》就是其中一本。正是因为这些著作，才丰富了对成人学习所进行的教育研究的理论知识。

终身教育思想的传播对继续教育研究的深入开展起着巨大的推动作用。1970年法国教育学家保罗·格朗发表的《终身教育引论》一书和1972年国际教育发展委员会向联合国教科文组织提交的关于国际教育策略的研究报告（题目为《学会生存》）都提出了传统的学校教育体制必然为终身教育体制所代替，最终走向"学习化社会"的发展方向。对继续教育的持续发展和成人教育的后续研究来说，上述研究具有重要的指导意义。

从20世纪70年代开始，人们将注意力放在对继续教育和社会结构变化之间的联系的研究上。巴西著名教育家保罗·弗莱尔认为，继续教育最主要的责任就是对社会变革起到促进作用，同时也应促进政治变革，他的观点在发展中国家得到了普遍认可。

20世纪80年代以来，国际继续教育研究的最显著的成就体现在以下领域：

（1）国际上开始大范围对继续教育进行比较研究，国家间得以相互沟通、相互补充，推动了前所未有的继续教育国际会议、合作研究和信息交流。

（2）在西方的继续教育研究中，马克思主义理论开始占据主要地位，马克思主义观点被部分西方学者加以应用，以此来对继续教育的进程进行把控，使继续教育的发展拥有了新的生命力。

从上述研究可知，国外对继续教育理论的研究呈现出以下特征：

（1）继续教育学科已经设立，正在不断完善中。
（2）已经成立了继续教育专属研究组织。
（3）其研究得到了其他国家大量的关注和支持。
（4）国际上已经大范围对继续教育研究展开比较工作。

二、继续教育的教育形式

（一）成人高考

"成人高考"是成人高等学校招生全国统一考试的简称，考试分为三个类型：专升本、高起本和高起专。其中，"专升本"是专科起点升本科的简称，"高起本"是高中起点升本科的简称，"高起专"是高中起点升专科的简称。全国成人高等学校招生统一考试成人高等教育属国民教育系列，列入国家招生计划，国家承认学历。

成人高等教育是正规高等教育的一个分支，是国民教育体系不可或缺的一部分，国家认可其学历并对其制订招生计划。

脱产、函授和业余是成人高等学校的三种学习形式，其中，业余又包含半脱产和夜大学。在脱产学习中，高起本至少需要四年，高起专至少需要两年，专升本也是两年；在函授和业余学习中，高起本至少需要五年，高起专至少需要两年半，专升本也是两年半。

（二）远程网络教育

在最近兴起的教育模式中，远程网络教育是其中的典型代表。自1999年以来，教育部批准了清华大学远程教育、对外经济贸易大学远程教育学院等68所普通职业院校学校开展现代远程教育试点工作，允许上述试点职业院校在校内开展网络教学工作的基础上，借助现代通信网络进行学历教育及非学历教育。对达到高等教育毕业条件的学习者，发给其高等教育证书，对其学籍进行电子注册，以达到国家认可标准。

（三）自学考试

高等教育自学考试是对自学者进行以学历为主的高等教育国家考试，是个人自学、社会助学和国家考试相结合的高等教育形式。1981年是自考制度的创始年。截止到2020年10月，全国共开考高等教育自学考试专业（包括独立本科阶段）569种，停考专业336种，报名新考生共计8400万人，建档在籍考生7100万人，专科（基础学科）毕业生共计369万人，本科（独立本科阶段）229万人。另外还包括中专/职高学历自考毕业生610万人。小学/初中学历自考毕业生287、6万人。。它是中国最大的开放式高等教育形式。在中华人民共和国境内，公民不分性别、年龄、民族、文化程度，可以依照国务院对高等教育自学考试制定的相关条例进行自学考试。

（四）广播电视大学

电视大学开放教育的中心是学生和学习，目的是消除学习者的学习障碍，打破学习限制条件，与其相对的教育形式是封闭教育。

例如，开放教育对学习者的年龄、职业、地域和资格的要求条件比较宽，有志气、有文化基础的学习者可以直接进行入学申请，跨过了入学考试这一步骤；学生选择课程、使用媒体可以在某种程度上自主决定，以何种形式进行学习，怎样安排学习进度，何时何地进行学习等问题都可以由学习者结合自身条件自主决定；其学习教材涉及多种媒体，使用的教学手段更是用到了现代信息技术。

第四节　继续教育的重要性研究

在新时代大力发展继续教育事业不仅能够持续提高社会人群的受教育水平，提升全民整体素质，同时也是改造各层次的人才结构，实现就业、创业、创新能力的重要途径。它为社会、企业及个人的不断成长增添了更多活力，提升了企业和国家的竞争力，最后结果是对形成全民参与的终身学习型社会产生了积极影响。

一、继续教育的需求性剖析

（一）社会发展需求

从当时的国际竞赛和我国教学发展现状来看，进一步加强创新式国家的建造，注重施行科教兴国、执行教学优先发展的战略是继续教育发展的根本动力。

1. 继续教育帮助就业人员习惯社会各方面的需求

科技的快速发展使社会工业构造、技能构造、职业构造等不断地随之发生改变，这种改变不但对就业人员的常识总量提出了更高更新的要求，同时也对职业应变才能和智能构造提出了新的要求。为了非常好地习惯社会各方面的需求，一次性的校园教学现已不足以满意这种社会发展需求。

2. 继续教育训练能调理和引导社会人群的思想

在经济快速发展和社会快速转型的前提下，很大一部分人对新的要求、新的观念、新的思路完全迷茫了。为了让他们拥有正确对待世界、人生和价值的态度，要让其明白自身的努力是必不可少的，将归纳教学运用在家庭、社会、校园中也是必不可少的。继续教育训练能从一定程度上对社会人群的技能、思想、认识、心情、举动等按照既定方针和方向进行调理和引导，从而影响他们终身的政治情绪、观念认识及理想信念。

3. 继续教育是人员资本转化为人力资本的最好辅佐

在当时我国许多待业人员中，大多数是无技能型或低技能型劳动者，要将人员资本转化为人力资本，最卓有成效的方法莫过于辅佐继续教育，经过分阶段提高劳动者的职业技能水平，储藏尽可能广泛的常识量，改变他们在从业竞赛中的劣势位置，可以在一定程度上解决构造性就业问题。

（二）公司发展需求

如果公司是一个巨大的机器，教学训练则能够看成是支持人力资本工作的润滑剂。面对职业提出新的要求时，都需要凭借这种特别的教学方法来促进职工的各项才能，使职工的专业常识、职业技能、职业情绪、应变才能、思想形式与公司的发展要求相匹配、相习惯，而这种教学方法也需要辅佐公司运营。

数据显示，大多数公司雇主都愿意为职工训练做出许多出资，这表明不断增加的公司现已认识到每个公司成员前进一个级别的水平给公司带来的功效必定是成倍增加的。因此，加强职业技能导向的继续教育训练对公司获取和提升竞争力具有积极作用。

（三）个人发展需求

新技能革命引发的新经济以及全球经济合作趋势设立了许多新的职业岗位，也为传统的职业岗位注入了更多成分和新鲜血液。面对新技能革命浪潮的冲击，一部分职工可能会被相继筛选或处于过渡阶段，另一部分则可能要面对各种职业改变，为新的职业任务做好足够的预备。因此，掌握先进的职业技能，延伸继续受教育程度成为个人发展的必定需求。

继续教育是社会发展到一定时期必定要呈现的教学形态。在新时代，大力发展继续教育事业不只满足了大众集体对增加多元化教学方法的需求，也是调整人才工业构造的主要手段。关于推进我国经济发展的方法、促进国家核心竞争力，特别是在构建终身教学系统和创建学习型社会方面起到了重要的推进作用。

二、继续教育的必要性剖析

（一）继续教育面对的发展机会要求

现阶段，国家关于继续教育发展理论与方针的出台以及新媒体条件下技能性方针的前进在很大程度上推进了继续教育的深化发展，为继续教育提供了发展环境与发展机会。2010年7月8日国务院印发《国家中长期教学变革和发展规划纲要（2010—2020年）》的提出，继续教育在陆续跨越传统的教学模式进行着教学和管理理念的创新和实践。国家科学发展观的提出也为继续教育的深化发展以及终身学习的根本教学理念提供了思路。受现代化信息技能与网络化技能的影响，许多继续教育职业打破了传统教学形式，真实完成了教学信息与资本的同享，推进了继续教育职业的发展。

（二）继续教育面对的发展挑战要求

随着现代化信息技能与多媒体技能的不断发展，继续教育职业开端面对更大挑战，尤其是现阶段许多继续教育职业内容存在更多名利性教学方针及联系性、片面化的教学形式等问题。随着计算机技能的不断普及，多种新常识、新技能、新理论应用于教学内容，新作用不断呈现，尤其是在信息技能指导下的理论与实践常识不断丰富，这些都要求继续教育不断发展并完善自我，增强教学实务性，增强继续教育办学者的办学自觉性，不断扩大教学规划与教学内容，增强教学质量与教学作用，完善教学形式与教学特征，不断满足社会发展对继续教育的特征化需求。继续教育办学者要打破传统教学过程中构成的"单次学习，受用终身"的办学理念，推进终身学习观念的深化渗透。

三、继续教育的有用性剖析

（一）与学历教育的充分联系，增强了国民根本本质

继续教育作为高等教育的主要组成部分，要求校园充分利用多种教育资本，从市场需求及社会发展的视点入手，活跃发展学历教育，推进继续教育的全面发展。随着国家经济与社会的发展，我国现已进入了创新式社会发展阶段，要求以学习型社会为根底，因而许多人开始认识到终身学习的价值及必要性。

促进社会成员的学历水平是社会不断发展与前进的根底和象征，是推进社会文明的主要途径。在此背景下，应当抓住机会，根据市场需求及本身发展情况，注重发展特征化教育，联系地区经济发展情况及社会生产力情况，发展面向社会、面向市场、面向用人单位的成人学历教育，满足社会成员的根本学习需求，在很大程度上提高了国民基本素质，推动学习型社会的有效建立。

（二）与技能训练的充分联系，推进了技能型人才培育

自改革开放以来，以劳动密集型工业为代表的工业快速呈现并发展起来。但随着我国经济的不断深化发展及工业构造的转型，经济增长开始打破传统的高耗低效发展模式，朝自立创新与节能环保的方向发展。这种经济发展形势客观上要求培育一大批具有高素质、高技能的人才，以符合各项新技能的要求。

继续教育要承担这一社会使命，就有必要推进本身不断完善，推进复合型、技能型人才培育。不断开放多种教学资本，发展高技能的有关训练，充分表现技能培育优势，加强对多种技能人才的培育，为公司发展及社会前进供给更多优秀人才。

（三）与用人单位发展的充分联系，培育了专业人才

继续教育的办学方针是培育一大批具有高技能、高素质的生产一线技能应用型人才，这决定了继续教育有必要与用人单位发展相联系。用人单位在发展过程中，需要不断注入新鲜血液，坚持进行技能变革与创新。只有这样，才能确保用人单位与时代和社会的发展脚步相吻合，推进用人单位完成可持续发展。

（四）与区域经济发展联系，推进了品牌建造

继续教育与区域经济发展之间在某种程度上呈现出互相推进的关系。继续教育经过培育高素质、高技能的复合型及专业型人才，为区域经济发展服务，推进区域经济与人力构造的调整与发展；继续教育为区域经济的发展提供技能指导与思想引导，推进技能向实际生产力的转化。区域经济的发展情况在很大程度上影响着继续教育的发展，包括办学质量、办学规划、办学层次等。

第五节　新时代职业院校继续教育的使命与责任

一、大力发展职业院校继续教育在新时代的重要性与紧迫性

（一）实施"科教兴国战略"要求大力发展职业院校继续教育

科教兴国战略实施时，职业院校继续教育所起的作用是非常重大的。无论哪一个国家，科技进步的速度和未来发展的方向都取决于其高等教育的质量。在现代社会，高等教育的地位愈加受到人们的关注，职业院校继续教育也随之得到人们的重视。它已经在我国高等教育体系中占据重要地位，为中国特色社会主义的持续发展提供动力，推动了我国经济和科技的进步，对科教兴国战略的实施起着至关重要的作用。职业院校继续教育由于其教育内容的先进性、教育方法的多样性、教育对象的社会性、教育需求的市场化等特点，极大地提高了我国科技前沿成果的转化率。它可以促进劳动者成为经济发展所需的高科技人才和复合应用型人才，为未来社会发展培养一批人才，从而推动科教兴国战略的实施。因此，在最大程度上致力继续教育工作的开展仍然是科教兴国战略实施的本质要求。

（二）实施"人才强国战略"急切需要职业院校继续教育的全面开展

在 21 世纪，本质上还是人才竞争。提高各类人才团体的综合素质除了离不开学历教育的培养外，继续教育也是必不可少的。在实际竞争中，大家对社会的飞速发展都有体会，知识以惊人的速度在更新换代，如果不继续学习新的知识，将不能及时赶上社会的发展。据专家统计，在一个人的生命中，其大学期间获得的知识在其总知识储备中仅仅约占 10%。

对职业院校继续教育进行重点建设，为有特定基础的不同人才学习新的技能与知识提供就业机会，使其能更好地适应工作环境，从容应对市场竞争。这是一个把握机遇、增加人才的机会，对培养人才来说是一个重要方式。人才强国战略的顺利实施离不开职业院校继续教育的全面开展。

（三）实施"创新驱动发展战略"客观需要职业院校继续教育的发展

客观来看，实施创新驱动发展战略，首先要引起全社会的全面关注以及对职业院校继续教育的全力开展。职业院校是智力资源的储备场所，具备大量优质的科研与人力资源，社会创新离不开其提供的动力和基础。借助职业院校继续教育，职业院校可以与经济发展进行充分、有效和快速的整合与创新，促使创新驱动力的形成，使社会经济发展呈现出良好态势。

根据现在国内实际情况，职业院校继续教育的特点是前瞻性、实践性和灵敏性，这已属于政府和企业对创新型人才进行培养的最优途径和最快途径。根据国外经验，国外大公司对技能进行创新一般都需要职业院校继续教育的参与。因此，从本质上看，创新驱动发展战略的实施客观上需要职业院校继续教育的全面开展。

二、职业院校继续教育在新时代的使命与责任

现代社会，劳动者创造现实的财富已经不再依靠劳动时间和相应的劳动数量，而是决定于一般的科学水平和技术进步程度或科学在生产上的应用。

特别是伴随着 21 世纪的来临，经济全球化日益显现，国际竞争不断加大，社会发展与教育之间的关系更加紧密。知识的转化和应用日益成为经济增长、社会进步和人类进步的主导力量和直接驱动力。

相比普通高等教育，继续教育的目标是培养具有特定岗位或岗位群所需的综合专业能力，为生产经营输送第一线服务的各级复合型、技能型人才。它是与经济社会发展最密切、最直接相关的教育类型。它培养劳动者的职业素质，发展劳动者的智力，塑造劳动者的职业道德、人格，传授生产技术。具体来说，它可以直接提高劳动者的劳动生产率，促进社会经济的发展。

在全面建成小康社会、开启全面建设社会主义现代化国家新征程的伟大实践中，人民的教育水平无疑将影响我国经济、政治、文化发展和社会进步。继续教育的全面开展是我国发展经济、提高人民素质、改善人力资源状况不可或缺的责任与使命。

三、适应新时代，职业院校继续教育发展的新要求

（一）对职业院校继续教育的制度保障系统建设进行加强

教育体制及其制度创新是继续教育内涵和外延不断发展的外部条件和有力保障。第一，要给职业院校足够的自由，使其自主进行继续教育。教育行政相关部

门要精简政务，下放权力，注重宏观管理，注重规划指导和政策协调，注重调查研究、总结经验、目标监督、组织协调。另外，要注重宏观调控，对继续教育发展战略、规划方针和政策进行规划，促进职业院校继续教育健康发展。第二，职业院校自身需要认真考虑如何顺利实施继续教育管理体制，如何将继续教育并入学校的总体发展规划，如何解决继续教育在职业院校内部的模糊定位、分散管理等问题，更要解决分散办学、机制差、效率低等问题。

进行教育管理体制创新，关键是对政府、学校、社会和个人之间的联系进行调整，从根本上管理好当管之事，对上下级管理职能进行明确分工，为学校自主办学奠定制度基础。充分发挥全国不同地区广大人民群众的创造力和积极性，开展继续教育，力求能够使其市场运行机制实现自我发展与约束。

（二）对职业院校继续教育内部结构进行优化

高等学校继续教育结构指的是高等学校的办学方式、层次关系和在继续教育总体体系中的衔接方式。从办学角度来看，包括函授、面对面、远程教育等；从层次方面来看，继续教育方式有两种：一种是学历教育，另一种是非学历教育。继续教育要求在不同序列和层次上一起发展，但一起发展并非同一规模发展。要摸清当前发展重点，率先垂范。继续教育和其他类型的教育一样，是一种培养人的教育活动。作为与社会发展最密切、最直接相关的教育类型，它培养了劳动者的职业素质，发展了劳动者的智力，塑造了劳动者的职业道德素质、人格特质，可以直接提高劳动者的劳动生产率，促进社会经济的发展。因此，职业院校继续教育应以新的姿态积极调整内部结构，为国家经济社会发展服务。

（三）使职业院校继续教育资源的优化重组与聚集得到实现

针对高等教育大众化进程中职业院校继续教育资源短缺的情况，首先要充分利用现有资源，在继续教育体系内外补充教育资源。其次，我们也必须利用所有可能的手段来收集教育资源。各级主管部门要从改革的大局出发，彻底打破管理分工形成的分裂和分立的局面，最大限度地发挥现有教育资源的有效性。同时，资源结构调整要采用市场机制，要有新的制度创新方式。

建立学习成果积累转化体系，促进各类教育的纵向和横向交流，建设继续教育、普通高等教育、职业教育之间的桥梁；促进普通职业院校、高等职业院校之间的学分转移，并加强成人职业院校的学习成果转化。这除了有助于学习者自由进出各种"门"之外，还可以达到对教育资源在有限情况下的科学重组和利用，可以有效协调职业院校迫在眉睫的继续教育发展任务和继续教育全面开展所需资源之间的平衡问题。

（四）利用市场机制，使得继续教育质量和办学效益得以提高

继续教育市场作为一种常见的市场形态，也遵循着一般的市场规律，如价值、供求以及竞争等规律。因为继续教育存在市场竞争，教育机构不得不对自身办学条件进行重视和丰富，对管理进行加强，对服务质量进行提高，从而进行持续的自我完善，使继续教育和教育的整体水平持续提高。将市场机制应用于职业院校继续教育，使经济社会建设对人才的需求和劳动者的具体能力通过教育市场得到真实反映，而人才培养的节奏可以通过供求关系进行有效调整。价值规律使教育机构和教育工作者的劳动价值相对客观公正。公平条件下的市场竞争是教育进步的动力。市场机制和市场规则的作用必然会提高继续教育的质量，提高教育机构自身的经济效益，进而提高整个社会的整体教育效益。

（五）职业院校继续教育质量评估体系的建设要合理、高效、可行

职业院校继续教育质量的提高非常有必要借助一把"尺子"，即必须有一个对质量进行明确识别的评价体系。在质量评价体系中，除了教学计划、课程设置、教学内容、教学模式、教学工具、教学评价、教师素质、教学设备等，在职业院校继续教育过程中，最关键的是要高度重视教育对象，将重点放在评价、收获和效果上面。

总之，职业院校要继续发挥专业学科和资源优势，担负起加快建设学习型社会、大力提高人民素质的历史重任，在最大程度上为呈现"人人都渴望成才，人人都在努力，人人都可以成才，人人都能施展才华"[1]的好形势，做出尽可能多的贡献。

第六节　继续教育当下发展现状

现代社会，任何政府都无力独自承担继续教育的全部投资费用，政府、企业、个人共同分担成为各国继续教育投资的普遍模式，反映了不同企业和继续教育培训的资金分担情况。

---

[1]　《十九大报告辅导读本》编写组.党的十九大报告辅导读本[M].北京：人民出版社，2018：162.

一、韩国继续教育与企业关系紧密

1986年,韩国建立了"企业教育发展基金",政府规定企业主必须为每月工薪低于1000韩元的员工,向政府交纳相当于其工资5%的金额作为该项基金。基金主要用于资助工薪低、只具有初中文化或初级技术水平的员工参加政府组织的企业教育和培训活动。韩国的大宇、三星集团每年用于培养人才的经费高达6000万美元,人均投资相当于美国、西欧等大中企业的2倍。韩国规定,私营企业举办的培训院校,政府生产力发展局必须为其提供培训设备和20%的资金补助。

二、英国、日本、澳大利亚等国的继续教育

2003年,英国政府颁布了继续教育白皮书《技能策略》(The Skills Strategy),它意味着一项新的继续学习拨款计划的出台,其中强调:为所有不具备良好技能的成人提供免费学习;为一些继续学习者提供每周30英镑的拨款,用于资助他们的全日制学习;实施闲暇教育、开展文化和社区学习,特别针对那些抚恤金、救济金领取者和低收入者。

在德国,政府明确规定,企业用于继续教育的经费支出应占企业销售总额的1%~2%;在日本,政府规定凡雇员工资的10%左右作为其继续教育的经费,日本各大企业实际上用于职工继续教育的费用已经超过了10%,日本则充分挖掘社会潜在的教育资源来办理继续教育。继续教育场所依托学校居多,在机关、机构民众活动中心、寺庙、图书馆及集会场所等亦有,极大地节约了投资的成本。在法国和瑞典,企业必须缴纳专项雇员税,用于继续教育。日本对终身学习事业实行税制上的优惠,根据终身教育团体及其设施的不同性质对其实行免除或减免所得税、免除或减免法人税、免除赠予税与遗产税、免除地产税等一系列优惠措施。

澳大利亚政府1990年发表的《为所有的人提供公平的教育机遇》文件中,强调社会公正是劳动政策的基石。在"2005澳大利亚灵活学习框架"规划中,政府投入继续教育的经费是1500万澳元,其中就明确包括要满足土著居民学习者、残疾人在继续教育方面的需求。

法国政府制定了"带薪教育休假"制度,国家立法规定:凡在职职工如果愿意接受国家认可的职业培训,有权向雇主要求享受有带薪培训假期。职工参加培训期间工资由企业发放或由培训机构从培训经费中支出。

三、美国的继续教育政策及相关法律

美国政府为了方便成人继续学习，将现有的社会资源整合起来，投资组建了多种类型的"21世纪社区教育中心"。美国政府在21世纪初建立200多个由联邦政府资助，由地方、社区、学校和民间组织共同建设的"社区教育中心"，使这些中心成为儿童放学以后活动的安全场所、社区居民学习和参与教育的场所、青年人工作转变和再就业的"回归学习和训练"的场所、年长者学习—娱乐—休闲的场所。

20世纪90年代，美国政府要求企业雇主拿出相当于工人工资的1.5%的资金，对工人进行培训，即雇员达到50人的企业，要付培训费每人305美元；雇员达到50~90人的企业，要付培训费每人159美元；雇员达到100~199人的企业，要付培训费每人248美元；雇员达到500人以上的企业，要付培训费每人466美元。美国私人企业每年用于员工培训的经费可与全美的高等教育经费相抗衡。

1997年，美国通过《高中后教育希望和机会法》。为了帮助中低收入家庭的成员能接受继续教育和培训，该法案规定，如果这类家庭中的父母或子女参加相应的继续学习，就可以用一定的个人应交税款来抵缴学费。另外，为了促进终身学习的推广，美国在财政资助上还设有各种奖学金，如佩尔助学金、帕金斯助学金、联邦直接助学金、传统黑人学院补助金等，这一做法使更多的处境不利的人口群体参加了继续学习活动。

美国政府积极鼓励和支持企业和个人举办营利性质的继续教育和培训。如美国国际数据公司显示，1999年美国远程教育的年收入大约达到6亿美元，到了2002年，这个数字跃升到100亿美元。如此巨大的市场潜力和效益前景使得远程继续教育备受企业界青睐，成为美国国内投资竞争的热点。短短几年间，投资市场就出现了2200多所与远程教育相关的公司，其中包括以营利为目的的学校、软件开发商、出版商等。美国政府为了构建"学习之国"的目标，积极支持企业把新技术运用到继续教育领域，在企业技术创新、技术开发和信息传播上提供便利。

四、瑞典政府对继续教育的政策

瑞典政府规定，凡是愿意接受继续教育的人都可以获得政府给予的额外的工资补偿。享受教育假的职工可以从三种途径获得经济上的资助：奖学金、奖学金和贷款结合的资助、政府"继续学习计划"的资金费用。瑞典政府2002年1月发起了"个人学习账户"计划，来激励继续参加培训。"个人学习账户"规定，公民工作学习能力达到一定水准，每年可以免除一半的税务，相当于18300SEK（瑞典克朗）；如果学习成绩特别优秀，还可以给予特别的奖励，奖励的幅度根据学习者能力提高的幅度而定，最高奖励可以达到"个人学习账户"基础的25%，相当于9150SEK。

1997年，瑞典发起了一项继续教育投资与发展的"继续教育创新计划"，为期5年。该计划特别重视那些处境不利群体的继续教育，如缺乏3年综合高中学习经历的失业个人，政府规定他们可以专门享受相当于失业保险金的补助金，补助金发放一年。

五、国际组织对继续教育的政策支持

OECD（经济合作与发展组织）在进行继续教育投资时，需要全面规划、加强控制、力求节约，争取用较少的投资取得最佳的效益。如英国，1998年开始建立能够充分运用信息技术优势、向成人提供教育机会的"产业大学"，这一思想最早出于英国的一个思想库"公共政策研究所"。它立即得到了英国政府的支持。英国政府认为，产业大学是一种新型的"公私合作"的"远程学习"的网上继续教育机构，它普及规模大，适用人群广，有利于提高企业的生产力和竞争能力，有利于个人获得新知识和新技能，提高就业能力，是一个惠及长远、相对节约、效益显著的继续教育项目。因此，英国政府投入了5000万英镑积极支持产业大学的建立和发展。

为了增加社会弱势人口群体，尤其是对没有受完正规学校教育者、身体残疾者、读写困难者以及国外移居人口继续教育的机会，挪威政府不断加大发展、完善继续教育的力度，1999年拉开了新世纪继续教育改革的序幕，明确提出了能力建构的方案。改革方案规定，2000—2001年投入1000万挪威克朗用于成人重新接受小学和初中的教育；投入2000万挪威克朗用于建立灵活的教育模式和对读写有困难的人口群体的继续教育上。

第七节　继续教育存在的问题

一、观念陈旧，认识缺位

继续教育作为一个概念传入中国到获得初步发展，整个历史较短。长期以来，由于受传统教育思想的影响，重普通教育轻成人教育（继续教育），重理论教育轻技能教育。社会上的用人单位和企业看重的是人的文凭和学历，忽视人的能力和内在素质，重物轻人、重眼前利益轻长远利益。舍得花钱建设，不舍得出钱培训人，对继续教育抱着应付差事，或者不屑一顾、敷衍了事的态度。对发展继续教育的重要性、紧迫性缺乏足够的认识，接受继续教育的良好社会氛围尚未形成。

二、质量不高，流于形式

到现在为止，还没有完全符合企业实际的课程大纲和教材。一是有些培训中部分行业、专业和对象用同样的教材，考同样的内容，缺乏个性。二是"教"与"需"的脱节。从事继续教育的专职教师缺乏对生产、技术等实际情况的了解，教学过程、教学方法、教学内容习惯于以教材为本，教学很难结合实际，无法满足专业技术人员的需求。三是专业技术人员几乎都工作在生产科研一线，工作任务繁重，且岗位分布不均，工作矛盾一直是专业技术人员继续教育难以解决的问题，于是请人代学、请人代考、公差学员现象应运而生，把本该严肃认真的继续教育活动演变成了形式主义。四是有些培训机构或组织部门抱着完成任务的态度，只要课时完成了，内容讲到了，就算达到目的。对于专业技术人员是否掌握了学习内容，教学是否达到了预期效果，缺乏科学的评估和严格的管理措施，继续教育成了应付晋升职称的敲门砖，既浪费资源，又达不到应有的目的。五是继续教育和市场脱节，缺乏市场急需的继续教育内容，也不能跟上形势的发展，更没有前瞻性的继续教育内容。

三、机制不活，激励不足

继续教育机制缺乏活力，缺乏有机组合和高效运行，主要表现在：（1）激励专业技术人员学习的各项政策不配套，学习与个人利益尚未挂钩，学与不学区别不大，专业技术人员缺乏主动求学的自觉性；（2）继续教育的培训实体习惯于按指令等政策、要经费,缺乏压力和动力,自主办学的体制和机制尚未形成,学校办学的自主性不强;(3)企业经营者对市场的紧迫感不强,对人才需求的压力不大,表现为企业对继续教育态度冷漠,开展继续教育积极性不高。

人类已进入了由开发自然资源到开发智力资源的时代,如果因循守旧、抱残守缺,就不可能在时代的潮流中有所发展和建树。人类的发展和存在离不开资源,现代继续教育亦如此。经济学家金德尔伯格在比较土地、自然资源及物质资本对经济的影响之后,认为"物质资本是经济发展的主要约束条件。"他指出:"有些发展中国家的土地、自然资源比较丰富,有的比较匮乏,但对它们来说,真正匮乏的是资本。因为前者往往缺乏资本,使土地和自然资源难以充分利用;后者可能是资本不足,未进行全面勘探;即使真正存在着土地、自然资源的匮乏,如果资本充足,可以在资本与土地、自然资源之间实现替代"。[①] 继续教育要发展,就必须进行规范创新。规范使继续教育进一步完善,创新使继续教育更具有生命力。规范和创新是继续教育获得竞争优势的决定因素,是实现可持续发展的源泉。

---

① 查尔斯·P.金德尔伯格.疯狂、惊恐和崩溃——金融危机史[M].朱隽,叶翔,译.北京:中国金融出版社,2007.

第二章 现代继续教育的教育形式

第一节 成人高等教育定义及教育形式

一、成人高等教育定义

成人高等教育属国民教育系列，是高等教育的重要组成部分。属国民教育系列，列入国家招生计划，国家承认学历，参加全国招生统一考试，各省、自治区统一组织录取。成人高等学历教育层次分为三种，即专科起点升本科（简称专升本）、高中起点升本科（简称高起本）、高中起点升高职（简称高职、高专）。

达沃斯论坛发布的高等教育面临三大挑战指出：1.学生的人口结构正在发生变化，传统意义上的学生，以及继续教育受益者（终身教育学习者）共同构成"学生消费者"。2.几乎所有行业都在进行模式的创新，教育产业格局也必将发生重大变化。3.虽然总体上看，学位仍然起着主导作用，但有研究表明，教育水平与工作业绩相关性不高，学位价值正受到空前质疑。

二、成人高等教育的教育形式及考试

1.成人高等教育的三种学习形式，即脱产、函授、业余（包括半脱产、夜大学）。脱产最短学习时间为高起本四年、高起专和专升本两年；函授和业余最短学习时间为高起本五年、高起专和专升本两年半。

2.成人高等学校招生全国统一考试（简称"成人高考"）。考试分专科起点升本科（简称专升本）、高中起点升本科（简称高起本）和高中起点升专科（高升专）三个层次。全国成人高等学校招生统一考试成人高等教育属国民教育系列，列入国家招生计划，国家承认学历。

三、成人高等教育发展所面临的挑战

生存与发展对所有的人和社会、国家来说都意味着一系列的挑战。成人高等教育的发展，在当今不断变革的社会中也面临着巨大的压力和挑战。如何回应这些挑战，成为当下成人高等教育发展所面临的新问题：。

1. 成人高等教育同科技革命与知识社会

美国未来学家托夫勒认为："就知识增长的速度而言，今天出生的小孩到大学毕业时，世界上的知识总量将增加4倍。当这个小孩50岁时，知识总量将是他出生时的32倍，而且全世界97%的知识，都是在他出生以后才研究出来的。"[①]与此同时，科学与技术从来没有像现在这样突出地显示出它们的威力和潜在力。科学和技术正在以惊人的速度向前跃进。科学发现与大规模地应用这种发现之间的时间间距也正在逐渐缩短。人们把照相术原理付诸实践花费了112年的时间，而太阳能电池从发现到生产只相隔两年。跟不上时代的步伐的人将会落伍，这条规律不仅仅适用于学者或科技人员，而是适用于一切部门的所有人员。在现代社会，每个人都将面临知识和技能的过时、大量的未知的知识，适应新知识和技术，不断地进行知识和技术更新，加快成人高等教育改革创新刻不容缓。

2. 成人高等教育使劳动力转化与职业、就业的变化

科学技术的发展，使人类进入信息社会。信息社会的特征之一在于劳动日益智能化，也就是讲劳动者不再只是直接处理劳动对象，而且还要处理有关生产过程中不断变化的信息。据统计，在美国，属于信息性的职业在1950年只有15%，1980年已超过60%，而到2008年，则有将近85%的职业属于信息性的。[②]在农业社会，大多数人在田地里干体力活。在工业时代，他们照看机器。在信息时代，他们则处理信息与知识。这样，就不得不考虑每个劳动者的知识结构、解决问题的能力和社会适应能力。据预测，从现在到2030年，80%的职业都是"新的"。也就是说，没有人能够详细了解他将来从事的职业需要哪些知识和技能。因此，那种传统的、狭隘的、简单的职业培训教育已变得过时。只有基础扎实、适应能力强，才能适应社会对成人高等教育的需求。

3. 社会人口增长和人的素质变化对成人高等教育的影响

人目的增长是目前大多数国家所面临的问题。据联合国统计，全世界总人口在1950年为25亿，在1980年为44亿，2022年83亿，而现在中国人口已经超过14亿。由此可见，当下成人高等教育的需求将大大地增加。同时，在许多国家出现了人口老龄化的趋势。考虑到成人人口增加、平均寿命延长，社会老龄化

---

① 托夫勒.未来的震荡[M].任小明，译.成都：四川人民出版社，1985.
② 施良方.课程理论——课程的基础、原理与问题[M].北京：教育科学出版社，2020.

对开发人力资源与现代继续教育提出了新的要求。更重要的是，许多国家特别是发展中国家，知识性人才需求数量增大，质量的确堪忧。在此情况下，传统的成人高等教育制度的应变性越来越变得迟钝。为了确保人们能得到日益增长的知识以及各种教育，通过大规模地求助于传播知识和提供教育的各种手段和媒介，才可能实现。

4. 社会经济对成人高等教育改革创新提出了挑战

近年来，人们对改革创新发展成人高等教育，开发人力资源与经济的相互作用有了较清楚的认识。人们已经普遍认识到：改革创新发展成人高等教育的前景，是受经济状况影响的。经济发展中的失业问题、通货膨胀问题，以及出现严重的财政紧缩，尤其是现代继续教育费用和人力资源投资经费的紧缩，对改革创新发展成人高等教育形成了巨大的挑战。这些挑战来源于以下两方面：

①如何满足以几何速度扩张和变化的要求，以及由此引起的对改革创新发展成人高等教育的增加与财政拮据之间的矛盾。对改革创新发展成人高等教育预算的增加，将取决于经济发展的速度。

②失业与就业问题。失业是许多国家在经济发展中不可避免的一个问题。在发达国家，服务部门的持续发展常常伴随着工业劳动力的相应减少。同时，经济发展对新的职业的供求将会扩大。据国际劳工组织（ILO）的统计，全世界工作人数在本世纪末将达到60亿。这就意味着成人高等教育与解决失业人口问题相联系，为未来劳动力的就业与发展提供必要的保障。

上述对社会变化的简单分析说明：一方面，改革创新发展成人高等教育的重要性在不断增加。在工业社会，改革创新发展成人高等教育只是一种陪衬；而在现代信息社会，人力资源的开发则成为推动力和基础。另一方面，时代的发展也为改革创新发展成人高等教育提出了新问题和新课题，需要人力资源管理者的高度重视。

四、成人高等教育的相关概念说明

随着社会的日益发展，成人高等教育的角色与使命得到进一步明确，这一领域的知识也更趋于丰富和成熟。同时，我们也看到，在有关涉及成人高等教育研究领域的文献中，教育、培训、开发等这些与学习有关的概念相互交叉重叠，使它们的含义多少有点儿模糊。为了便于分析成人高等教育问题，有必要对相关概念予以说明。

1. 教育（Education）

一个多世纪以前，约翰米尔就曾经讲过："从广义上讲，教育是最难说清楚的题目之一，它包括了我们为自己所做的事情，别人为我们所做的任何事情。这些事情的直接目的是使我们更接近一些完美的本质，凡有利于塑造一个人的任何东西，都是他的教育。"[①]因此，给教育下一个定义，如同教育本身那么困难和复杂。尽管如此，人们倾向于将教育视为"一种有目的、有组织的、长久性的（或持续性的），以传授、诱导或获取知识、观点、价值或技能的社会活动"[②]。传统上，教育（或普通教育，以区别于成人教育或继续学习）的基本模式是这样的：学校或学院把年轻人关在校园里，避开劳动力市场，为使他们将来成为社会的各个阶层而加以分类、选择，向他们灌输知识和价值，其主要目的是为儿童和青年的成人生活做好准备。一般而言，教育的特点在于教授一个领域和一个学科的基本知识和技能，而不是针对某一特定的工作或职业。教育从时间上看，周期更长，其追求的目标也更为深远与广泛。

2. 培训（Training）

在现实的职业领域，每一个职业或岗位都有其所需的知识或技能。由于人们自身的知识水平和能力与客观要求之间存在差距，因此，无法有效地扮演各自的角色。在此情况下，组织的绩效便会出现问题。组织需要对相关人员进行培训教育。这种培训教育被视为有计划、有组织的学习，其目的在于使工作人员的知识、技能和态度，乃至行为有所改善，从而使其发挥最大的潜力，以提高工作的绩效。培训倾向于关注与工作有关的知识、技能或态度。这就是说，个人的培训教育关注工作人员现有的工作绩效水平与所欲达到的绩效水平的差距。简言之，培训教育被用于传授与实际工作联系密切，能够在特定环境中加以运用的各种技能和知识。

3. 改革（Reform）、创新（Innovative）、发展（Developmental）

如今，人力资源发展、职业发展、组织发展、管理发展等名词广泛得到使用，特别是改革、创新、发展已成为政治家、政府官员、管理人员的口头禅。从本质上讲，成人高等教育改革创新与发展现代继续教育在很大程度上没有什么大的区别。依据学者纳达尔的观点，成人高等教育改革、创新、发展是由雇主提供有组织的学习经验，在某一特定的时间内，达到组织绩效改进或个人成长的可能性，即以工作中学习的在职培训和工作外训练为活动场所，学习与目前工作有关或与未来的工作有关的知识和技能，以促进工作改善和个人与组织成长。在许多文献中，人力资源的培训与发展是一个含义，泛指通过工作人员的学习，以增强员工的能力，或是改变员工的态度，或是增加其知识和技能，以期改变员工现在或将来的工作表现。有些人曾倾向于认为开发人力资源与发展现代继续教育着眼于眼前的工作需要，而发展则着眼于长远个人的职业发展。在今天，随着管理行为由短期转为长期，这种学科分类办法也失去了意义。

---

① 约翰·斯图尔特·密尔. 论自由（英文版）[M]. 南京：译林出版社，2017：94.
② 董志超. 人才能力建设与评价[M]. 北京：党建读物出版社，2017：91.

第二节 远程（网络）高等教育

一、远程教育具体定义

网络远程教育是一种新兴的教育模式。教育部批准北京大学远程教育、对外经济贸易大学远程教育学院等具备招生资格的职业院校共 68 所。取得的文凭学历，国家承认。远程网络教育和传统教学方式不同，主要通过远程教育实施教学，学生点击网上课件（或光盘课件）来完成课程的学习，通过发电子邮件或贴帖子的方式向教师提交作业或即时交流，另有一些集中面授。报名网络教育须参加所报学校的入学考试。

招生类型：专科、本科。

二、远程教育屏幕上的师与生

学生与教育组织之间主要采取多种媒体方式进行系统教学和通信联系的教育形式，是将课程传送给校园外的一处或多处学生的教育。现代远程教育则是指通过音频、视频（直播或录像）以及包括实时和非实时在内的计算机技术把课程传送到校园外的教育。现代远程教育是随着现代信息技术的发展而产生的一种新型教育方式。计算机技术、多媒体技术、通信技术的发展，特别是因特网（internet）的迅猛发展，使远程教育的手段有了质的飞跃，成为高新技术条件下的远程教育。现代远程教育是以现代远程教育手段为主，兼容面授、函授和自学等传统教学形式，多种媒体优化组合的教育方式。现代远程教育可以有效地发挥远程教育的特点，是一种相对于面授教育、师生分离、非面对面组织的教学活动，它是一种跨学校、跨地区的教育体制和教学模式，它的特点：学生与教师分离；采用特定的传输系统和传播媒体进行教学；信息的传输方式多种多样；学习的场所和形式灵活多变。与面授教育相比，远距离教育的优势在于它可以突破时空的限制；提供更多的学习机会；扩大教学规模；提高教学质量；降低教学的成本。基于远程教育的特点和优势，许多有识之士已经认识到发展远程教育的重要意义和广阔前景。远程教育由于信息传送方式和手段不同，其发展经历了三个阶段：第一是以邮件传输的纸介质为主的函授教育阶段；第二是以广播电视、录音录像为主的广播电视教学阶段；第三是通过计算机、多媒体与远程通信技术相结合的网上远程教育阶段。随着电视、电话、计算机、互联网的逐步普及，网上远程教育离我们已越来越近。对处在大城市的我们来说，其实它已经来到了我们身边。目前，参加网校学习的人员正在逐步增多，按学习的目标不同分为学历学位、职业培训、网上充电三种类型。学习方式目前主要分为集体开班和个体学习两种。另一方面，在互联网上各种各样的网校也到处可见，有正规大学开办的经过国家教委认可其学历的攻读本科、研究生课程的网校；有全国知名重点中学在网上搞的针对高考辅导的以应试教育为主的网校；还有一些商业网站针对网上充电者举办的一些职业技术培训的网校等。北大商学网是北京大学管理类远程教育的教学执行机构，属第一类。

三、远程教育人才培养模式

现代远程开放教育"人才培养模式"是依据现代远程开放教育思想和学习理论，为使教育对象达到确定的培养目标和质量规格要求，应用现代教育信息技术和多种媒体，对远程教育系统及要素进行优化设计，形成的以学生个体化自主学习为主的创新能力培养和素质教育方式。

四、远程教育的优势与特点

远程教育实现育人模式和管理方式创新上的跨越，有助于培养一代具有现代信息意识及创新能力的人才，是现代文明发展的一种重要特征。

1. 远程教育具有突破时空限制、跨越教学时空的特点，学习者可根据自身条件和需要选择学习内容、方式和进程，随时随地、灵活有效，个人掌握学习主动权，有利于解决工学矛盾，特别适合于在职从业人员的业余学习。

2. 远程教育具有丰富的教学交互手段和突出的教学交互功能，通过信息技术在教学上的广泛应用，可以为学生与学生之间、学生与教师之间进行教学互动和协作学习提供网络学习交互环境和平台，有利于促进学习方式、教学方式、师生互动方式的变革。

3. 远程教育为各类社会成员提供多样化、多层次的教育服务，满足与知识经济发展相适应的学习终身化、学习社会化和学习国际化的需要。

4. 远程教育具有多种媒体学习资源以及资源共享途径，能够通过计算机、电信网络、卫星等多种教学信息传输形式，向学习者提供数字化、电子化等多种形式的优质学习资源，促进教育公平性原则的实现，促进弱势地区和弱势人群教育尤其是基础教育实现跨越式发展。

5. 远程教育可通过网络共享国内外其他大学的优质资源，实施多种媒体技术相结合、多种学习方式如远程与面授、独立学习与协作学习等相结合的混合型学习模式。知识迅速地集聚、扩张，促进课程在校际、国际间的自由流动。

第三节　高等教育自学考试

一、高等教育自学考试定义

高等教育自学考试简称自学考试或自考，是一种对自学者进行以学历考试为主的，个人自学、社会助学和国家考试相结合的高等教育考试制度。

该制度创立于 20 世纪 80 年代初，是新型的开放式的社会化教育形式，参加考试者不受性别、年龄、职业、民族和已受教育程度的限制。

二、高等教育自学考试发展及趋势

随着我国经济建设步伐加快，社会需要大批专门人才，对学习愿望十分强烈，已有的高等教育形式难以满足社会需求。

1980 年 5 月，中央书记处在讨论教育工作时指出，为了促使青年人自学上进，应该拟定一个办法，规定凡是自学有成绩，经过考试合格者，要发给证书，照样使用。1980 年 10 月，北京市政府做出"关于建立高等教育自学考核制度的决定"。

1981 年 1 月，国务院批转了教育部的报告和《高等教育自学考试试行办法》，批准建立高等教育自学考试制度，主要有专科、本科等学历层次，与普通高等院校的学历层次水平的要求一致。

高等教育自学考试简称"自考"，是对自学者进行以学历考试为主的高等教育国家考试，是个人自学、社会助学和国家考试相结合的高等教育形式，属于一个全国性的独立教育考试体系。自考制度自 1981 年创立以来，已遍及全国 31 个省、自治区、直辖市及军队系统和港、澳、台地区，是我国规模最大的开放的高等教育形式。中华人民共和国公民不受性别、年龄、民族、种族和已受教育程度的限制，均可依照国务院《高等教育自学考试暂行条例》的规定参加自学考试。

高等教育自学考试具有双重性质：既是一种国家考试制度，又是一种新的教育形式。作为国家考试制度，它由国家建立，由政府考试机构代表国家行使考试权，按照国家规定的目标和标准，面向全体自学考生实施严格的国家考试，是国家承认的学历。

高等教育自学考试的任务，是通过国家考试促进广泛的个人自学，推进在职专业教育和出校门后继续教育，造就和选拔德才兼备的专门人才，提高全民族的思想道德、科学文化素质，适应社会主义现代化建设的需要。

我国高等教育自学考试的教育质量得到国际社会的普遍认可，全世界有40多个国家和地区承认我国的高等教育自学考试文凭，美国、日本、新西兰、新加坡、法国、印度、比利时、俄罗斯、马来西亚、菲律宾、西班牙、德国、乌克兰、南非、荷兰、波兰、丹麦、爱尔兰、瑞典、瑞士、韩国等国家及几乎所有英联邦国家的大学都承认我国的自考学历，对自考学历与普通职业院校的学历同等对待。允许持有学历证书或单科《课程合格证书》的自考生进入相关院校学习，或攻读学位或免修、减修部分课程。

自学考试制度是世界上规模最大的、最能体现终身教育理念和学习型社会特点的开放式高等教育制度，它以国家考试为主导，以个人自主学习为基础，是富有中国特色的"没有围墙的大学"，是自学成才的摇篮。

自学考试学习方式灵活、工学矛盾小、费用低，实行"宽进严出""教考分离"（办学不办考、办考不办学、命题与辅导分离），凡中华人民共和国公民，不受性别、年龄、民族、种族和已受教育程度的限制，均可参加自学考试。自学考试采用学分累计的方式逐步完成学业，学习者完成专业考试计划规定的全部课程并取得合格成绩，完成毕业论文或其他教学时间任务，思想品德鉴定合格者准予毕业取得相应毕业证书，国家承认其学历。符合学位条件的自学考试本科毕业生，由有学位授予权的主考学校依照有关规定，授予学士学位。

参加自学考试的群体十分广泛，涵盖了工人、农民、管理人员、少数民族、解放军、武警官兵、公安人员、残障人士和监狱服刑人员等。自学考试为人民群众平等接受高等教育提供了机会和制度保障，深受社会各界欢迎。

高等教育自学考试作为鼓励自学成才的学力检验制度是成功的，我们应给予充分的肯定。建立这项制度不是权宜之计，要长期坚持下去。

三、高等教育自学考试法律政策

全国人民代表大会常务委员会于2018年12月29日修订的《中华人民共和国高等教育法》第二十一条明确规定："国家实行高等教育自学考试制度，经考试合格的，发给相应的学历证书或其他学业证书。"以法律的形式规定了高等教育自学考试制度的性质，以及它在我国高等教育基本制度中的重要地位。

根据国务院关于发布《高等教育自学考试暂行条例》（1988）的通知，第三十二条规定高等教育自学考试毕业证书获得者的工资待遇为：非在职人员录用后，与普通高等学校同类毕业生相同；在职人员的工资待遇低于普通高等学校同类毕业生的，从获得毕业证书之日起，按普通高等学校同类毕业生工资标准执行。获得自考本科学历，根据教育部相关文件，享受普通高等教育毕业证书相同的法律效力。

四、高等教育自学考试的时间

全国自学考试时间一般如下：自考每年开设4次（各省市开考的次数由省级考办决定），考试时间分别为1月、4月、7月和10月，自2015年起大部分地区已将考试次数调整为4月和10月两次，详细情况请咨询所在地自考办。报考之初，首先要查看当年自己所在省市都在什么时间考哪些课程，来确定自己要报考的科目。

五、高等教育自学考试计划

高等教育自学考试的开考专业，一般应在普通高等学校的专业目录中选择确定。专业考试计划的内容包括指导思想、培养目标与基本要求、学历层次与规格、考试课程与学分、实践性环节学习考核要求、主要课程说明、指定或推荐教材及参考书、其他必要的说明等。专业考试计划实行课程学分制。

专科专业在总体上与普通高等专科学校同类专业水平相一致。各专业总学分数不得低于70学分；开考课程不得少于15门，其中理论考试课程门数不得少于14门。

本科专业在总体上与普通高等学校本科同类专业的水平一致。本科可分为两段，即基础科段和本科段。基础科段可直接与本科相衔接。本科累计总学分数（不包括毕业论文、毕业设计的学分数）不得低于125学分，理论考试课程门数不得少于20门；其中基础科段的学分数不得低于70学分，理论考试课程一般不得少于12门。

六、高等教育自学考试专业课程设置

1. 公共基础课：所有专业或者同类专业应考者都必须参加的课程。如"马克思主义基本原理概论""中国近代史纲要""英语（二）""政治经济学"等。公共课虽然不一定同所学专业有直接联系，但它是培养德、智、体全面发展人才，为进一步学习其他内容提供方法的课程。

2. 专业基础课：该专业考生要学习的基础理论、基本知识和基本技能的课程。基础课是为了应考者掌握专业的知识，学习专业的科学技术，发展有关能力打下基础。像工商企业管理（本）专业中的"管理学原理"和电子商务专业的"电子商务基础与应用"这类的，就属于基础课了。

3. 专业课：同专业知识、技能直接联系的基本课程（简称专业课）。

4. 选修课：有限制地选择自己需要的科目进行学习。选修科目的选择是有限制的，只能在专业考试计划规定的课程内选择。简单说就是给考生一些选修科目，考生根据自己的能力和兴趣选择想考的科目进行学习。

七、高等教育自学考试实践性环节

公共基础课、专业基础课、专业课三类课程的学分比例大致为3∶4∶3或2∶5∶3。按照专业考试计划的要求，每门课程进行一次性考试。课程考试合格者，发给单科合格证书，并按规定计算学分，不及格者，可参加下一次该科目的考试。专科（基础科）一般为3~4年，本科一般为4~5年。社会上很多培训机构广告称的1年自考是夸大其词，并非国家承认的全国统一自学考试。

第四节　国家开放大学（电大）

国家开放大学（电大开放教育）是相对于封闭教育而言的一种教育形式，基本特征为：以学生和学习为中心，取消和突破对学习者的限制和障碍。比如，开放教育对入学者的年龄、职业、地区、学习资历等方面没有太多的限制，凡有志向学习者，具备一定文化基础的，不需参加入学考试，均可以申请入学；学生对课程选择和媒体使用有一定的自主权，在学习方式、学习进度、时间和地点等方面也可以由学生根据需要决定；在教学上采用多种媒体教材和现代信息技术手段等。

第三章 职业院校继续教育的现有运行机制分析

分析职业院校继续教育的现有运行机制，就是对其发展的现状、发展过程中出现的问题的分析和归纳，目的就是要找到进一步改革和发展的机遇。由于受到自身先天性不足、市场竞争等因素的影响，职业院校继续教育办学正经受严峻的考验。但是，如果能够辩证地思考，继续教育现有运行机制的症结其实也意味着突破的机会、改革的余地和创新的空间。

多数学者都意识到，现有"继续教育的运行机制不够合理，缺乏市场导向机制和教育成本核算观念，学校办学与社会市场需求之间严重脱节，表现出明显的不适应性，经济效益和社会效益不高，激励机制、约束机制和自我发展机制不够健全；继续教育的巨大潜力没有得到充分的开发和利用"。职业院校的继续教育如此不尽如人意，究竟"受到哪些不利因素的影响，应采取何种对策"，这才是当下亟待解决的问题。但是，职业院校继续教育中存在的问题千头万绪，如何才能条理清晰地分析，而不是含糊其词或者笼统地概括呢？这就需要运用系统方法论，对职业院校继续教育的现有运行机制分析，即从物理层、表现层和规则层以及其所处的环境四个层面分别论述其成败得失，既要总结成绩，还要发现问题，以便寻求突破口和创新点。

第一节 职业院校继续教育运行机制的内涵

对职业院校开展继续教育的运行机制的界定是对职业院校继续教育系统结构层次以及其环境的认定，这也是本研究的逻辑结构。为此，需要对机制以及与机制有关的两个重要概念，即体制和模式进行分辨和界定。在此基础上，归纳职业院校开展继续教育的运行机制的科学内涵。此外，与研究紧密相关的另一个重要概念——"单位"，也是不可忽视的。

一、运行机制的概念界定

（一）机制

"机制"原本是指机器的构造和工作原理，如计算机的机制，后来逐渐引入其他学科领域并形成了特定的学科含义，比如，在生物学中，指有机体的构造、功能及其相互关系，如分娩机制；在自然科学中指某些自然现象的物理、化学规律，如优选法中优化对象的机制；现在泛指一个工作系统的组织和部分之间相互作用的过程和方式，如市场机制。本书中"运行机制"主要指的是最后一种意思，"高等教育的运行机制指高等教育系统的各个构成要素之间，以及与高等教育系统运行密切相关的其他社会经济因素之间相互联系和相互作用的方式"。

（二）职业院校继续教育运行机制

国内有些学者对继续教育机制的论述似乎并没有这么系统，比如："继续教育的机制是继续教育系统内各机构要素之间相互依存、相互作用，保证继续教育正常运转的内在联系方式、制约关系及其功能作用。继续教育的机制有三个要素，即发动机制、动力机制、推动机制。"首先，在这个描述性的定义中，"继续教育系统内各机构要素之间相互依存、相互作用"规定了系统的结构，但对子系统似乎有所忽视。其次，"保证继续教育正常运转的内在联系方式、制约关系"是对系统规则层的描述，但并不那么清晰，也不很完善。再次，"功能作用"是对系统表现层的描述，这里"功能"和"作用"是同义重复，而表现层方面的系统目的和行为却没有言明，这是疏漏。最后，"继续教育的机制有三个要素，即发动机制、动力机制、推动机制"，这句话本身就是错误的。"要素"就是主要元素，而元素必须是"系统中存在着能够相互区别的实体"，而"机制"不仅包含系统的物理实体，还包括行为表现和约束规则等方面。"机制"不是纯粹的实体，将"要素"和"机制"混同在一起使用是不科学的。再说，"发动机制、动力机制、推动机制"充其量也仅仅是系统的行为表现，而行为表现也仅仅是系统机制在表现层的一小部分，这样以偏概全也是不妥的。继续教育的机制主要有三方面的内容，第一，继续教育的层次机制。第二，继续教育的形式机制（包括计划形式机制、服务指导式的机制和监督服务式的机制）。第三，继续教育的功能机制（包括激励机制和制约机制）。这里的层次机制实际上就是系统的物理结构的层次；形式机制其实是系统表现层的目的、教学和管理行为；功能机制其实并不是指系统的功能，而是维系系统高效运转的规则，是系统的规则层。尽管该研究存在纰漏，而且，随意把"机制"一词与"层次、形式、功能"等强行组合在一起，也是极其不科学的，但是，仔细分析其研究成果，也是尽力想从继续教育系统的物理层、表现层和规则层三方面来进行阐述，还是有一定可取之处的。

借用上述"机制"和"高等教育的运行机制"的概念，并结合以上研究文献的归纳，在此可以描述性地给"高等职业院校继续教育的运行机制"定义为："指的是由职业院校举办的继续教育系统的各个构成要素之间，以及与此继续教育系统运行密切相关的其他社会经济因素之间相互联系和相互作用的方式。"

（三）高等职业院校继续教育运行机制的层次

1. OSI 参考模型对研究继续教育运行机制的启示

除了上述一般系统论在继续教育中的推衍外，计算机网络开放式系统互联参考模型 OSI（Open System Interconnection），对研究职业院校继续教育系统运行机制也有重要的启示。

计算机网络 OSI 参考模型将两个计算机系统之间的联接分成物理层、数据链路层、网络层、传输层、会话层、表示层和应用层七个层次，不同结点的同等层间通过协议来实现对等层间的通信。在此，协议就是人为规定的通信规则。不过，针对单一的系统来说，有物理层、表现层和规则层三个层次就足够了。概括起来，描述任何一种系统，至少需要在物理层、表现层和规则层三个层次进行。

2. 一般系统运行机制的四个研究层次

结合系统论的观点，如果要用"机制"一词描述自然系统，则至少需要描述三个层面：物理结构（要素和要素之间的相互关系）、系统的形态（目的、功能）、运行规律。如果要用"机制"一词描述社会系统，也需要描述三个层面，即社会系统的物理结构（要素和要素之间的相互关系）、社会系统的形态（目的、功能与行为）、社会系统的内部秩序（运行规则）。概括起来，描述任何一种系统，至少需要在物理层、表现层和规则层三个层次上展开，这一点与计算机网络开放式系统互联参考模型 OSI 也是相吻合的。此外，系统所依存的环境也是研究其运行机制需要关注的层面。

需要特别指出两点：第一点，尽管规律和规则仅仅一字之差，但后者具有鲜明的人为规定性，是自觉和自决的行为，前者则是自发的行为。首先，从系统的观点来看，尽管系统就是由结构和关系构成的，但，对自然系统来说，关系就是系统要素的时间和空间的相互参照；对社会系统来说，"关系"还指社会有机单元或个体之间的心理、法律、情感等社会属性范畴的相互参照，而这些社会性质的关系不仅仅是社会系统物理结构的自然规定性（在此称为社会法则），更是社会系统的人为规定性，这是由法律、道德等社会规范人为规定的，这种规定性表现出来的更多是非线性的特性，因此不能仅仅用规律来进行描述，用规则一词更加贴切。其次，在社会系统中，某种社会组织（系统）的结构、组织方式和各部分之间的相互关系以及结构的形成、组织方式的形成、各部分之间的相互关系的形成并非仅仅是物理学上的机械式的构成，而是建立在一定社会关系基础上的社会分工的结果；它也不是靠自然力量和物理力量来维系的，而是靠社会制度、法律、道德、经济关系等凝结成的社会合力所维系的。自然系统和社会系统的区别就在于，自然系统既没有社会系统所具有的人为的约束，也没有规定系统结构各部分要素之间关系的规章和准则，而这正是人的自觉性（主动性）和能动性的表现，自然系统更可能是自发和被动的系统。因此，对自然系统来说，规则层描述的仅仅是自然规律，而对社会系统来说，规则指的是社会规则，它应该是社会规范和社会运行的规律，或者说是社会规范和社会法则的总称。第二点，"系统的功能只是系统属性和形态在一个特殊方面的表现，所以，严格说来，系统的结构和系统的形态是一对范畴，系统的功能和目的是另一对范畴"。因此，应该将目的与功能这一对范畴置入系统的形态当中，也就是在表现层中来进行阐述。

3. 继续教育系统运行机制的四个研究层面

对职业院校开展继续教育本身来说，一般的研究基本上都从其内涵、目的、任务、对象、内容、形式、手段、经费投入和制度建设等方面进行探讨。比如，有文献认为，"继续教育的定位，是研究继续教育的首要议题，其内容涉及继续教育的概念、性质、地位、作用以及对象等"。[①]但是，如果从系统论的角度归纳一下，以上研究的问题无非就是从职业院校继续教育系统的边界、结构、形态和运行规则来进行系统的内部研究，而系统环境的层面几乎未能涉猎。因此，为了更加系统地研究职业院校开展的继续教育，首先要根据系统的边界大致将其分成职业院校继续教育系统及其环境两部分，然后再根据此系统描述的物理属性——社会属性维度，或者说实体性由强到弱、社会性由弱到强的顺序，从物理层、表现层、规则层三个层次进行研究。这样，就能够非常周密地从物理层、表现层、规则层和所处环境四个层面来研究职业院校开展继续教育的运行机制。根据系统论的原理，前三个层次还可以继续划分成更加细致的层次来进行研究，如物理层可以根据结构层次划分成职业院校、企业等用户单位两个子系统，前者还可以继续划分为教师、学校管理人员等要素，后者可以划分出学员和企业管理人员等要素；表现层主要从该系统的目的、行为和功能三方面论述，行为主要包括教学和管理两大类活动；规则层主要是诸如政策、制度、规章等和社会意识形态范畴的观念、理论等社会规范以及社会自身的运行规律。在此，需要说明两点：第一，代表三个层次的圆环相互交叠，表示三个层次并不是完全独立的，而是相互有机地联系在一起的。第二，物理层画在下方，表示物理层是系统存在的物质基础，也是其他两个层次存在的基础。

---

① 朱春阳，赵冬.改革开放以来我国继续教育研究回眸与展望[J].高等函授学报，2008，(3)：37-39.

综上所述，要探讨职业院校开展继续教育的运行机制实际上就是要在物理层、表现层和规则层三个层次上分析继续教育系统的结构和运行方式。但需要注意，三个层次实质上并不是相互割裂的，而是相互融合、相互匹配的，是有机地组合在一起的，三个层次匹配的程度决定了系统功能发挥的程度或者说效率的高低。另外，系统与环境之间也是相互依存的，职业院校开展继续教育的系统环境也需要吸纳到议题中来。

二、运行机制相关概念的界定

（一）体制

"体制"是指国家机关、企业、事业单位等的组织制度或文章中的格局、体裁，有结构（体）和制度（制）两层含义。因此，有学者认为，"体制是机构和规范的总和。继续教育体制是继续教育管理机构与继续教育规范的结合体和统一体，其中继续教育机构是继续教育体制的载体，继续教育规范是继续教育体制的核心"[①]。从系统论来看，体制就是系统的物理层和规则层的总和，没有涵括表现层。

描述职业院校开展继续教育的体制就是要描述其组织机构和各类规章制度，也就是上文说的"机构和规范"两个层次。

（二）模式

一般来说，"模式"是指某种事物的标准形式或使人可以照着做的标准样式。而复杂系统理论中，"模式"和"构型"常常用来"说明系统的一种整体或宏观的时空结构"，它是"系统（指系统结构——作者注）的相互关系的总和，或结构的一个子集，或一种具体形式"。常见的模式有系统空间上的重复结构、系统时间上的重复结构、时间与空间上的重复结构三种，说直白一些，模式就是系统结构要素在时间或空间上的排列组合方式。

探讨职业院校开展继续教育的模式实际上就是要研究国家各级继续教育管理和指导机构、职业院校、用户单位之间的协调和配合关系，包括管理、监督、指导、投资等环节，以及继续教育中所必需的师资、设施、设备、学员、课程等的调节和配置。从系统论的观点来看，系统的模式就是整个系统内部各子系统之间、各要素之间的稳定的组合方式。因此，研究职业院校开展继续教育的模式就是研究这个系统中各子系统之间、各要素之间的相互关系，以及子系统及要素之间的组合方式，系统结构的层次性以及系统的边界等问题。

---

① 陈邦峰．略论继续教育的研究对象[J]．继续教育，2000（6）：32-34.

(三)单位

单位是当前中国对劳动组织的统称。本书中的单位泛指中国的企业、事业、学校、部队、政府机关等一切类型的社会组织或劳动组织。

界定这个概念的原因是,在本书很多章节都要谈及单位这个概念,而仅仅用企业或事业单位难以涵盖其他类型的社会组织、劳动组织或经济组织。这样,在描述继续教育培训对象所在的劳动组织的时候,就以用户单位来表达。

从上述研究来看,模式、结构、体制、机制四个概念的含义是不同的,所能表达的内涵依次增多,在实际运用中切莫混淆四个概念的范畴,模式和结构主要对应的是物理层,体制对应的是物理层和规则层,只有机制能够包含物理层、表现层和规则层三方面,机制甚至还能包括系统和环境之间的关系这个层面。

第二节 物理层:职业院校开展继续教育系统的物理结构

物理层是系统得以存在和发展的物质基础。职业院校继续教育在物理层需要描述的就是其系统内部的物理结构,相当于管理学中的组织结构。其物理层的特点是具有实体性或者说物理实在性,而其外显的形态则是表现层需要研究的内容。系统的结构实际上就是研究子系统、子系统之间的相互关系,要素、要素之间的相互关系,子系统及要素之间的组合方式,系统结构的层次性以及系统的边界等问题。换言之,整个系统的子系统及要素之间的稳定的组合方式就是整个系统的模式。职业院校继续教育的模式实际上探讨的就是该系统内部要素之间的组合方式和关系。不同的继续教育模式能够使各个子系统和要素发挥不同的效力,这些效力的矢量合成就是整个系统所发挥的效力。为使整个系统发挥最大的效力和潜能,人们总是倾向于选择自认为最理想的和最优化的运行模式,以期使各个子系统和各个要素都能够发挥最大效力和最大潜能,最终达到人尽其才、物尽其用、事尽其功的完美境界。

一、继续教育系统的边界

社会系统一般都是开放的复杂系统,因此,明确地界定社会系统边界是比较困难的。就拿职业院校继续教育来说,它与职业院校开展的职业教育有很大的不同。首先是开展继续教育的空间会不断处于变动之中,可能在职业院校,也可能在工商企业等用户单位或别的地方,比如,在某些专门的培训中心或会议中心。其次是参与继续教育的各方人员(尤其是学员)的流通比较迅速。与学校形态的教育不一样,学生一般会在一个学校从学几年,而继续教育的学员很少能够长期脱离工作岗位,学习也多以短期为主。最后,继续教育的内容更新和变化也很快,不像学校的课程,一般来说相对稳定,而且有的甚至几年都是用统一版本的教材。继续教育讲究的是"新"和"实",与新技术、新理念和实际问题密切相关,因此,不可能长期使用一种课程或教材,必须紧跟技术发展潮流,常换常新,否则就会落伍。可见,明确界定职业院校继续教育的物理边界显然是比较困难的,最便捷的办法就是从其业务的范畴来框定。这就是说,每次继续教育的合作对象不同,其边界也是不尽相同的,它的边界是动态变化的。

界定职业院校继续教育的边界,是为了在实践中解决既要扩大业务范围,又要准确命中目标群体的矛盾,即职业院校的继续教育究竟该如何处理行业定位的问题。为此,需要关注以下几个方面的问题:

第一,行业范围需要扩大,需求群体有待增加。职业院校继续教育的培训对象,有干部、教师、职工、学生等,但农民、下岗职工、打工群体所占比例很小。这是职业院校继续教育存在的最大问题,它不利于提高农民、下岗职工、打工群体的整体素质,不利于全面建成小康社会。

其实,在统筹城乡发展和产业结构大调整的国内背景下,在金融危机冲击沿海劳动密集型实体经济的国际背景下,我国大批农民工以及逐年在企业改制过程中分流的下岗职工都处于失业或者待业的状况,而他们有一定的教育背景和工作经历,不管是建设家乡还是实现再就业,都非常需要技术方面的继续教育,这是一个非常大的群体。尽管有些部门已经在开展这方面的继续教育研究和实践工作,但职业院校更应该当机立断,充分利用自己在职业和技术教育方面的长处,争取为这个群体服务,将继续教育培训从工业、企业向农业技术领域拓展,从在职员工向失业员工转向,从同一行业向相关或者相近行业延伸。

第二,培训层次过度集中,亟待向两端延伸。根据国家规定,职业院校一般只能承办专科层次的学历教育,职业院校自身的培养能力决定其比中等教育高但比普通职业院校的最高阶段低的培养层次,也就决定了当前职业院校开展的继续教育业务主要集中在接近专科的中间层次,向低端和高端的拓展还远远不够。

实际上,根据"执两用中"的道理,职业院校开展继续教育,首先需要从中间层次破题,然后逐渐向低端和高端发展。对于低端和高端两个层次,一般建议先做低端的继续教育业务,这是因为职业院校在低端相对来说比较有教学优势,而且培训群体庞大,待条件成熟后就可以开展高端的继续教育业务。这样的战略思路,便于职业院校在继续教育业务中迅速扩大规模,扩大社会声誉,取得显著的经济效益。

第三，专业单调没有优势，课程陈旧缺乏新意。职业院校大多是由"三改一补"升格建立起来的，与普通职业院校的理工科大学院校相比，综合实力较弱，办学特征不明显，专业性较差，社会影响力较小，"有些专业设置基本上停留在计划经济时代，单调、陈旧，脱离实际，缺乏现代教育意识和素质教育观念"。课程的"调整与改革不及时、不到位，因而职业院校的继续教育缺乏活力、吸引力和生命力"。

可见，职业院校必须贴近社会、贴近企业、贴近用户、贴近岗位，以工农业生产、商业运营的实际问题为导向，与各个用户单位合作进行课程需求的调研、编制、实施和评估，设置以用户需求为导向的专业，使继续教育办出特色、办出生机。

二、继续教育系统的结构

尽管职业院校继续教育是一个边界模糊的大系统，但其系统的结构却是能够辨别的。这个系统内部还有一些子系统，而这些子系统也具有其特有的结构。进一步来说，这些子系统的结构是由某些特定的元素按照特定的关联方式组合起来的。"结构分析的重要内容是划分子系统，分析各个子系统的结构（元素及其关联方式和关联力），阐明不同子系统之间的关联方式。"因此，分析职业院校继续教育的结构，就是要逐步划分其子系统以及子系统的结构。职业院校继续教育的系统中，职业院校和企业、事业等用户单位是两类较大的子系统，它们内部围绕继续教育业务设置的各个部门是其各自更小的子系统，每个部门中配置在各个岗位上的职员（包括需要参加继续教育的学员）、配置的各种设施和设备是其中的元素。

划分职业院校继续教育系统结构层次的方式可以有多种。比如，可以按照自然属性划分为三类子系统和一类型要素，即国家和地方政府、职业院校、企业、事业等用户单位以及继续教育学员；也可以从职业院校开展继续教育的系统行为，即业务类型上来划分，比如，职业院校继续教育的教育子系统、职业院校继续教育的管理子系统等。在此，为了便于更加清晰地说明问题，采用自然属性和系统行为相互结合的划分方式，将其划分为三大子系统和两类最重要的要素，即国家和地方政府子系统、职业院校子系统、用户单位子系统、教师和学员两类最重要的要素。其中，职业院校子系统可根据行为再划分为职业院校继续教育的教育子系统和职业院校继续教育的管理子系统。

为保障继续教育的教学质量，职业院校应该根据需要制定继续教育的教学工作管理办法和教学事故的处理规定，构建自上而下的分层次、分类型的组织管理体系。对于每个培训项目，从需求分析到项目立项、课程设计、师资保障、教学和教务管理、考核、评估等各个环节设立监督和检查节点，力求使培训项目实施的全过程能够与学员的需求相结合。此外，还要建立和完善教学质量保障体系，通过选聘优秀师资、听课督导、培训效果评估、严格处理教学事故等制度，保证培训的教学质量。下面谈一下职业院校在继续教育管理中存在的主要问题。

第一，管理机构建设不完善，责、权、利划分不清晰。大多数职业院校成立时间短，对高职教育的管理尚处在经验积累阶段，对继续教育的管理工作更是人事生疏；再则，职业院校的继续教育规模一般比较小，学校对继续教育的工作就不会太重视，所设立的继续教育机构也就不会安排太多的人手，多的不足10人，少的才两三人。这就导致职业院校在继续教育中出现人手紧张的现象，如招生、学生管理、教学管理的人员难以与高职教育业务板块中的相关人员分开。在实际工作中，如果遇到办学业务类型多、服务对象情况复杂的局面，"经常会由于工作人员职责不明，权限划分不清，工作中的协调沟通不够，加上工作繁杂，相互之间推诿现象时有发生，影响工作效率和服务水平的提高"。

第二，政出多门，效率低下。各个职业院校中继续教育管理机构的设置情况不尽一致，但一般由相当于系一级的继续教育处或成人教育处管理，也有的归属于教务处，还有的成立了专门的继续教育学院或类似的部门。不管是哪一种情况，"从继续教育管理部门的职能来看，它是一个办学实体，要承担与一个独立设置的学校相似的办学任务，自行组织力量制定规章制度、开展形象宣传、招生宣传、录取、教学管理、学生管理、毕业资格审定、毕业证书办理、毕业生档案制作等方面工作"。但大多数实际情况却是职业院校的继续教育管理部门在用钱、用人、用物等方面还要受学院的支配，没有自主权和支配权。比如，在教学运行上，因为没有自己的师资队伍和教学设备，要充分依托学校教务部门、各系和实训中心。这样一来，继续教育管理部门就要受制于职业院校的多个部门，日常工作也需要不断地向这些部门请示，与其沟通和协调，议而不决，决而不行，办事拖沓的现象时有发生，严重影响职业院校继续教育的发展。

第三，继续教育管理经验不足。大多数职业院校开展继续教育的历史较短，绝大多数教学管理人员是原来的"三改一补"院校的教师，管理的思想观念和理念并未能随着学校的升格和教学服务对象的变更而及时改变，仍然以未升格之前的老一套的教育管理模式来处理继续教育管理中的问题，导致管理效果差强人意。

三、继续教育的模式

从系统论的观点来看，系统的模式就是整个系统内部各子系统之间、各要素之间的相对稳定的组合方式，也可以简单地理解为系统中各要素的不同组合方式在整体上表现出来的稳定的样式。不同的模式能够使各个子系统和要素发挥不同的效力，这些效力的矢量合成最终能使整个系统发挥不同的效力。为使各个子系统和各个要素发挥最大效力和最大潜能，人们总是倾向于选择自认为理想的和最优化的运行模式，以使整个系统实现最大效力和最大潜能。因此，研究职业院校开展继续教育的模式，就是研究这个系统中各子系统之间、各要素之间的相互关系，子系统及要素之间的组合方式，系统结构的层次性以及系统的边界等问题。换言之，研究继续教育的模式，就是要通过人为的手段实现国家各级继续教育管理和指导机构、职业院校、用户单位之间在管理、监督、指导、投资等环节的协调和配合，实现继续教育中所必需的师资、设施、设备、学员、课程等的合理调节和优化配置，其终极目的就是要使继续教育的各相关利益方发挥最大的效力和潜能，使系统中各要素实现人尽其才、物尽其用、事尽其功，实现继续教育的教育功能、经济功能和社会功能的最大化，收到事半功倍的效果。

（一）继续教育的投资模式

上文已经比较详细地探讨了职业院校继续教育的各个子系统和元素在继续教育中的职能和地位，现在从投资主体的角度继续分析它们之间的关系。

1. 继续教育的投资主体

投资主体是解决"谁投资"的问题，这与管理主体是解决"谁管理"的问题有一定的关联。关于继续教育的投资主体究竟是政府、企业或个人，至今也难有定论。如此至关重要的问题未能得到很好的回答，对于继续教育的发展产生了非常消极的影响。

投资主体问题的核心在于投资比例和收益分配的问题，即责、权、利的分配问题。下面将从两个角度来进行探讨。

首先，从责、权和利对等的角度来探讨。尽管"谁投资，谁受益"符合市场投资的公平性原则，但是，相关投资法律不健全以及教育回报的长效性和长周期性使得各方都有持币观望的思想，影响了继续教育投资体系的建设。这样一来，实现政府、企业和个人共同投入、共同受益的完美互动机制也只能是一种乌托邦式的理想。即便三者果真实现了共同承担责任、共同受益的局面，三者各自的投资比重和权益分配恐怕也不可能等同视之。况且，在没有相应的立法指导的情况下，又如何界定和划分各自的责、权、利呢？即便将接受继续教育上升到法定权利的高度，企业和政府的责任和权利又如何调节呢？用于继续教育的经费又要个人、企业和政府谁来承担或者如何承担呢？即使遵循企业股份制的形式采用"多投入，多受益"的原则，不投资的主体和没有能力投资的弱势群体是否就没有权利得到收益或者就得不到收益呢？就拿学员个人来说，假使学员的继续教育培训费用由企业来全部承担，如果完全按照"谁投资，谁受益"的原则的话，企业应该得到全部收益。但是，接受继续教育后的职员，一般来说知识和技术都会有所提高，这些职员对企业提高生产率有贡献，如果不提高他们的工资待遇显然有失公允。因此，从投资多寡的角度来决定继续教育的责、权、利是不合理的。

其次，从利益的相关程度上来探讨。就获得利益的程度来看，个人当然是最直接的受益者，然后才是企业和政府（或者说社会）。如果要求利益最直接相关的个人投入全部继续教育的资金，显然个人是难以承担的。再说，个人通过再教育提高了生产效率，企业或者国家也是受益者，尤其是企业的获益是最高的，因此，企业或者国家如果不给继续教育学员经济回报显然不合情理。因此，"从根本上讲，继续教育的责任主体应当是个人。……考虑到现阶段这些条件尚不具备，并且各种投入和资源大多掌握在政府和企业手中，由其直接支配，所以在较长的一段时期里，政府和企业仍然将是继续教育非常重要的责任主体"。但是，责任主体和投资主体的问题非常复杂，还需要进一步研究。目前在我国，这些问题还存在立法的空白区域，主要是因为现有的相关法律条文在操作层面难以把握和执行。

2. 继续教育的投资模式

从国内外的经验来看，继续教育的投资模式不外乎以下几种：

①企业等用户单位根据需求，自主地从自有资金中抽取一定的份额开展继续教育。这种方式的优点在于企业等用户单位完全是自觉自愿的，能动性较高。但是，也正因为这是一种自愿的行为，所以强制力不够，企业等用户单位可能会根据自身的资金状况随时决定开展或者不开展继续教育，随意性比较大，对继续教育的持续发展不利。

②先由职员自行垫付继续教育的费用，职员可以带薪参加培训，培训合格后，企业等用户单位再将培训费用部分或全部返还给职员。这种方式暂时减轻了企业等用户单位的现金支付力度，但却加重了职工的支出负担，这样会减少参与培训的人员的数量。不过，对参与培训的员工来说，这种方式自然也是一种激励手段，能够促进他们学习的积极性。同上一种方式一样，这也是企业等用户单位的自觉行为，具有上一种模式的特点。

③国外多数做法是，政府采用税收的方式从企业等用户单位中抽取一定比例的资金作为继续教育的公积金，在企业等用户单位进行继续教育培训的时候，企业等用户单位的培训机构或第三方的培训机构根据参与继续教育培训的人头数从政府领取一定的培训费，这就体现了政府税收"取之于民，用之于民"的思想。这种方式的优点是，政府采用宏观的调节手段指导和促进全社会范围内的继续教育活动，促进了继续教育的普遍发展，对社会生产力的发展非常有利。另外，参加培训的职工不需要承担任何费用，而企业等用户单位为了收回用于继续教育的税金，普遍鼓励职工参与培训。这种税收调节的手段，能够变相地返回用于继续教育的税金，用户单位也愿意做快乐的投资者和受益人，瑞典就是这种方式。但是，利用税收杠杆的做法，各国不尽相同。我国就采用减免税收的办法，实际效

果不尽如人意。原因很简单，国家减免税收的愿望是好的，目的是为企业等用户单位减轻纳税负担，希望企业把减免的税金用于继续教育。但事与愿违，企业往往会把这些减免的税金作为利润分配掉或者投入到再生产中。所以，这种税收政策的实施效果并不理想。这些用于继续教育的税金必须由国家机关强制收缴、统一管理、按需支付。

3. 当前我国继续教育的投资模式

关于继续教育经费投入的问题，我国直到2002年才出台初步的规定，即《国务院关于大力推进职业教育改革与发展的决定》（2002年）。文件中规定："一般企业按照职工工资总额的1.5%足额提取教育培训经费，从业人员技术素质要求高、培训任务重、经济效益较好的企业可按2.5%提取，列入成本开支。要保证经费专项用于职工特别是一线职工的教育和培训，严禁挪作他用。企业技术改造和项目引进，都应按规定比例安排资金用于职工技术培训。对不按规定实施职工职业教育和培训，经责令改正而拒不改正的企业，县级以上地方各级人民政府可以收取其应当承担的职业教育经费，用于本地区的职业教育。"

首先，进一步明确了企业职工教育培训的内容和经费列支范围。

企业经营管理人员和专业技术人员在政治理论、职业道德教育、岗位专业技术、职业技能培训、适应性培训、转岗转业培训等方面都属于职工继续教育的范围，企业要根据需要对职工进行各类文化教育和技术技能培训，鼓励职工提高技能素质，提升职业竞争力。

经费列支范围包括：上岗和转岗培训各类岗位适应性培训；经单位批准参加的继续教育以及政府有关部门集中举办的专业技术培训、岗位培训、职业技术等级培训、高技能人才培训、特种作业人员培训；经单位批准职工参加的职业技能鉴定和职业资格认证；经单位批准或按国家和省、市规定由企业组织的职工外送培训；企业购置的教学设备与设施；职工岗位自学成才奖励费用；职工教育培训管理费用；矿山和建筑企业等聘用外来农民工较多的企业，以及在城市化进程中接受农村转移劳动力较多的企业，对农民工和农村转移劳动力培训所需的费用；企业由于新建项目、进行技术改造和项目引进、研究开发新技术、试制新产品而培训的专业技术骨干、高技能人才和急需紧缺人才；有关职工教育的其他开支。

其次，详细规定了企业职工教育培训经费足额提取及使用的要求。

经费提取的比例按照《国务院关于大力推进职业教育改革与发展的决定》（2002年）中的有关规定，足额提取职工教育培训经费。职工工资总额按照国家统计局《关于工资总额组成的规定》（1990年），包括计时工资、计件工资、奖金、津贴和补贴、加班加点工资、特殊情况下支付的工资等六个部分。企业的职工教育培训经费提取、列支与使用必须严格遵守国家有关财务会计和税收制度的规定。企业应按规定提取职工教育培训经费，并按照计税工资总额和税法规定提取比例的标准在企业所得税税前扣除。职工教育培训经费要求专款专用，都要用于职工特别是一线职工的教育和培训，严禁挪作他用，当年结余可结转到下一年度继续使用。

职工教育培训经费的 60% 以上应用于企业一线职工的教育和培训。当前和今后一个时期，要将职工教育培训经费的重点投向技能型人才特别是高技能人才的培养以及在岗人员的技术培训和继续学习。

另外，对自身没有能力开展职工培训以及未开展高技能人才培训的企业，可以由县级以上地方人民政府对其职工教育培训经费实行统筹，由劳动保障等部门统一组织培训服务。此外，对经费的使用、管理和监督都有比较具体而明确的规定。

从这些规定中可见，我国继续教育的经费主要由企业来负担，国家财政支持较少，也没有通过合适的税收杠杆提取继续教育经费的制度。普遍来看，当前我国继续教育的经费非常短缺，继续教育经费短缺的原因首先是由我国教育经费的拨付制度决定的。现在，职业院校开展的继续教育绝大多数只是利用办学形态的高等教育的剩余潜力来开展继续教育，靠继续教育学员提供的学费来维持运转。长期以来，"国家作为继续教育的最大受益者却缺乏资金和政策的投入热情，国家或地方除了投资大学的普通本科教育和研究生教育外，很少有为大学开展继续教育提供经常性或专门性投资的，这即是大学继续教育长期面临经费总量短缺和缺乏市场竞争的根本原因"。上文也已经说过，我国减免税收的做法并没有起到应有的激励作用。这样一来，"谁来为继续教育投资"就成了长期悬而不决却又争论不休的问题。在教育经费普遍短缺的情况下，再将继续教育经费列入国家教育经费预算恐怕不太现实。校企合作的继续教育模式中，企业提取的经费主要用于支付继续教育培训机构的学费，而这些学费基本上就是这些继续教育培训机构在继续教育方面的主要经费来源。在我国现有的继续教育经费筹备模式下，国家拨付给普通职业院校的继续教育经费寥若晨星，职业院校开展继续教育的经费就更加捉襟见肘了。如果仅仅靠微薄的学费维持运转而不能获取较高的利润或者在继续教育服务中的大笔投入无法获得价值补偿，那么职业院校开展继续教育必将无法长久持续。

（二）继续教育的运行模式

继续教育的运行模式就是如何开展继续教育的问题。职业院校继续教育的模式实际上就是通过人为的调控手段实现国家各级继续教育管理和指导机构、职业院校、企业等用户单位之间在管理、监督、指导、投资等环节相互协调和配合，实现继续教育中所必需的师资、设施、设备、学员、课程等的合理调节和优化配置，最终实现继续教育事业的可持续发展。从国内外继续教育的发展历程来看，主要有以下几种运行模式：

①用户单位自行独立开展继续教育，如企业大学、企业夜校、职工大学、职工培训中心等。

②用户单位全权委托其他继续教育培训机构开展继续教育。其他继续教育培训机构包括职业院校（普通职业院校、职业院校、成人大学等）的继续教育学院、社会培训机构等。

③用户单位与其他继续教育培训机构合作，共同开展继续教育。这又有三种情况，一种是用户单位主动找其他单位合作，一种是其他单位主动找用户单位合作，还有就是由于某种原因双方开展合作（如政府的行政命令或者某种外界因素迫使双方不得不合作）。

对于后面两种情况，也可以划分成纯行政命令式、纯市场行为式及行政引导市场为主式等。

实践证明，双方以市场机制为基础，在平等自愿、资源共享、互利共赢的原则下，共同合作开展继续教育是较好的模式。

必须注意一点，继续教育的运行模式是和继续教育的投资模式、管理模式交织在一起的。也就是说，它是责任承担模式、权利享有模式、义务担当模式以及利益分配模式的统一体。

四、职业院校继续教育在物理层的发展机遇

"塞翁失马，焉知非福。"辩证地看，职业院校继续教育在物理层现存的问题就是发展的机遇。

首先，在国家企业改制和产业结构调整方面的政策以及房地产饱和与金融危机的冲击等因素的影响下，劳动密集型企业、能源和资源消耗型企业不得不改制，在改制过程中分流的众多职工、农民工都有旺盛的继续教育需求，无形中扩大了职业院校继续教育可以培训的对象范围。

其次，中国城市化的进程，统筹城乡发展的政策，农村劳动力的转移，有意识地扩大了职业院校继续教育可以培训的对象范围。

再次，国家对职业院校"校企合作"的要求和一系列继续教育政策为职业院校开展继续教育提供了政策保障。

最后，近年来，高等职业教育自身发展优势逐渐明显，已经"得到长足发展，已成为高等教育的半壁江山，使职业院校继续教育的发展具有了更为广阔的空间"。

随着经济形势的回暖和复苏，职业院校与社会的联系将会日益密切，继续教育作为职业院校为社会贡献知识和提供服务的重要途径，必将日益受到重视。

第三节 表现层：职业院校继续教育的目的、行为和功能

系统的功能只是系统属性和形态在一个特殊方面的表现，所以，严格说来，系统的结构和系统的形态是一对范畴，系统的功能和目的是另一对范畴。因此，关于职业院校继续教育系统的表现层，需要探讨其目的、行为和功能三方面。

目的是行为的方向和指南，是指向预期功能的；功能是行为和目的的可能结果；行为是目的和结果的执行过程。

表现层具有非实体的特性，无论是创造力还是发展的内在动力，都具有外发性，所以表现层是系统的发展变化和外显属性。

一、目的：职业院校继续教育的目的

面对当今竞争无处不在的市场经济体制，职业院校开展继续教育并追求利润不仅是合情合理的，也是合则合法的。当然，在此并不是提倡唯利是图地追求利润，而是要在市场机制和市场法规的保障下追求合法利润。这样一来，职业院校继续教育就能在保证质量的前提下取得可观的利润，否则，弃信毁誉的谋利方式必将使客户大量流失，追求利润也必将成为一句空谈。另外，仔细分析可以发现，三个目的都具有功利性。事实上，继续教育还应该注重人文关怀，这不仅是继续教育的应有之意，也是继续教育的发展趋势。在英、美、日等发达国家，早已出现了闲暇类型的继续教育。

根据职业院校继续教育的目的，还可以进一步将这些目的分解为多个层次的目标。这是因为，目的是"想要达到的地点或境地，想要得到的结果"，目标是"射击、攻击或寻求的对象，想要到达的境地或标准"。据此，职业院校开展继续教育的总目的还可以进一步分解为管理目标、教学目标、考核和评估目标、课程目标、市场目标、教育质量目标、教育收益目标、预期利润目标等。就目前来看，这些目标都围绕以上三个主要目的服务，人文关怀的目标亟待加强。

二、行为：职业院校继续教育的行为

目的是行为的方向，功能是行为的作用。职业院校继续教育的主要行为有两大类：第一类就是教学活动；第二类就是对教学活动进行控制、协调、组织等的活动，这就是教育管理活动。

（一）继续教育的教学活动

不管对哪一类型教育来说，教学活动都是其最主要的活动。职业院校的继续教育也不例外，教学绝对是占据首位的活动。

职业院校继续教育同样需要有课程需求调研、课程开发、课程实施、课程评估等环节，同样需要课堂讲授、实践教学等形式。但是，正是由于继续教育对象的特殊性，其课程的设置和编制以及教学方式等都需要和其他类型的教育区别开来，尤其是要和学历教育区别开来，这就是需求定位（包括需求群体定位和教育内容定位）、教学定位需要探讨的问题。既然职业院校继续教育也是一种教育类型，那么就不能拒绝教育、教学的普遍规律和具有普遍意义的教学方法，并且要重点关注和照顾这种教育的特殊性，合理地移植和改造各种教学方式和方法，为这种特殊的教育类型服务。

当前，在继续教育的教学活动中，职业院校存在以下几方面的问题：

第一，教学方式不够灵活。大多数职业院校成立时间较短，开展继续教育也是"大姑娘嫁人——头一次"，难免会存在学科教育和正规学校教育的惯性思维。反映在教学方式上，就是教学的方法、场地和时间的调配上不是十分灵活。究其原因，主要是继续教育的学员必须兼顾工作任务，不能够长期脱产学习。即使能够脱产学习，也会因为距离远等问题出现工作时间、个人可支配的学习时间和教学时间的冲突，即工学冲突。如果能够保证教学的必要条件和学员规模，职业院校采用送教上门的方式也许是一个较好的思路。当然，远程电视教育和远程网络教育等也是非常成熟的继续教育方式。不管采用哪种教学方式，必须保证继续教育的教学质量。

第二，教学经验不足，教学水平有待提高。由于大多数职业院校开办继续教育的历史不长，培训教师还没有完全掌握继续教育的教学规律，对继续教育对象的特征把握不够深透，还以对待学校在校学生的教学策略来处理继续教育中的问题，导致教学水平不能尽如人意。

（二）继续教育的管理活动

关于管理的定义有很多种，但是，管理的对象无外乎是人、事、物、信息等。因此，管理实际上就是在适当的时间和空间内协调、组织、配置和控制这些对象，是为系统的第一类活动或行为服务的活动，因此可以叫作第二类活动或行为。管理的目的是使组织的主要活动（第一类活动）更加高效。从系统论的角度来看，"管理是一个控制过程"。或者说是控制性的活动（行为），也就是控制第一类活动（行为）的活动（行为）。但是，与对机械系统的管理不同，人类系统管理的特殊性在于，其管理是管理主体对管理的客体和对象实施控制的过程，这个过程是辩证的、活化的过程，这与机械、教条的指挥或作业过程是不同的，后者只能称为操作。

根据系统论和上述分析，管理至少会涉及物理层、表现层和规则层三个层次。它们分别是管理对象存在的功用与价值的层面，管理要素之间的关系与过程的层面，以及管理系统整体的辩证规律的层面。这其实基本上对应前文所说的表现层、物理层和规则层。尽管大多数著作都认为管理包括计划、组织、领导、控制四个环节，但这都是对第一类活动进行的某种控制，即为顺利实现第一类活动的目标而不断进行控制，使第一类活动能够始终朝着既定的目标发展。因此，把第二类活动（行为）称为控制性活动（行为）是有道理的。

管理理念、管理主体、管理对象、管理内容和管理策略将在下文论述，这一部分主要从系统控制论的角度来阐述管理的目的（为什么管）以及管理的情境（管理的环境和条件，如时机等）。无论是第一类活动还是第二类活动，都是有目的的活动。针对整个教育系统来说，这两个目的几乎是同时存在的，很难分清楚究竟哪一个目的先产生、哪一个目的后产生。不过，从教育学和管理学的发展历史来看，似乎教育学比管理学产生要早一些。但是从教育和管理行为来看，似乎又很难看出孰先孰后。比如说，结绳记事时代似乎已经有教育的可能。但是，"记事"的实质不就是管理吗？这就是最早的管理事务的活动。因此，从历史学的角度考察似乎也难以得到一个明确和可信的答案。如果转化一下思路，从逻辑学和现象学的角度来看，可能就不一样了。首先从逻辑学上来说，既然是一种教育，那么教育活动，或者更明确地说教学活动，就应该是最主要的活动，那么教育和教学就是其最原初或者说首要的目的，管理就是为实现这个目的而采取的控制性行为，教育管理的目的是使教育、教学活动更加顺利、更加高效。这样来看，对教育系统来说，管理的目的就是次生或者衍生目的，或说是从属于首要目的的从属目的。这里必须注意，从属目的并不是次要目的。从现象发生的先后顺序上来说，教育、教学活动具有先在性，而教育管理具有后发性，在时间上是先后继发的，没有教育、教学活动，教育管理活动也就没有存在的必要了。前者是后者存在的基础和理由，后者是前者发展的辅助和控制行动。

其实，如果从系统论的角度来看，管理就是使系统各要素优化组合，从而使系统发挥最佳功能的实践活动。或者说，为了使系统发挥最佳功能，在一定时间和空间背景下将系统各要素进行优化组合和调配（有效地组织），使得系统内外信息流通，系统与系统的环境相互适应等实践活动。

三、功能：职业院校继续教育的功能

系统的功能是"系统行为所引起的、有利于环境中某些事物乃至整个环境存

续与发展的作用"①，是系统行为对其功能对象生存和发展所做出的贡献，也可简单理解为"事物或方法所发挥的有利的作用、效能"②。可见，系统的功能总是和对功能对象有利的作用、有意义的和有价值的贡献联系在一起的。凡是系统都具有功能，而系统的功能是一种整体的特性。一般来说，它不是部分的功能之和，而是一种部分及其总和所没有的新功能。复杂系统总是由子系统构成的，子系统的功能是指"子系统对整个系统存续发展所负责任、所做贡献"③。根据功能的定义，把系统行为针对系统内部功能对象所产生的功能称为系统内部功能，把系统行为针对系统环境中的功能对象所产生的功能称为系统外部功能。

对于教育功能的定义，英国教育经济学家布劳格的说法可见一斑。他指出，"教育既有其经济效益，又具有对世代相传、累积渐进的价值观念、伦理道德规范和社会意识形态的促进作用"④。将这句话分析一下，教育除了经济效益之外，还有对世代相传、累积渐进的价值观念、伦理道德规范的促进作用，这就是教育的第一功能，即教育的功能，在此称为教育收益，而"对社会意识形态"的促进作用可以称之为社会效益。结合系统论的观点，经济效益、社会效益、教育收益分别是从教育对系统内部和外部的行为对象在经济、社会及文化三个层面来描述教育的功能，这些功能可以统称为教育绩效。为了更加精确起见，在此首先要对继续教育的经济效益、社会效益、教育收益和教育绩效几个概念进行界定。

经济效益，在经济学中，是指社会经济活动中物化劳动和活劳动的消耗同取得的符合社会需要的劳动成果的对比关系。讲求经济效益就是用尽量少的劳动消耗取得尽量多的有用成果。其中，"对比关系"指明了经济效益是一个相对化的概念，是微观经济单位之间盈利程度的一个量度；同时，"符合社会需要的劳动成果"规定了经济效益也是一个社会化的概念，是经济效益的质的规定性，二者缺一不可。对于经济效益的评价方式有多种，一般来说，企业的经济效益是企业的生产总值同生产总成本之间的比例关系。企业的经济效益实质上就是企业的劳动成果与劳动消耗的比例关系，简单地说就是"所得"与"付出"或"产出"与"投入"之间的比例，用公式表示就是：经济效益＝生产总值/生产总成本。可见，经济效益也可以叫作产出投入率。但是，衡量一种经济活动是否有经济效益可以有两种方式：第一种是用减法，即如果生产总值减去生产总成本大于零，则有经济效益。第二种是用除法，即生产总值除以生产总成本的比值大于1才有经济效益。

对职业院校开展继续教育来说，同样有成本投入和利润，也可以计算其经济效益，该指标仅仅用来能够简单直观地折算成货币单位进行计量的产出成果及其投入资本之间的关系。

① 杨亭亭．远程教育系统：组织与管理[M]．北京：中央广播电视大学出版社，2009：9.
② 字词语辞书编研组．新编现代汉语词典[M]．长沙：湖南教育出版社，2016：411.
③ 薛惠锋，张骏．现代系统工程导论[M]．北京：国防工业出版社，2006：44.
④ 转引自王培根．高等教育经济学[M]．北京：经济管理出版社，2004：233.

社会效益，从狭义上来说，一般是指一所学校在社会上的声誉、威信和信任程度，主要包括学校培养人才的数量与质量、毕业生在社会上做出的成绩与贡献、社会各界对学校毕业生的反应等。也就是说，狭义上来讲，职业院校继续教育的社会效益只能是其对社会的非经济形式的贡献，它是不能直接用数量进行计量的，一般采用定性方法评价。如果非要用定量方式评价，就必须根据定性评价资料建立合适的评价指标体系，并将这些指标体系量化。

对于教育收益，也有很多不同的认识，比如，"①教育收益可以发生在教育过程中，也可以发生在教育完成后；②教育收益可以是货币收益，也可以是非货币收益；③教育收益可以是生产性的投资回报，也可以是消费性立即收益；④教育收益的受益者可以是受教育者本人，也可以是与教育活动有关的个人、社会团体、组织机构甚至整个社会；⑤教育收益不但体现在教育活动的产品方面，也体现在教育活动的过程方面"。这也是一种广义上的认识。为了不将测量指标重复，在此还是限制在狭义的范围来探讨教育收益，仅将教育收益定义为个人、组织或者社会的教育水平、教育学历的增加或者提高程度。也就是说，教育收益只能紧紧围绕教育所提高的质量和数量两个层次。当然，对社会来说，教育的收益似乎也应该包括在社会效益当中。但是，为了避免重复考察这个指标，故在社会效益中要剥离出教育收益来。

职业院校开展继续教育也不外乎经济效益、社会效益和教育收益三种主要功能。据此，还可以将职业院校继续教育的功能分成内部功能和外部功能两大类，下面做详细分析。

职业院校继续教育的内部功能是指该系统行为对系统内部功能对象所产生的功能。该系统行为的功能对象是处于该系统中一切子系统、微系统和要素。就职业院校继续教育来说，它最直接的子系统就是两类：职业院校和用户单位（包括企业及事业等不同类型的单位），这两类子系统中还包括涉及继续教育的各个部门，就是子系统的子系统，在此可以称作微系统，而在这些微系统中涉及继续教育的各类人员，包括为继续教育服务的人员和需要参加继续教育的人员，就是这些微系统中人的要素。当然，形成微系统还需要绝对不可或缺的物的要素。这样一来，职业院校继续教育的内部功能就是对职业院校、用户单位以及参加和参与继续教育的人员的作用，即继续教育对它们/他们的生存和发展所做出的贡献。反过来，这些人员形成的组织（如继续教育培训项目小组、继续教育课程开发小组等）、微系统、子系统总是对上一级系统的存续发展承担一定的责任并贡献自己的力量，所以它们/他们具有子系统的功能，这也是内部功能。

系统的内部功能主要与其内部结构密切相关，而系统的外部功能主要与其所处环境有着紧密的联系。环境为系统的功能发挥提供了各种适当的条件和氛围。在职业院校开展继续教育的背景下，其外部功能即为该系统在自然环境、社会环境以及与自身系统之外的其他事物中，对生存和发展所做的贡献，这体现为社会效益等方面的表现。

根据以上对教育功能的分析，可以把职业院校继续教育的系统功能分成内部功能和外部功能。其中，内部功能包括对内部各个子系统和元素的经济效益和教育收益，外部功能包括对社会环境中各个功能对象的经济效益、社会效益和教育收益。继续教育的各个功能是相辅相成的，这些功能指标综合起来可以统称为教育绩效。

从是否容易量化并折算成经济指标的角度，将职业院校继续教育绩效的宏观指标归纳为经济效益、社会效益和教育收益三种。据此，还可以从职业院校继续教育系统的内部和外部两个维度进一步细化为中观指标。

（一）内部功能

1. 内部经济效益

（1）职业院校的经济效益

近年来，职业院校相继面向市场开展了继续教育业务，这种市场性质的办学方式要用经济效益来评价。对职业院校来说，开展继续教育的首要目的是获取适当的利润，这一点是不需要用其他理由来遮掩的，这是合理合法的市场行为，不讲究利润和经济效益是不能长久生存的。

对于经济效益的计算方式有多种，比如，用减法的有单项因素直接测定法（MTP）、相关因素合成计算法（PCP）、复合因素分离计算法等；用除法就是前面介绍的产出投入率计算法。严格说来，用减法计算的才是真正的经济效益，用除法计算的是产出投入率，或者也可以叫经济效益率。在此，为将经济效益、社会效益、教育收益三个指标合成教育绩效综合指标，仍然采用除法来进行计算。

为此，需要进行如下三个步骤的工作：

①计算职业院校继续教育的总收入

职业院校继续教育的总收入是职业院校在一定时期内（一般按照年度来计量）提供的继续教育服务的实用价值总量，是这一时期内所提供的继续教育服务适合社会需要的劳动成果的价值形式。按照货币来计算就更加简单了，就是所有用户实际支付的继续教育培训的费用的总和。

②计算职业院校继续教育的总成本

任何资源的获得都需要成本。职业院校继续教育的总成本是一定时期内（一般按照年度来计量）职业院校在继续教育过程中的人力和物力资源的消耗，是职业院校在这一时期内的继续教育过程中人力和物力资源的消耗在价值形式上的表现。由于职业院校继续教育的业务不是很复杂，所以在成本核算的方法上选用实际成本法即可。实际成本法适用于业务不多的中小企业，每次业务产生的金额可以直接计入账户。对于成本的计算实际上并不复杂，只是成本的来源较多，计算时需要细心，不要有疏漏。

对职业院校继续教育进行成本核算，首先要分析成本的构成和影响成本的因素，目的是寻求必要的措施控制成本、降低成本，以提高经济效益。这是因为，成本是一个负值指标，在质量标准范围内，成本越低越好。脱离质量标准的成本指标是没有意义的，也将丧失可比性。成本的构成内容要服从管理的需要，并且随着管理的发展而发展。国家规定成本的构成内容主要包括原料、材料、燃料等费用，折旧费用，工资。成本一般按照年度来计算。据此，可以结合继续教育的实际情况归纳为以下几种成本：

工资成本，包括教师工资成本、管理人员工资成本和后勤保障服务人员工资成本三大部分。教师工资的发放对象是参与继续教育培训的教师，包括本校的专职教师、本校行政人员中的兼职教师和外聘教师等。各类教师工资在学校之间或许有差异，但一般都是按照同工同酬的原则，依据课时费来进行计算。教学成本不仅在职业院校之间可以比较，就是职业院校继续教育内部各教学单位之间也可以相互比较。参与继续教育管理的人员包括行政管理人员、教学辅助人员等。继续教育的后勤保障服务人员包括为继续教育直接服务的业务人员、司机和宾馆、膳食、水电暖通等服务人员。这些人员根据学校的不同可能会有所差异，计算工资成本的时候要注意灵活掌握。

原料、材料、燃料等费用形成的成本，包括与继续教育业务直接相关的笔墨、纸张等办公耗材和试纸、试管等实验耗材的费用；水费、电费、网络服务费、取暖费、维修费以及由于继续教育产生的机动车等的燃料费；继续教育专用环境的绿化、美化方面的费用支出。

教学设备及设施的折旧费用成本，包括与继续教育直接相关的教学仪器设备的折旧费，如计算机、网络设备、实验设备、专用车辆等的折旧费，专用教室、寝室等配套教学设施的折旧费等。

职业院校继续教育的总成本就是一定时期内的以上各项成本之和。

③计算职业院校继续教育的经济效益

根据以上各项数据，按照测算公式：职业院校继续教育的经济效益＝继续教育总收入/继续教育总成本，求得职业院校继续教育的经济效益。

（2）继续教育培训教师的经济效益

理论上来说，职业院校参与继续教育培训的教师个人的经济效益也可以按照上面的方法来进行计算，但在实际情况中就显得有些复杂和没有必要。说复杂，是因为职业院校继续教育中聘用兼职教师的情况非常普遍，不管是本校的教师还是外聘的教师都存在兼职情况；另外，外聘教师中还存在一个特殊的群体，那就是职业兼职教师，这类教师没有固定的工作单位，日常都是在多个继续教育机构或培训机构做兼职教师，他们的成本耗费的计算非常烦琐。这是因为，很难界定究竟哪一项成本是在此职业院校的继续教育中发生的而不是在彼职业院校的继续教育中发生的，这就是复杂性的根源。为此，可以化繁为简，不必关注其成本，而是直接关注其收入，计算其在本职业院校中从事继续教育的收入在该时期内总工资收入的比例，用公式表示就是：

继续教育中教师的经济效益＝继续教育的工资收入／该时期的总工资收入

在此必须注意四点：一是比值中的收入必须是参与继续教育的工资收入，其他的收入，如发表论文、科技成果转让等所取得的收入不能计算在内。二是在时间段上必须是参与继续教育教学工作的时间，其余时间不能计算在内。三是如果要计算年度的经济效益，也要按照此公式逐月进行计算然后再进行累加和平均，累加的次数和平均的被除数都必须是实际参加了继续教育教学的月份数或天数。四是每个考查的个体要进行比较的时候，工资收入的货币单位和时间段以及时间单位都必须一致，否则不可以进行比较。

（3）用户单位的经济效益

对用户单位来说，计算经济效益也是非常必要的，尤其是工业企业单位，而对商业、事业等单位来说，似乎很难计算来自继续教育的经济效益。首先，对商业单位来说，尽管它们的成本是可以计算的，但由于销售额的影响因素很多，几乎不可能将继续教育的影响因素独立剥离出来，在计算继续教育带来的收入的时候就非常困难。而对事业单位来说，它们几乎没有成本会计的科目，即便真的设立成本会计科目，它们也没有任何销售额存在，也就无法计算它们的经济效益。因此，此处主要是针对工业企业探讨用户单位在继续教育中的经济效益。

与上述计算职业院校继续教育的经济效益的情况类似，也需要进行如下三步工作：

①计算企业在继续教育的总收入

企业继续教育的总收入不是企业的总收入，而是企业参加继续教育的员工产生的收入的总和。如果参加继续教育培训员工较少的话可以逐个统计，如果较多就可以采用随机抽样的办法进行概算，然后求得这部分员工在参加继续教育后某段时间内产值的总和作为企业在继续教育中的总收入。

②计算企业在继续教育中的总成本

培训成本。培训成本包括继续教育的培训费用和在继续教育培训期间的学员补助两大部分。继续教育的培训费用是企业用于支付职业院校所提供的继续教育培训的所有费用。继续教育期间的学员补助是指企业为参加继续教育的学员提供的差旅费、膳食费、住宿费等费用，这是最主要的成本。

工资成本。有些企业可能会专门组建继续教育的管理机构、后勤保障机构或者专门聘请教师等，如果这些人员的工资是由继续教育直接产生并由企业额外支付的话，也应该作为成本计算。另外，参加继续教育的员工一般都是带薪学习，而在参加继续教育期间，这些员工没有任何实质的生产产出，这些工资对企业来说就是纯粹的支出，是仅仅为了继续教育而支出的费用，因此也应该算作继续教育的成本。

原料、材料、燃料等费用形成的成本。企业在继续教育中耗费的原料、材料、燃料等费用形成的成本，包括与继续教育业务直接相关的笔墨、纸张等办公耗材和试纸、试管等实验耗材，水费、电费、网络服务费、取暖费、维修费，由于继续教育产生的机动车等的燃料费，继续教育专用环境的绿化、美化等方面的费用支出。

教学设备及设施的折旧费。企业在继续教育中投入的教学设备及设施的折旧费用，包括与继续教育直接相关的教学仪器设备的折旧费，如计算机、网络设备、实验设备、专用车辆等的折旧费，专用教室、寝室等配套教学设施的折旧费等。

以上各项成本可能会根据具体情况有所不同，计算时需要注意。

③计算职业院校继续教育的经济效益

根据以上各项数据，按照测算公式：企业继续教育的经济效益＝企业继续教育总收入／企业继续教育总成本，求得本段时间内企业开展继续教育的经济效益。注意：在此特别添加"本段时间内"意在说明继续教育的效果会有滞后性和长效性，在本段时间内的经济效益可能与下一段时间内的测算结果是不同的，因为继续教育的效果具有增值性。

（二）外部功能

1. 继续教育的社会经济效益

换言之，教育的目的就是培养人才，以提高他们的知识和技能。但是，人是一切生产要素中最活跃、最积极、最能动的要素，通过人才培养来达到技术更新的目的，比投入其他要素达到技术更新的目的所耗费的成本要低得多，而利润率却要高得多，这就是摩托罗拉、IBM 等国际知名企业特别注重继续教育的重要原因。但是，继续教育除了给企业等用户单位自身带来可观的经济效益外，还能给全社会带来丰厚的经济效益，关键原因就在于技术的外溢性。产生技术外溢性的客观原因是人才的流动性，而其主观原因则是系统外全社会人员的能动学习的强烈需求和愿望。

继续教育是实现社会经济增长的一个重要途径。首先，继续教育促进了直接相关的企业等用户单位的经济增长。经济增长就是社会物质财富不断增加的过程，是社会再生产动态过程的共性实质，它代表的是一国潜在的国内生产总值或国民产出的增加。对一个国家而言，经济增长是宏观经济中衡量国家经济状况的重要指标。所有人几乎都认可技术的变革能够影响经济增长率，但人们对于实现技进步的方式却有不同的看法。新古典增长理论的经济学家强调投资的重要性，即通过增加资本投入提高技术装备率，他们认为技术进步是外生性的；而新经济增长理论的经济学家则提倡提高劳工素质，他们认为技术、人力资本的外溢性是经济持续增长的重要原因，对全社会来说技术进步是内生性的。新经济增长理论说明，要素投入的增加只有在其能够带来技术进步的条件下才能推动经济的持续发展，这从理论上说明粗放型经济增长模式不可持续。这就是我国不断调整产业结构、倡导创新、实现经济增长方式转变的必要性和紧迫性的重要理论依据。为了保证我国经济持续、快速、健康发展，必须将经济增长方式转变到主要依赖技术进步的集约型经济增长方式上来。而技术的进步，不能仅仅依靠更新生产要素（如更新设备的方式），而必须提高人力资源的素质。这是因为，先进的技术装备需要高素质的技术人员才能发挥最大效力。企业等用户单位通过继续教育能在多方面革新技术，如产品开发技术、生产技术、管理技术、营销技术等，如果能够产生提升效应，则对当地相关产业或竞争企业具有技术创新的示范、刺激与推动作用，能够促使竞争对手相继效法，这就是技术的平行外溢；同时对当地下游关联企业也会产生技术进步的示范、援助与带动作用，这就是技术的垂直外溢。比如，中国海尔集团采用ERP管理系统的时候，为了顺利使用这个系统实现订货、供货、销售设计、物流、人事等管理，对企业职工以及全国各地与海尔集团相关联的下游供应商、销售分公司、销售商进行了多场培训，掌握了这个管理系统的各位用户相继取得了良好的经济效益。若干时间后，这些接受培训的人员可能会跳槽转岗，流向本地及国内的相关竞争对手那里，如海信、澳柯玛、春兰集团、TCL集团等，这样，这些在海尔参加了继续教育所获得的知识和技能会被立即运用到新的工作岗位并产生真实的经济效益。可见，继续教育的全部经济效益大于其全部内部经济效益之和。通过公式可以进行比较。

继续教育的全部经济效益＝企业经济效益＋职业院校经济效益＋教师个人经济效益＋学员个人经济效益＋外溢经济效益。

继续教育的内部经济效益＝企业经济效益＋职业院校经济效益＋教师个人经济效益＋学员个人经济效益。

外溢经济效益具有不可限量的社会经济价值和巨大的链式反应效应。

继续教育促进了间接相关的企业或部门的经济增长。继续教育的系统开放性使得继续教育系统需要与环境之间进行交换物质、能量、信息，即使是系统内部的各个元素也会无时无刻地与系统环境进行交换。在这些交换过程中，消费和生产、再生产就一直没有停止，而继续教育拉动的这些生产和再生产所产生的经济效益，就是继续教育的外部经济效益，即继续教育的社会经济效益。这些外部经济效益是非常巨大和难以估量的。拿一个参加继续教育的员工来举例，为了顺利通过继续教育的考核，可能会额外增加学习时间，购买更多的辅助学习资料。学习资料很容易计算到个人经济收益的成本中，但在学习以及购买书籍的过程中耗费的电能、水能等许多费用却是很难详细计算出来的。即便计算出来并折算到了个人的学习成本中，但需要注意的是，个人的消费相对其他社会生产部门来说则是实实在在的收入。推而广之，继续教育系统规模越大、经济效益越好，那么与此相关的各个社会部门的经济效益也就越好，间接而言，职业院校开展继续教育也为社会其他部门带来创收的机会，这也就是继续教育的一部分社会经济效益。

因此，从继续教育的外溢性或者说从继续教育的社会经济效益的意义上来说，国家或社会是继续教育中最大的经济得益者。

2. 继续教育的社会效益

狭义上讲，一个学校的社会效益一般是指这所学校在社会上的声誉、威信和信任程度，主要包括学校培养人才的数量与质量、毕业生在社会上做出的成绩与贡献、社会各界对学校毕业生的反映等。它自身和学员通过继续教育对社会产生的声誉、威信和信任程度的影响都可以称为社会效益，而这些难以用经济计算的效益也可以叫作非经济效益，主要是指继续教育所承担的社会责任。职业院校开展的继续教育作为社会的有机构成部分，其社会效益主要通过履行公共责任、公民义务及恪守道德规范体现出来。

①公共责任。职业院校通过评估继续教育服务给社会带来环境保护、能源消耗、资源综合利用、生产安全、产品安全、公共卫生等方面的影响，并针对相关风险，确立满足和超越法律法规要求的关键过程、测量方法和指标，制定相应的对策和改进措施；能够预见社会公众对其在继续教育服务过程中当前和未来对环境保护、能源消耗、资源综合利用、生产安全、产品安全、公共卫生等方面的隐忧，主动并预先做出应对准备。

②道德行为。职业院校要能够确保其继续教育的行为符合诚信准则等道德规范，并确立用于监测职业院校继续教育的组织内部、与主要合作伙伴之间以及组织的治理中行为道德的测量方法和指标，如制定和履行组织的诚信承诺、道德规范。测量指标包括违约率、逾期应付账款金额、快速响应时间、管理人员比例等。

③公益支持。职业院校开展的继续教育要积极地支持公益事业。公益领域包括文化、教育、卫生、慈善、社区、行业发展和环境保护等；能够对公益支持进行策划，确定重点支持的公益领域，主动积极地开展公益活动，使之与组织的战略规划及发展方向相一致。职业院校开展继续教育的高层领导能够身体力行，员工积极参与，为上述公益事业做出自己的贡献。比如，帮扶其他院校开展相关业务，为继续教育的潜在学员提供一些公益咨询，为企业等用户单位提供力所能及的技术支持和教育服务等。

3. 继续教育的社会教育收益

职业院校继续教育对全社会的教育收益，主要是对社会的政治、文化、思想、行为习惯、社会风气所发生的影响，主要有以下几方面：

①有利于建立学习型社会和构建终身教育体系。我国目前有一千五百多所独立设置的职业院校，职业院校作为高等教育的重要组成部分，办学条件优越，师资力量雄厚，具备培养高技能人才的条件和能力。职业院校利用自身丰富的教育资源，开办继续教育培训，有利于建立学习型社会和构建终身教育体系。

②有利于提升国家竞争力。国家之间的竞争、民族之间的竞争，是综合实力的竞争，取胜的关键在于人才。职业院校通过继续教育活动可以使受教育者形成更高层次的职业能力、职业知识、职业道德、职业品格以及相应的社会意识、个人的行为习惯、个人的思想作风、个人的志趣，使他们在相应的工作岗位上产生更大的效益，并对社会发挥积极的人才效用，直接提升国家的创新能力。

（三）教育绩效：职业院校继续教育整体功能的综合评价指数

继续教育绩效不仅是继续教育工作的落脚点和归宿，而且也是继续教育工作走向更高层次的推动力。通过分析继续教育绩效的构成，促使企业和专业技术人员更加重视和积极参与继续教育，推动继续教育工作向更高层次发展。

继续教育绩效指标体系可分为不同的类别：社会效益和经济效益，直接效益与间接效益，显性效益与隐性效益，宏观效益与微观效益。由于继续教育连接着科技、教育和人事，它还表现出明显的人才效益和科技效益，结合此观点，按照上文的分析，将继续教育绩效主要分成经济效益、教育收益（包括人才效益）和社会效益等几部分来进行评估。反思上述各项指标，无论是经济效益、教育收益还是社会效益，它们都是一个单项评价指标，但是系统的功能是一个具有整体性的指标。对职业院校继续教育来说，不仅需要对单项功能指标了如指掌，还要从宏观上把握其整体功能指标。这是因为，单项指标超前并不一定整体指标就一定超前，这在统计学、系统学中都有大量的科学证据。比如，A、B、C三个开展继续教育业务的职业院校，A校的教育质量好，社会口碑也很好，但连续几年都没有在这个业务上盈利，校方为了维持这个业务的正常运转，不得不从其他部门或校方财务提取资金投入到继续教育部门中，甚至也可能采取贷款的方式，但这种入不敷出的局面仍然得不到改善，这就是说该继续教育部门的经济功能没有体现出来，最终可能导致校方取消继续教育的业务；而B校由于某种便利，即使教育质量很差，社会认可度很低，前来培训的学员还是门庭若市；C校多年来连续的年度总收入一直没有前两者高，办学规模也没有前两者大，尽管年度总收入不多，但年年都有盈余，尽管规模不大，但几乎天天都有学员上门培训，尽管社会知名度不高，但凡是在该校参加过继续教育的学员对其评价都比较好，而且他们的技术能力和创造发明数量都有明显的提高。试想，对于这三个院校的继续教育的效益该如何评价呢？换言之，用户单位该如何选择一个好的继续教育培训机构呢？这就需要利用统计学的原理，构建一个能够衡量职业院校继续教育的整体功能的综合评价指标，在此称之为教育绩效。

对于继续教育绩效评估原则，研究认为求实性原则、全面性原则、科学性原则、分类性原则是继续教育评估工作应当遵循的主要原则。此外，继续教育绩效的评估方法包括专家评估法、抽样调查法、比较法、投资效益率核算法等。本书主要采用投资效益核算法对继续教育的绩效进行评估。继续教育的教育绩效就是通过对在继续教育业务中的投资、教育质量及其相关性来综合评价继续教育的效益，首先要构建合适的职业院校开展继续教育的经济效益评价指标体系。

四、职业院校继续教育在表现层的问题

职业院校继续教育在表现层的问题主要集中在教育目的定位不准、教学质量不高、管理不到位和教学实效性不强等几个方面。

首先，职业院校的继续教育目的错位，没有正确区分学历教育和非学历教育。现在许多职业院校仍然把继续教育的立足点定位于学历教育，虽然挂的是继续教育的名头，但出于稳定生源和创收的目的，往往把面向在职人员的非学历教育搞成了面向社会成人的高等学历教育，学籍、毕业证书一样也不少。从课程设置上看，仍然和普通教育一样，分为文化基础课、专业技术基础课、专业课三大传统板块，这就抹杀了继续教育的本意，也"无法凸显职业院校的特点与优势"。

其次，职业院校继续教育的质量不高，实效性不强。"除了社会对继续教育的偏见外，职业院校自身对继续教育也不够重视。"课程内容陈旧、没有针对性、教学方法及培训模式单一、师资力量较弱等自身问题，加上学员的工学矛盾突出等，导致职业院校的继续教育难以适应各类学员的需要，培训缺乏实效性，教育质量普遍不高。

最后，教育行政管理部门对继续教育的管理不到位。"教育行政管理部门对职业院校继续教育的管理，基本上是抓'两头'，即招生和发证，对中间环节抓得少，因而导致继续教育的质量不高，社会认同率低，社会信誉急剧下降。"

第四节 规则层：职业院校继续教育的规则要素

一、国家和地方政府在继续教育方面的政策和制度

（一）国家在继续教育方面的政策和制度

为保障继续教育的发展，我国逐渐开始重视相关的法制建设，并取得了一定的成效。国家人事部于1995年年底颁布了中国第一部继续教育行政法规《全国专业技术人员继续教育暂行规定》（以下简称《暂行规定》），它对专业技术人员继续教育的目标、任务、对象、内容、方式、时间、基地、师资、经费、组织管理和实施等进行了初步的规定。1996年，国家人事部颁布《全国专业技术人员"九五"继续教育规划纲要》，提出到本世纪末中国继续教育的总体目标和任务。此后，各地区、部门及单位依据自身经济和科技发展的目标及需求，制定了相应的继续教育的法规或条例以及继续教育规划或工作计划。从此，我国的继续教育工作开始逐步走上了"有法可依、有章可循的轨道"。

除人事部《暂行规定》外，还有三个比较重要的文件分别从各部门自身的工作实际出发对继续教育做出了相应的规定。其中，中组部《干部教育培训工作条例》（2015年）提出干部教育培训工作必须以增强执政意识、提高执政能力为重点，推动学习型政党、学习型社会建设，为全面建设小康社会、加快推进社会主义现代化提供思想政治保证、人才保证和智力保证，文件还提出了干部的核心能力培训：政治鉴别能力、政策运用能力、知人善任能力、主攻业务能力和拒腐防变能力，这是对国家干部提出的继续教育的要求，重点是政治思想工作。人事部《专业技术人才知识更新工程实施方案》（2021年），即"653工程"实施方案，提出在关系我国经济社会发展和科技创新的一些重要专业技术领域，以提升能力和更新知识为主要目的，开展大规模的继续教育活动，在现代农业、现代制造、信息技术、能源技术、现代管理5个领域，开展专项继续教育活动，重点培训300万名紧跟科技发展前沿、创新能力强的中高级专业技术人才。它和《暂行规定》相匹配，都是专业技术人才提出的继续教育要求，重点是提升中高级专业技术人才的专业技术能力。劳动部《关于进一步做好职业培训工作的意见》（2011年）要求进一步明确职业培训为提高劳动者就业能力和培养技能人才服务为方向，要

以提高劳动者的就业创业能力、岗位工作能力和职业转换能力为目标，实施"新技师培养带动计划"加快高技能人才培养，带动技能劳动者队伍素质整体提高，力争用5年时间，在全国新培养190万名技师和高级技师，新培养700万名高级技工，并带动中级和初级技能劳动者队伍梯次发展。这个文件主要是对技师技工的继续教育提出要求。

其次是面向行业的一些具体规定，如《继续医学教育规定（试行）》等，是依据《暂行规定》结合本行业的相关法规对本行业的专业技术人员的继续教育做出的规定，在此不再一一阐述。

尽管这些法制的建设对继续教育的发展起到了较好的促进作用，但是，无论与国外发达国家的继续教育的立法状况相比，还是与国内突飞猛进的经济发展态势相比，我国关于继续教育发展的政策和法制建设还远远不够。继续教育的法制体系不完善是造成继续教育发展缓慢的重要原因。继续教育的"法规制度不健全"主要表现在四个层面。

①现行的继续教育法规的法律地位较低。人事部、劳动部、中组部在继续教育方面的相关法规，只是"本着对继续教育提倡鼓励的原则，几乎不涉及强制性的手段，对继续教育还缺乏具体有效的激励机制和保障体制"。这些条款仅仅是临时性的规定，尚不具备和正式法律等同视之的地位，这就是说，尚不具备完备的全国性的继续教育法律。

②现行的继续教育法规规定较为宽泛，可操作性不强，存在法律盲区。尽管《暂行规定》等法规在许多方面都有所规定，但实际操作起来却非常困难。比如，在管理体制、投资方式等方面还存在众多法律盲点。无论是国家政府、其他相关部门还是各责任主体，面对资金投入、管理、培养和评估等方面都难以依法操作。

③现行的继续教育法规彼此相互独立，难以相互衔接。人事部、中组部、劳动部都是从自身部门的工作实际出发来制定和颁行继续教育方面的相关法规，侧重点各不相同，相互之间的联系和衔接也不是非常紧密，构不成系统的继续教育法制体系。

④继续教育政策和立法滞后，配套法规、制度缺乏，尚未形成完善的继续教育法制体系。近年来，在整个教育法律方面，修订和新订了教育法、义务教育法、职业教育法、高等教育法、学位条例、教师法、学校法、教育投入法、考试法和终身学习法等法律，但教育管理、继续教育等方面的法律依然需要翘首期待，"用5~10年时间形成较为完善的中国特色教育法律法规体系"或许不再是遥远的事情。另外，对继续教育的管理、投资、监督等方面仍然没有法律依据。

继续教育没有完备的法律体系作为支撑，在实践当中就难以形成强有力的法制保障体系，在操作过程中就会造成困惑，对继续教育的发展产生不良的影响，主要表现如下。

①无论是国家相关部门还是其他责任主体，在资金投入、管理、培养和评估等方面难以依法操作，继续教育难以得到发展所必需的资金支持，导致众多技术骨干很难获得继续教育的机会，影响了我国科技创新与知识经济的发展，在全国范围内就难以建立起完善的继续教育体系。

②立法的欠缺也左右着公众对继续教育的认识、态度和观念。《中华人民共和国教育法》（1995年）、《中华人民共和国义务教育法》（1986年）、《中华人民共和国教师法》（1994年）的制定不仅表明国家对教育、义务教育和教师的重视程度，同时也表明三者的法律地位和社会地位。国家政策、法律对公众的观念和舆论具有强大的导向作用，这就是上行下效的道理。因此，继续教育的立法存在空白，全社会范围内就会忽视或者冷落继续教育，而对新技术、新知识、新理念的迫切需求只能促使公众更加倚重对学历教育的期望。另外，在忽视继续教育重要性的同时，也会产生对继续教育的错误认识，对继续教育和常规学历教育的特点和规律的认识不足，很容易"把继续教育办成学历教育，或简单套用学历教育的教材和教学方式，严重制约了继续教育事业的发展"。

③继续教育政策法规不完善，难以有效规范继续教育的对象。目前，我国有关继续教育的各类法规对继续教育对象的规定和提法存在着很大的差异，这就说明在国家层面也对继续教育的对象认识不足。如全国人民代表大会常务委员会于1995年发布的《中华人民共和国教育法》规定："从业人员有依法接受职业培训和继续教育的权利和义务"；国务院于1993年发布的《关于＜中国教育政策和发展纲要＞的实施意见》强调："大力加强在职干部的培养和继续教育工作"；《全国专业技术人员继续教育暂行规定》指出："继续教育对象是企业、事业单位从事专业技术工作的在职专业技术人员"；在《关于开展大学后继续教育的暂行规定》中，继续教育的对象是"具有大本以上学历的专业技术人员"；而在《企业科技人员继续教育暂行规定》中规定："具有中等以上学历的科技人员为继续教育对象"；在《继续医学教育规定（试行）》中，明确规定继续医学教育的对象是完成毕业后医学教育培训或是具有中级以上（含中级）专业技术职务、从事卫生技术工作的人员；中组部《干部教育培训工作条例》中，继续教育的对象指的是国家干部；人事部《专业技术人才知识更新工程实施方案》（"653工程"）则是面向中高级专业技术人才；劳动部《关于进一步做好职业培训工作的意见》主要针对技师技工的继续教育提出继续教育的要求，此外还有针对中小学教师甚至农民工的提法等。以上各种有关继续教育对象的表述，从文化水平上来看，从文盲到大学及以上都有；从职务上来说，涵盖了从普通职员到国家干部；从行业上来说，工、商、医、军、政、农、林、牧、副、渔等均有影射；从数量上来说，有上千万到几亿的差距，这就给继续教育的规划和实施带来很大困难。

④在继续教育宏观立法不足的情况下，"职业院校继续教育制度不尽完善"就是再自然不过的事情了。《企业科技人员继续教育暂行规定》第十一条规定，

"继续教育的专门培训机构、高等学校、科研院所是实施继续教育的重要基地"。但是，寥寥数字又怎能把职业院校继续教育的权利、责任和义务说得明白呢？这也难怪，迄今为止，国家和地方各级政府还没有完全把职业院校继续教育纳入高等职业教育体系中，继续教育只能被看作是学校学历教育的附属或者补充，难以受到应有的重视。尽管指导职业院校继续教育的政策不完善，国家对职业院校继续教育的政策限制却很多，"如招生要有计划；职业院校有毕业生才能进行成人招生；考生报名受户口限制，不能在其他省报考；继续教育财政不予拨款；专科学校只能办专科，办本科只能和本科院校联办等"。这些政策使职业院校没有继续教育的办学自主权，不利于职业院校继续教育的健康发展。

依上可见，继续教育的某些方面仍然处于无法可依和难以操作的尴尬境界，相关法律和制度存在巨大的创新空间，有必要从完善法规内容的角度进一步加强立法，形成"政府调控，行业指导，单位自主，个人自觉"的继续教育制度。但是，时不我待，职业院校继续教育的各利益方、各责任方不能等待政策的完备，而是要主动行动起来，一方面要在现有政策、制度、法律的基础上依法开展继续教育业务；另一方面要根据继续教育的实践活动总结经验和教训，尽快归纳和上升为法律，只有国家层面的法律建立起来并得到良好的实施，才能在继续教育领域形成"洼地效应"，吸引更多的资金和人才流向继续教育，媒体和舆论才会对继续教育给予更多的关注。

（二）地方政府在继续教育方面的政策和制度

国家人事部于1995年颁布《全国专业技术人员继续教育暂行规定》后，各级地方政府相继制定了有关继续教育的法规或条例，比如，2005年5月26日江苏省第十届人民代表大会常务委员会第十六次会议通过的《江苏省专业技术人员继续教育条例》（以下简称《继续教育条例》）等。

尽管地方继续教育法规在制定的时候有参考《企业科技人员继续教育暂行规定》的可能，但是，它们还是有一定差别的。它们最大的相同之处在于，其上位法（或者说制定的依据）完全相同，都是《中华人民共和国教育法》和《中华人民共和国科学技术进步法》等法律和行政法规，但它们的法律地位却是不尽相同的。根据我国宪法规定，全国人民代表大会是最高国家权力机关，地方各级人民代表大会是各地方最高权力机关，只有各级权力机关才有权制定不同级别的法律，各地方权力机关颁布的《继续教育条例》属于地方法规，具有法律效力。而国家人事部是国家政府机关国务院的下属机构，其颁行的《企业科技人员继续教育暂行规定》只能是针对全国各级人事部门制定的部门规章，严格来说不属于法律，即使它的适用范围要比各级地方权力机关制定的《继续教育条例》广泛，它也不具有法律效力和法律地位。

地方继续教育法规为地方继续教育的发展起到了一定的保障作用，同《暂行规定》一样，对专业技术人员继续教育的目标、任务、对象、内容、方式、时间、基地、师资、经费、组织管理和实施等也做了规定。但相对而言，地方继续教育法规更加具体。比如，江苏省的《继续教育条例》对企业、事业单位和其他社会组织在继续教育活动中应当履行的职责规定："（一）执行继续教育的有关法律、法规。（二）制定本单位继续教育计划并组织实施。（三）保障专业技术人员参加继续教育的时间和依法享有的其他权益，提供必要的经费和其他条件。（四）登记、考核专业技术人员接受继续教育的情况，上报有关的统计资料。（五）接受人事行政部门和有关业务主管部门、行业组织的指导和监督。"企业、事业单位和其他社会组织有权自主选择专业技术人员接受继续教育的培训机构，有权决定适合本单位需要的培训内容。此外，对继续教育的形式、开展继续教育的培训机构的条件也有比较详细的规定。

同《暂行规定》的缺点类似，地方继续教育法规的某些规定也比较含糊或者宽泛。比如，对资金投入的规定，江苏省有如下几条规定：各级财政部门的规定是"各级财政每年应当在财政预算中安排一定的资金，用于发展继续教育事业，重点保证本地区紧缺人才、高层次人才和贫困地区、农村边远地区专业技术人员继续教育所需费用。各级财政安排的继续教育经费实行专款专用，接受财政、审计部门监督。其使用管理办法由省财政部门会同省人事行政部门制定"。针对"一定的资金"这个规定来说，究竟是按照什么样的比例或者数额来安排这笔资金呢？这就给具体操作带来了很多歧义。针对企业、事业单位和其他社会组织的继续教育经费的规定同样存在这样的问题。另外，在执行力度上显得非常疲软。比如，对违反本条例的情节，只能是"由人事行政部门或者有关业务主管部门责令改正"，而不是由法律执行机关——法院来裁决，这实际上就使一个具有法律效力的地方法规重新成为人事等部门的内部规章制度，实施力度自然会大打折扣。

（三）继续教育评估制度

以上分析了我国继续教育的宏观法律制度，在全国范围内继续教育的微观法律制度也有一定的欠缺。微观的法律制度是宏观法律制度的详细阐述及必要的补充，其中，最重要的三个就是继续教育的评估制度、继续教育的证书制度和继续教育的协会制度。

继续教育的评估制度是继续教育证书制度的基础，是检验和保证职业院校继续教育质量的关键性环节。"继续教育评估的目的是为保证继续教育教学质量和保证继续教育教学效果，更好地使继续教育为提高各类专业技术人员素质服务，更有效地为企事业的技术、管理进步和提高经济效益服务，为社会的经济繁荣、科技进步和社会发展服务。"换言之，继续教育评估就是提供继续教育反馈的手段，评估对总结成绩和发现问题都有积极的意义。评估不仅是对学员学习结果的检查手段，同时也是对继续教育活动本身的评价手段。通过评估，对继续教育的办学条件和教学活动进行评价，使办学单位和主管部门能够比较客观地衡量继续教育工作阶段性的成绩和问题，在成绩中升华教育规律，在问题中发现薄弱环节，不断改进教学方式、改善办学条件，以便在下一阶段的继续教育工作中趋利避害，使继续教育整体水平不断提高。可见，从继续教育评估中可以得到各种反馈，评估是提高继续教育质量的重要手段。

1. 继续教育评估的内容

根据人事部《企业科技人员继续教育暂行规定》"对继续教育效果实行评估制度。建立评估指标，对单位总体工作、领导责任目标、活动过程内容、个人学习效果等实施评估"和《河南省专业技术人员继续教育条例》规定"人事行政部门对继续教育工作应当定期组织评估，每三年对各行业继续教育的内容、效果及总体工作等情况进行评估"等，可以将继续教育评估的内容归纳为以下五类。

①继续教育办学条件评估。办学条件主要包括实体设施（相当于物理层）和制度建设（相当于规则层）两大部分条件。实体设施是最重要的物质基础，也叫硬条件，它包括教学设施（教学场地、教学设备、图片馆、教学网络和其他教育资源）、办学经费、办学人员（管理人员、教师队伍）和信息资料（指施教部门对各类情报信息的来源、收集、整理、应用的情况及有关资料的占有和使用程度）。制度建设是最重要的运行保障手段，也叫软条件，它包括组织体制（主要指其领导管理机构的构成和素质情况）、制度体制（主要指导继续教育有关的条例、制度、配套政策的完善程度和实施情况）和组织水平（指有无继续教育规划和年度计划；规划和计划的科学性和可行性以及实施继续教育的组织能力等）。

②继续教育办学状况评估。主要包括办学层次状况（是否根据实际需要开展了不同层次的继续教育，包括专业进修、专题培训、高层次人才进修与研修等）、办学开展频率（每年接受继续教育的人数与该单位专业技术人员总数之比）、办学活动水平（专业技术人员每年完成的学时数和接受继续教育课程门数）、办学管理水平（年度计划完成率、年度综合结业率）等。

③继续教育办学质量评估。主要内容包括课程选择（课程的针对性、紧迫性、先进性）、课程设置（是否合理，是否符合学员的情况和课题的要求）、师资水平（教师的理论水平和实践经验程度以及授课水平）、学员情况（学员的层次和专业是否符合所参加的继续教育学习的要求）、教学资料（教材的先进性、实用性和适度性）、考核考试（结业率、合格率、优秀率或论文水平等）、组织管理（对办班计划的完成情况、办班中的组织协调和组织管理工作情况）和后勤服务（学员的住宿安排，有关考察、参观等活动的安排质量等）。

④继续教育工作评估。主要包括管理工作状况评估和培训工作状况评估。管

理工作状况评估包括领导重视程度、管理工作水平（日常管理工作水平和创造性工作水平等）、相应条件的保障情况（组织保障：继续教育主管领导、继续教育管理部门和继续教育管理人员的情况；制度保障：相应制度的制定和执行情况；条件保障：经费、教师和培训基地条件的情况等）。培训工作状况包括开展规模（继续教育在本部门、本单位、本地区的开展规模）、受益面（一是专业技术人员的受益面，二是以各企事业等基层单位为单位衡量的受益面）、社会影响（继续教育活动所产生的社会影响）。

⑤继续教育绩效评估。主要包括：A. 人才效益。在一定时期内，经过继续教育的专业技术队伍的能级结构、专业结构和素质的改进程度。具体到每个专业技术人员，就是看其通过继续教育以后知识增长和智能提高的程度。知识的增长一方面是纵向知识的提高，即在自身专业领域中知识的更深一步提高。另一方面是横向知识的扩张，即在自身专业领域以外相关专业知识的更进一步拓展。智能的提高包括思维能力、研究能力、创造能力、操作能力的提高等。B. 科技效益。主要指专业技术人员接受继续教育后所作出的科技成果，包括理论性成果和实用性成果。理论性成果，如科研报告、学术论文、科技著作；实用性成果，如新技术成果的推广应用、技改方案和发明创造（专利），进而产生的样品样机等。C. 经济效益。主要指专业技术人员接受继续教育对新理论、新技术、新知识的掌握，经过物化劳动，在物质生产和经济活动中获得的能用价值量衡量的成果收益和利润增长，如在经营管理方面，提高经营管理水平、提高资金利用率、增强市场竞争力；在生产工艺方面增加产量、提高质量、增加品种、节约能源与材料和节约时间等。D. 社会效益。主要指专业技术人员经过接受继续教育，通过生产、设计、建设等社会实践活动，在社会政治、生活、环境、文明等方面获得的成果和收益，如提高政治威望、促进安定团结、加强国际合作、促进改革开放、提高生活质量、加强社会治安以及促进社会环境改善、社会文明进步等。实际上，继续教育绩效评估的主要内容就是上文归纳的继续教育的教育收益、社会效益与经济效益等方面。

2. 继续教育教学效果评估的模型选择和评估的层次

就过程评估模型阵营而言，国际上已有多种所谓按培训的"层次"进行评估的方法，它们分别是威廉·赫德·克伯屈模型、考夫曼评估CIRO评估方法（Context, Input, Reaction, Outcome 的缩写，这种方法认为评估必须从情境、投入、反应和结果四方面进行）、斯塔弗尔比姆CIPP模型（Comtext, Input, Process, Prorluct 的缩写，这种方法与CIRO相似，它包括四种评估，即情境评估、投入评估、过程评估和结果评估）、菲力普斯模型等。目前，克伯屈模型在过程评估模型阵营中仍然占据主导地位，应用最为广泛，而其他模型只是在某些方面对克伯屈模型进行了增补，也逐渐被人们接受。

克伯屈的四层次模型是最著名的评估框架之一。该模型认为评估必须回答四个方面的问题，从四个层次分别进行评估，即受训者的反应（受训者满意程度）、学习（知识、技能、态度、行为方式方面的收获）、行为（工作中行为的改进）、结果（受训者获得的经营业绩、对组织的影响）。所谓反应，即指参与者对培训项目的评价，如培训材料、培训师、设备、方法等。受训者的反应是培训设计需要考虑的重要因素。学习评估是测量原理、事实、技术和技能的获取程度。评估方法包括纸笔测试、技能练习与工作模拟等。行为改变是测量在培训项目中所学习的技能和知识的转化程度以及受训者的工作行为有没有得到改善。这方面的评估可以通过参与者的上级、下属、同事和参与者本人对接受培训前后的行为变化进行评价。结果评估是在组织层面上绩效是否改善的评估，如节省成本、工作结果改变和质量改变等。

在四个层次中，第一层次用于重新设计或开发培训项目，第二层次用来衡量学员对原理、事实、技术和技能的掌握程度，第三层次是为了确定从培训中所学到的技能和知识在多大程度上转化为实际工作中的行为改进，第四层次涉及学员所在单位因培训而得到的改进，即培训的最终效果。菲力普斯模型在克伯屈模型的基础上增加了"投资回报率"这个层次，就是说，在其他四个层次评估的基础上还要评估培训结果的货币价值及培训成本。从实用的角度，可以将培训评估总括为培训前评估（包括成本预估）+培训中评估（上述第一、第二层次）+培训后评估（前述第三、第四层次；包括成本计算）。

当然，继续教育的评估体系也不是僵化的，而是不断发展的，各类评估指标需要根据继续教育发展的实际状况而不断更新。另外，还需要开展一些反思性的评估，比如，对评估结果和评估体系的评估以及对继续教育模式等的评估。

当前，我国职业院校继续教育综合评价体系不够完备，职业院校的传统正规教育大多已具有比较规范、统一的评估标准、体系，并形成相应的监督、考核机制，但继续教育评价体系还没有完全建立。可见，建立一套完整、科学的评估制度是促进继续教育合理、有序竞争和持续、健康发展的重要保障。

（四）继续教育证书制度

继续教育证书制度，其实就是对继续教育对象参加继续教育培训的情况进行登记的制度。证书的登记内容应该"包括姓名、性别、年龄、所学专业、现从事专业、专业技术职务及岗位、聘任的起止时间、聘期内继续教育培训的要求、计划自修的内容及时间安排、培训自修登记和培训单位或人教部门签字的栏目、培训考核结果、培训自修后取得的成果业绩等栏目"。继续教育证书制度的目的，不是仅仅为了认定继续教育的教育结果，而是要与其他教育类型的证书形成等值换算的体系。

首先，建立继续教育证书制度有利于促进继续教育的宏观立法。尽管继续教育是教育的一种类型，但它仍然是一个庞大的系统，不仅涉及国家政府、地方各级政府、各级教育部门、企事业单位、培训机构等多个社会部门，还涉及人事管理、资源调配、资金划拨、干部任用等诸多方面。虽然我国的继续教育工作划归人事部门管理，但教育部门、劳动部门等也是需要协调互动的机构。多部门协调互动，是继续教育健康发展的社会基础。这是因为，这三个部门各自在全国控制着庞大的资源网络，在自我职责和权利范围内拥有大量的能源、资源和信息情报。在市场经济体制下，如果没有必要的法律作为指导，各部门彼此之间就会囿于一隅，那么这些能源、资源和信息就很难被充分利用起来发展继续教育，不仅在全社会范围内造成极大的浪费，同时也限制了继续教育的发展。间接而言，各个部门自身的发展也受到了影响。在我国，现在三大部门都有颁发证书的权力，但三个部门的证书体系是相互独立的，彼此之间基本上不能融通或者相互换算。这就造成人才之间不能够有序地自由流动、自由发展和自由晋升，社会对人才的消费就会出现滞胀。这就给企业对人才的聘用、提拔和清退造成了障碍，难以实现人才良性的新陈代谢，继续教育的成果也就难以体现出来，挫伤了国家在继续教育方面进行宏观立法的决心。基于这种分析，回顾1988年机构改革成立人事教育司以来，尽管育人与用人一体化的继续教育宏观管理体制开始形成，即一方面，用人部门针对不同类别层次的专业技术人员制订各种培训计划，编写各类针对性强的教材并付诸实施。另一方面，用人部门对接受教育后人才的使用、职务聘任、工资、福利待遇等方面实施配套管理。但是，直到现在为止，全国范围内仍没有一部像样的继续教育法律。因此，从这个意义上来说，建立继续教育证书制度不仅有利于统一调拨全社会范围内的能源、资源和信息，还有利于早日实现继续教育的宏观立法。

其次，继续教育证书制度有利于人才的全面发展。从系统论来看，教育是一个复杂的巨系统，而从分形论来看，各类型自成体系的教育都可以认为是这个巨系统的一个子系统。这些子系统之间不是完全隔离的封闭系统，而是相互开放的系统，因为它们是具有生命活力的社会生态系统，无论是物质、能量还是信息都需要与外界进行交换，更需要和相类似的子系统交换。比如，师资力量、教学资源以及学员的流动会使得彼此之间相互交流，形成错综复杂的难以隔断的社会网络。我国现在提倡"形成人才培养的立交桥"，这就意味着个人拥有参与任何一种教育的权利，任何一种教育子系统的学员都有权利通过必要的途径进入另外一个教育子系统。这种交流的途径就需要建立起完善和相互衔接的法律、制度，打通相互交流的通道，就需要各个教育子系统的证书制度形成相互匹配和对等的交流换算体系，或者说需要用制度解决好各种证书制度的等价、等值的工作，这样才能实现"横向沟通、纵向衔接"的人才培养体系的构建。

最后，实行继续教育证书制度可以调动各级领导、教育管理的干部、广大专业技术人员的积极性，增强开展和参加继续教育的内在动力、外在动力，并能体现政策的保证。继续教育不温不火地搞了这么多年，一直没有较大起色，继续教育被"边缘化"。究其原因，是对继续教育的结果没有进行科学的量化评估手段，实施继续教育的各方均难以做到心中有数，社会各界普遍对继续教育没有动力。继续教育证书制度的目的，实际上就是要建立对继续教育培训结果进行定量和定性评估的凭证和登记制度。评估的实质就是对教育结果的一种反馈手段。在系统控制理论或心理学上来说，反馈有助于在下一个工作阶段或运行环节中改进或者保持现有策略。正面的反馈会达到自我强化的目的，负面的反馈可以在重新思考的基础上改进策略，朝着正确的方向行动，而对于得不到任何反馈的行为，行动者就会表现出失望或者习得性无助，在行动上就会表现出放弃。因此，建立在合适的评估方式基础上的继续教育证书制度，能够为继续教育的相关各方提供必要的反馈，这对继续教育的相关各方开展继续教育具有非常重要的动力作用。只有得到更多的正面的反馈，继续教育的相关各方才可能投入更多的人力、财力、物力和精力发展继续教育。说得俗一些，就是要通过继续教育的证书制度让大家明明白白地知道自己已经尝到了甜头。

（五）继续教育协会制度

继续教育协会制度本意上应该是连接国家或地方政府、企业等用户单位、继续教育培训机构的纽带，是公益性的组织。我国最早于1984年由国家科委牵头成立了中国继续教育工程教育协会，作为国家协调继续教育工作的专门机构。继续教育协会是由某个地域范围内的"热心继续教育工作的组织、团体和个人自愿结成，并依法登记的公益性、非营利性社会团体法人"。全国范围内各级继续教育协会或分会是其组织形式，《中国继续工程教育协会章程》（1984年）和全国各地的继续教育协会章程分别是其开展工作的组织制度。这些协会章程主要规定了继续教育协会的性质、目的、隶属关系、业务范围或任务，会员的资格、权利和义务、会员代表大会与理事会负责人的产生、罢免，协会资产的管理、使用原则等。

①关于继续教育协会的性质。尽管一般人都认为继续教育协会是民间团体，但从《中国继续工程教育协会章程》第二条"中国继续工程教育协会是在中国共产党领导下，由国家政府部门指导和支持的、促进继续教育事业发展的全国性、专业性社会团体，是党和政府发展中国继续教育事业的重要社会力量"和第四条"中国继续工程教育协会接受业务主管部门中华人民共和国人事部和社团登记管理部门中华人民共和国民政部的业务指导和监督管理"的规定来看，中国继续工程教育协会在隶属关系上属于国家人事部，它不是完全的民间组织，它具有半官

方和半民间的性质。事实上，官方性质可能更加浓厚一些。其余的地方协会也是一样的情况，比如，《武汉市继续工程教育协会章程》第四条也有类似的规定："武汉市继续工程教育协会挂靠武汉市人事局，业务上接受武汉市人事局、中国继续工程教育协会、武汉市民政局的指导和监督。"这样，"许多政府行业部门建立行业部门继续教育协会，并开展了部门之间的继续工程教育协作活动；大多数省市也建立了地方协会，这些地方协会又结成省际协作网"。实际上是一个庞大的继续教育行政代理网络。

②继续教育协会的主要任务和业务范围。宣传继续教育：使民众了解继续教育的地位和作用，了解政府有关继续教育的方针政策。研究继续教育：调查、跟踪、收集国内外继续教育信息，发展继续教育理论；开发继续教育课程；开展继续教育培训；评估继续教育的质量和效益；促进会员单位和国内外继续教育机构的交流与合作；推广继续教育的先进经验；接受政府部门委托，对继续教育的管理、法规建设和有关方针政策提供咨询和专家服务；吸纳并协调、管理参加继续教育协会的成员等。最重要的一点就是促进继续教育资源（包括情报信息等）、继续教育师资、继续教育基地的共享和管理。

③继续教育协会的会员资格。《中国继续工程教育协会章程》将会员区分为团体会员、个人会员和名誉会员三种，团体会员是"经各级人民政府、民政部门和工商行政管理等部门批准成立的团体和企、事业单位，承认本章程者，可以申请为中国继续工程教育协会团体会员"；个人会员是"在继续教育领域有一定专长的个人，以及社会各界有志于继续教育事业的人员，承认协会章程，由两名会员介绍，或由团体会员推荐，可申请为本会个人会员。协会聘请的顾问和专家委员会成员在任职期间，自然成为协会个人会员"；名誉会员"主要授予在继续教育学术研究和工作实践中有重大贡献的国内外知名专家和学者"。各地方继续教育协会的会员资格基本上和中国继续工程教育协会的定义一致。对申请加入中国继续工程教育协会的会员的资格一般是在自愿和拥护协会章程的基础上在继续教育工作领域内开展活动，具有一定的业绩或社会影响的团体、个人提出申请后即可加入。

二、用户单位在继续教育方面的制度和规章

继续教育发展历史表明，企业对继续教育的需求是强烈的，企业是最早也是最关注继续教育的社会组织，而且企业一直是继续教育的主战场，其次才是事业单位和其他社会部门。在20世纪八九十年代，我国的一些大型企业都有职工大学、工人夜校或职工教育中心，直到现在很多大型企业还有类似教育科这样的部门，这就是继续教育的雏形，其开展的业务也多是职工的继续教育，为此，很多企业

都制定了较完整的规章制度，这可以说是继续教育规章制度体系的微观部分，这些规章制度逐渐发展成为企业的管理制度。但是，并非每个企业都从继续教育中得益，其中一个原因，就是企业在继续教育方面的规章制度不完善或者不合适。因此，有必要清理企业等用户单位在继续教育方面陈旧的制度和规章，建设新的制度和规章，理顺职工晋升、企业效益、人事稳定、工作进度等和继续教育之间的关系。

首先，需要重新界定企事业单位继续教育规章制度的内容。根据萨珀的职业生涯发展阶段理论和我国职工入职工作的实际情况，可以大致将继续教育的内容分成以下几类。

（一）新聘员工见习教育制度

见习教育是企事业单位有计划、有步骤地对新聘员工进行入厂（入门）教育、生产见习、专业见习、业务见习和考核分流等强化继续教育，使其获得初级技术职务所需要的技能和能力，促使新聘员工向企业正式职工的转变。

入厂（入门）教育。主要是让新聘员工尽快了解、熟悉和适应工作单位的生产和生活环境，初步实现新聘员工向企业职工的转变。教育内容有思想教育、形势教育、厂规厂法、安全生产教育（单位规章制度的教育）、企业常识教育或企业知识教育、企业生产、经营管理现状与发展远景教育等，教育的形式包括专题报告、军事训练、公益劳动等。

生产见习。主要是让新聘员工了解企业的工艺流程或工作流程、设备状况、经济技术指标、经营管理体制。这个阶段的活动在各主体生产单位或工作单位进行，以实地参观讲解为主，辅以专题报告。

专业见习（业务见习）。这是专业适应教育，是根据见习员工所学专业和今后要从事的岗位工作进行的，它要求新聘员工在见习期内实现书本知识与实务知识的接轨或转轨，掌握一项与专业工作相关的操作技能，并取得操作合格证书，达到能够独立顶岗工作的要求，同时要达到本单位所要求的外语与计算机操作水平考试合格。这一阶段的特点是形式多样化、内容专业化，同时，给见习员工提供各种猎取知识、了解企业或工作单位的便利条件，如规定每周脱产一天到图书室、资料室阅读科技文献资料。

考核分流。这实际上就是定向能力培训阶段，专业见习结束后，及时为其办理转正定级手续。转正定级并不意味着见习教育的结束，为此，规定他们转正定级之后依然要在生产一线的专业岗位上进行一定年限的锻炼，并在锻炼中考查其工作能力和个人特长，为人尽其才、合理分流做好准备。合理分流可以确定一个人的发展方向，这是一项非常重要的工作，必须在综合测评的基础上进行。综合测评即对个人的思想表现、业务能力、工作实绩、个人特长进行综合评价，还包括必要的外语、计算机、企业管理知识的书面考试成绩。依据测评结果，再对他们按生产技术型、科研技术型、生产管理型、党政管理型、外经外贸型、教育培训型进行分流。分流后还要根据企业（或者工作单位）需要，再制订进一步提高的教育培训计划。

（二）专业进修教育制度

自20世纪80年代以来，各行业各大中型企业都不同程度地开展专业进修教育，如工程师进修，外语、计算机、现代企业管理知识单科进修，以及以介绍当代科技成果为内容的系列讲座等，这些都是企业继续教育活动的重要内容。在此基础上，不少行业部门和企业单位因势利导，有的还结合技术职称评聘工作，逐步把这种活动经常化、制度化，从而形成了专业进修制度，也就是"任职资格培训制度"。

专业进修教育是以初、中级专业技术人员为对象，贯穿专业技术人员职业生涯全过程的教育活动，是提高专业技术人员队伍整体素质的主要手段。这种教育活动的主要任务是不断更新、拓宽、加深专业知识，改善知识结构，增强业务能力，使之适应科技发展的步伐，在职业市场和工作岗位上永葆青春。专业进修有初、中、高三个层次和更新型、拓宽型、提高型、转换型等多种类型。进修形式有系统的专业进修、单科进修、课题进修，还有为培养复合型人才的第二专业进修；培训内容有："①专业教育，重点是专业新理论、新技术、新工艺、新设备知识的研修。②能力训练，完成外语和计算机应用等级水平培训，工作实务模拟。③经济培训，进行技术经济及现代企业运作知识的教育。④政治轮训，参加党的方针政策、社会主义市场经济理论和法规教育。⑤素质鉴定，主要是学历、资历和有关条件的审核确认与补缺达标工作。"就进修手段和教学方法而言，有自学、传统的课堂教学、广播电视音像教育、网络远程教育和函授等多种形式。

专业进修制度涉及许多方面和许多条件。就教育部门来讲，要搞好需求调查，做好课程设计，主动为企业、为广大科技人员服务；同时，要采取灵活多样的办学形式，不断缓和、化解工学矛盾。从企业领导层面来讲，要保障专业技术人员的进修权利，确保国家规定的进修时间，同时还应建立与专业进修配套的考核、使用、晋升制度，把专业进修与专业技术人员的个人利益结合起来。企业要办好专业进修，并使之坚持下去，不断发展，还必须借助社会职业院校的力量，使师资和教材有稳定的来源。

（三）高级专业人才进修制度

高级专业人才包括高级专业技术人才、高级管理人才、高级智能人才、高级复合人才，这是企业保持在行业的领先地位、攻占世界市场的首要条件和根本保证。主要培训内容是:"①高学历培训。分期分批向合作职业院校送培硕士生,联合培训研究生,乃至博士生。要求专家人才必须达到硕士生学历水平。②高技术培训。包含三个方面:一是本专业高新技术理论的补充和扩展,二是本专业知识结构的改进和完善,三是相关专业知识的丰富和增新。③高能力培训包括规划能力、决策能力、管理能力、指导能力、涉外能力(至少精通一门外语和掌握有关交际学)、计算机应用能力(会操作多媒体电脑和开发实用软件)等训练。④高智商培训。主要有创造思维教育、国际视野教育、未来意识教育等。"

高级专业人才成长主要有三条途径:①传统途径,即大学毕业—在职实践与自学—高级专业人才。②在职研究生,即大学毕业—在职实践—攻读在职研究生—在职实践—高级专业人才。③在职继续教育,即大学毕业—在职实践,系统地进行专业进修—高级专业人才。当然,高级企业管理人才成长途径显然不能排除系统进修,但他们主要是通过管理实践来增长知识与才干。"国内外调查资料表明,促进企业家、高级管理专家成长的主要因素是系统进修,系统参加大型工程项目,系统参加新技术、新工艺、新产品开发。"这里讲的系统进修是指适应工作急需进行的短期培训,这种进修活动可以根据需要进行若干次。

企业的发展需要高级专业人才,这使得加快培养高级专业人才成为当前的"热点"课题。但值得注意的是,高学历和高学位成了部分在职科技人员追求的目标,这在一定程度上影响了在实践中对能力的培养和锻炼。因此,加强继续教育在高级专业人才成长中的作用十分重要。

(四)专题研修教育制度

前面几项进修制度是层次递进的,各局限于某一层次的专业技术人员,而专题研修的教育对象则可以包括各级各类专业技术人员。继续教育的一个重要任务,是尽快地把科学技术成果转化为现实的生产力,专题研修教育就是实现这一任务的较为有效的形式。专题研修教育是结合企业生产、经营和技术开发的课题,有计划地组织科技人员和专业管理干部进行研究和进修,使继续教育能直接地为企业技术进步、管理进步和提高经济效益服务。它是企业教育、科研、生产一体化的一种继续教育形式,是企业逐步走向技术自主的一种手段。

专题研修教育就是结合真实的任务在继续教育过程中通过课题开发、办班培训、在岗研修、能力训练、组织攻关、考查学习、成果发布、考核评价八个环节有机地连接为一个系统研修的过程。①问题开发。召开课题开发会议,讨论确定本次实施过程研修的重点专业、重点方向和有关协调、配套工作,进而组织方案设计、课程准备,再召开课题发布会,以利于专业技术人员的选修和招生统筹。②办班培训。按课题分工开办初、中、高三级研修班,举办综合性、主题类、多层面的高级研修班或本专业的中、初级研修班。③在岗研修。在参加研修班的基础上继续按课题的要求开展有计划、有登记、有检查、有考试的自学，同时进行学用结合的实践，落实到解决课题的有关问题，完成课题分工的任务。④能力训练。围绕课题需要展开思维能力（包括研究能力和分析、综合能力）、管理能力（包括组织能力）、"双动能力"（动手能力：使用计算机；动口能力：会英语会话）和创造力开发活动。⑤组织攻关。课题的核心内容是解决生产、技术或管理工作中的某一关键问题，完成某些实际任务。为此，要以参加研修班的学员为基本队伍，建立攻关组织，有针对性地边学习、边研讨、边实践，直至实现目标。⑥考察学习。把学习、引进、消化、吸收、发展先进的技术、工艺、手段列为必要环节。多数专业技术干部每年都有出差开会、技术协作、质量和市场调研等任务，部分人有出国机会，尽量加带学习任务，辅以征稿手段，使之成为公司内部研修的延伸。⑦成果发布。在研修过程中不断收集论文、调研报告、成果鉴定和工作总结等，在后期召开本课题的研修成果发布会。⑧考核评价。这是对本课题过程研修全面总结、深化、提高的环节，包括两方面：一是对参加研修的人的考核，主要有全部学分核定、单项证书认定等，在"继续教育证书"上登记签章，一般年底进行。二是对整体研修效益的评价，主要有人才效益、经济效益、社会效益的评估和综合鉴定、评优等，奖励优秀过程研修项目，提出新一轮递进研修的课题。

当前，企业等用户单位要实现"两个根本转变"，大力推进科技进步，提高产品科技含量，就必须建立和完善专题研修制度。专题研修教育有严格内涵，它要求继续教育以企业发展需求为目标，与企业技术进步的发展战略相结合，在此前提下，严格选题、严格管理、严格考核。为实现这个要求，必须把专题研修教育作为企业技术进步的一项基础工作来抓，把它融入科研攻关、新技术引进、新产品开发的全过程，做到新技术开发与科技人员的知识开发、能力开发并举，这样才能不断提高专题研修教育的质量与水平。

三、职业院校在继续教育方面的制度和规章

职业院校是继续教育的实施主体，职业院校在继续教育方面的制度和规章的完善程度以及科学程度，会直接影响教育、教学能否顺利进行。根据继续教育的管理内容，可以设置如下一些管理制度。

人事方面的制度，如教师聘任管理办法、兼职人员聘任管理办法等。

事务方面的制度，如与继续教育相关的合同管理办法、财务管理办法、后勤管理办法（包括设施、设备使用、保养规定、车辆、能源运行规定等）、教学工作管理办法、教学事故的处理规定、听课和督导制度、教学质量保障制度、学员登记制度、考试考核等评估制度、收费管理办法、信息安全管理规定、顾问律师制度等。

第三章 职业院校继续教育的现有运行机制分析

为保证这些规章制度的落实，还需要建立诸如包括继续教育学院领导、教学管理办公室、用户联络办公室以及业务部门等在内的自上而下的分层次、分类型的组织管理体系，以便对继续教育培训从需求分析到项目立项、课程设计、师资保障、教学教务管理、考核、评估等各个环节设立监督和检查点，力求使培训项目实施全过程与学员的需求相结合。通过选聘优秀师资、新教师课前评价、听课督导、培训效果评估、严格处理教学事故等制度来保证培训教学质量。各职业院校可以根据实际需要制定必要的继续教育管理规范性文件和管理机构。

但是，从实际情况来看，很多继续教育学院在这方面做得不够。除清华大学继续教育学院有比较完善的继续教育管理制度外，其余大学设置的继续教育学院几乎没有继续教育特色的管理制度，职业院校在继续教育管理制度建设方面更是难有建树，主要表现在以下方面。

第一，现行管理体制极不灵活，继续教育的发展滞后。

职业院校在继续教育方面的人事管理权、财务管理权等几乎都高度集中于校方领导层，继续教育管理部门几乎无法充分调动各系各部门的办学积极性，严重制约了继续教育的进一步发展。

职业院校大多是"三改一补"建立起来的院校，多年来一直维持编制、隶属关系两不变的政策。尽管升格后的职业院校也通过大力招聘人员，希冀在升格后能够快速树立品牌，做大做强本校教育事业，并能在服务社会的事业中有所建树。例如，有的学校聘用人员已经超过职工总数的一半，招聘力度之大可见端倪。但是，对于职业院校继续教育部门来说，由于其在人事和财务方面缺乏自主权，外聘人员的人事编制及其待遇都无法自主决定，很难吸引高素质的优秀人才全身心地投入继续教育事业，无法从整体上推进继续教育部门人力资源的优化。尤其是外聘人员的编制、待遇和管理制度如果不能得到很好的解决，他们的工作就不稳定，日常工作也会缺乏归属感，如果还存在制度歧视的话，比如，不能实现同工同酬或者在待遇上与正式职工差别较大，就更不易留住外聘的优秀人才。

绝大部分职业院校继续教育部门起步晚、规模小，没有设立独立的财务权利，费用支取和收入分配完全受学院的控制。同时，大部分职业院校没有充分考虑继续教育的工作特性、工作强度及工作责任的不同性质，如把寒暑假的招生、面授辅导、培训、教学管理等工作当作一般的加班对待，又没有建立起奖惩机制，导致个别职工认为学校并没有尊重其劳动，产生"多干少干、干好干坏一个样"的想法，影响了继续教育职工工作的积极性和主动性。

产业调整、城乡统筹等政策的实施，促使今后职业院校继续教育要把重点从学历教育转为发展职业技能培训和实用技术培训，要进工厂、到农村去培训工人、农民，必须配套更加灵活的管理体制，如果各职业院校不能在用人及财务上给予继续教育以更加灵活的政策，就难以调动各方办学的积极性，难以增强学校继续教育办学的竞争力，最终也就难以保证继续教育健康有序的发展。

第二，管理制度不完善，监督指导不力。

职业院校现有的继续教育管理制度极其不完善，在实践过程中很难对继续教育中的每一项工作实行有效的监督和指导。职业院校继续教育部门是一个相对独立的办学实体，各项管理事务一项也不能少，学员的流量也很大，而继续教育部门只有少量的工作人员，管理制度的不完善又加重了管理人员的工作负担。继续教育学员来自社会各行各业，有不同的工作和社会阅历，对学校继续教育的管理和服务要求较高，而现有的职业院校开展继续教育的时间比较短，大多缺乏管理经验，继续教育的管理工作中还存在着许多不足，信息反馈渠道不够畅通，某些管理和服务环节很不到位。

四、对继续教育的态度和认识

（一）国家对继续教育的态度

尽管我国政府的很多文件中或多或少都提到了继续教育的问题，但都只是一笔带过，包括国务院于2010年制定的《国家中长期教育改革和发展规划纲要（2010—2020年）》《国家中长期人才发展规划纲要（2010—2020年）》对继续教育也没有非常详细的规定。这样的宏观政策，导致国家财政在继续教育资金拨付方面的支持力度很小，从而也引发了公众对继续教育的误解。但是，"用科学发展观来看，当我国总体达到小康时，产业结构升级达到一定水平的时候，应该拿出一定的教育资金投入到继续教育中去，因为其投资收益率将远远大于投向基础教育、普通高等教育。例如，新加坡政府舍得在公务员培训上投入巨资，每年高达5亿元新币（相当于23.75亿人民币），有助于公务员素质的全面提升"。

其次，国家关于教育税收的政策极大地限制了职业院校开展非学历继续教育。如《财政部国家税务总局关于教育税收政策的通知》（2006年）规定："对从事学历教育的学校提供教育劳务取得的收入免征营业税。"其中，"学历教育"是指受教育者经过国家教育考试或国家规定的其他入学方式，进入国家有关部门批准的学校或其他教育机构学习，获得国家承认的学历证书的教育形式。

这个通知明确规定，"从事学历教育的学校"是指普通学校以及经地、市级以上人民政府或同级政府的教育行政部门批准成立、国家承认其学员学历的各类学校，"上述学校均包括符合规定的从事学历教育的民办学校，但不包括职业培训机构等国家不承认学历的教育机构"。

另外，进入学校下属部门自行开设账户的进修班、培训班收入，不属于收入全部归学校所有的收入，不予免征营业税"。这个条款就限制了职业院校的继续教育部门独立的财务权，否则就不属于免税范围。这个条款还与上面关于"从事学历教育的学校"的条款有抵触之处，前者说的是即使是非学历教育，只要不单设账户就可以免税，后者说的不管账户如何设立，只要不是学历教育形式，就不在免税范围。

可见，这个通知是把职业院校开展的非学历继续教育划在征税范围之内。这就是说，职业院校除了成人自学考试学历继续教育属于免税范围外，大多数的非学历继续教育都必须按章纳税。这个税收政策对职业院校开展继续教育是极为不利的。这就难怪大多数职业院校喜欢把继续教育办成成人学历教育的形式。

（二）社会对继续教育的态度

首先，国家政策在继续教育方面的薄弱对社会公众看待继续教育的态度具有很强的负面导向作用。其次，社会有根深蒂固的重视正规学历教育的传统观念。最后，继续教育的证书制度不完善，而且与学历教育证书制度的等值衔接问题没有解决好。即使是学历教育形式的继续教育，其"文凭在涨工资、考有关执照、晋升、提干等方面比普通职业院校的文凭要低几等，文凭的不平等导致了待遇的不平等"。所有这些原因，导致了社会对继续教育存在偏见，也致使职业院校继续教育发展举步维艰、困难重重。

（三）职业院校对继续教育的态度

除了社会对继续教育的偏见外，职业院校自身对继续教育也不够重视，把它看作学校的"副业"，用"富余"人员管理继续教育。学校平时不抓管理，不抓师资队伍建设和实验室建设，不问教学质量，学员基本上是"交费发文凭"，因而导致继续教育培养的人才质量偏低。

其次，上文提到《财政部国家税务总局关于教育税收政策的通知》（2006年）的税收政策，也打击了职业院校开展非学历继续教育的热情。为此，很多职业院校的继续教育多办成了成人自学考试学历教育的形式。

（四）企业等用户单位对继续教育的态度

中国的企业等用户单位对继续教育的积极性普遍不高，之所以有这种态度，可以归纳为以下几点原因。

第一，在中国，很多单位的资源观和人才观还处在粗放型经济增长阶段，重视物质资本投资而忽视人力资本投资。很多企业认为，要提高企业的核心竞争力，首先是要进行物质资本投资，而很少投入资金来用于人力资本投资或人力资源开发。技术革新的时候，企业总是倾向于投入新设备，实际上对职员的继续教育无疑也是企业更新技术的一条重要途径。

第二，企业等用户单位对继续教育的投资积极性不高。由于继续教育培训期间，一般都会降低职员的生产率，在追求利润最大化的企业主那里是不愿意做继续教育这种"赔本"生意的。"在投入方面，发达国家的企业培训费用一般占销售额的1%~3%，新加坡1991年到1995年投资科技20亿新元，其中用于继续教育1.6亿新元，占科技总体投资的8%。在德国，近60%的企业为职工提供培训课程，90%以上的银行和保险企业为员工提供培训。我国规定职工教育经费为工资总额的1.5%，但实际上有相当多数的单位不能实现。根据世界银行高级专家萨卡罗普洛斯的归纳，在人均收入低于1000美元的国家，教育投资的平均收益率为19.9%，人均收入多于1000美元的发达国家的教育投资平均收益率为3.8%。那么根据中国国情，中国企业更应该提高人力资本投资的份额。"

第三，人才外流挫伤了企业对继续教育投资的积极性。现在，市场机制对人才资源的调节力度相当明显，每个员工"经济人"的本色表露无遗，企业中员工跳槽的现象普遍存在，尤其是在中小企业中更加普遍。在这种人才流动机制下，企业总是会担心付出继续教育的投资后，员工提高了技能又更新了知识，然后却跳槽到竞争对手那里或者攀其他高枝去了，这简直是"赔了夫人又折兵"，而且这种担心往往不是多余的，因此，企业不会拿着钱去打水漂。但是，也不乏重视继续教育的案例，不过一般都是人才凝聚力非常强的大型企业。比如，海尔成立了海尔大学，专门负责企业职工的继续教育。此外，宝钢、武钢也非常重视对继续教育的投入，并且非常重视投入的实际效益。"武钢集团1992年对继续教育投入12.5万美元，获益380万美元；1996年对继续教育投入19.4万美元，获益430万美元。"

第四，对继续教育的经济效益的评估手段落后，缺乏有针对性的实证研究，不能增强企业等用户单位对继续教育投入的理性认识。数据是最有说服力的。国外以舒尔茨为开端的人力资本理论开辟了教育经济效益的实证研究的先河，美国经济学家、"增长核算或增长原因分析之父"爱德华·富尔顿·丹尼森更是用余数分析法把教育的经济效益的估算方法推到了极致，其他后起劳动经济学家更是做了大量翔实的实证研究，对继续教育的评价手段也越来越科学、越来越完善。国外企业家对自己在继续教育中的投资能够有非常明确的预期收益目标，再加上完善的竞业限制法律条款作保证，他们能够胸有成竹地对职员的继续教育投入资金。竞业限制法律条款就是指"劳动者在终止或解除劳动合同后的一定期限内不得在生产同类产品、经营同类业务或有其他竞争关系的用人单位任职，也不得自己生产与原单位有竞争关系的同类产品或经营同类业务"。这样，即使员工辞职，若干年后再次进入同一个行业，其在继续教育当中提高的知识和技术水平也会随着时间折旧掉一大部分，对原公司就不会形成竞争，原公司几乎不会受到太大的损失。而在我国，这方面的实证研究相对较少，继续教育的经济效益与职工性别、年龄、学历、行业、工种等的相关性研究更少，企业不知道该向哪些员工投入培训资金，更没有竞业限制法律条款作保证，企业不敢轻易给员工的继续教育进行投资。因此，在对继续教育的经济效益还只能是"凭良心办事"和"跟着感觉走"的感性层面，投资信心自然不足。

第五，国家教育税收政策不完善制约了企业对继续教育的积极性。尽管我国有教育附加税这样一个地方税种，但这个税费并没有专门划拨给继续教育的部门。教育附加税一般是按照实际交纳的增值税、消费税、营业税的3%交纳，如果能够按照瑞典企业培训税费专款专用的思路，企业能够真正从中体会到"取之于民、用之于民"的税收惠民原则，才会有信心和热情投资继续教育事业。

规学校的学习能力不同的职员、不同年龄的职员，对继续教育的态度是不一样的。

五、继续教育理论的发展状况

根据我国学者的研究，培训作为科研课题首先是在心理学和科学管理领域进行的。随着管理科学理论的发展，大致经历了传统理论时期的培训、行为科学时期的培训、系统理论时期的培训三个发展阶段。20世纪90年代以后，培训工作已经进入"没有固定模式的独立发展阶段"。根据这个研究结论，可将继续教育的理论发展大致分成传统理论时期、科学理论时期、系统理论时期和多元化理论时期。实际上，在整个世界范围内都缺乏专门的继续教育理论，最相关的就是职业教育理论和成人教育理论；在中国更加缺乏独立自主的继续教育理论。这并不是说没有关于继续教育的著作，而是没有权威的、独立的、能够与心理学、社会学等学科一样分庭抗礼的继续教育理论。总体上来看，关于继续教育理论的主要源头是经济学、管理学、教育学（尤其是职业教育学和成人教育学）、心理学和社会发展理论等。可见，无论中国还是世界范围内，构建独立形态的继续教育理论是非常紧迫的任务。具体到职业院校开展的继续教育业务来说，由于各职业院校的继续教育基本上是各行其是，相互之间没有交流平台，缺乏交流和沟通，因而职业院校继续教育理论研究滞后，构建职业院校开展继续教育的理论更是任重而道远，需要大量的基础研究和实证研究做铺垫。

（一）经济学中关于继续教育的理论

经济学著作中并没有直接论述继续教育的理论，但从其中可以得到发展继续教育的经济学方面的根据和启示。

1. 马克思主义政治经济学

马克思主义政治经济学中关于劳动价值论和剩余价值的精辟论述，是发展继续教育的最重要的理论基础。

在马克思主义政治经济学的经典著作中，剩余价值是商品价值减去固定资本和工人工资以后剩余的部分，是利润的源泉。资本主义制度下的利润是剩余价值的转化形式，它表现为商品价值超过成本价格的余额，利润实际上来源于资本家用可变资本购买的劳动力在生产过程中所创造的剩余价值，但却在现象上表现为资本家全部预付资本所带来的增加额。剩余价值和利润不仅在质上是相同的，即剩余价值是利润的本质，利润是剩余价值的表现形式，而且在量上也是相等的。剩余价值和利润所不同之处在于，剩余价值是对可变资本而言的，利润是对全部资本而言的。因此，剩余价值一旦转化为利润，剩余价值的起源以及它所反映的资本剥削雇佣劳动的关系就被掩盖了。在资本主义社会，利润所造成的假象就是：它是资本的产物，同劳动完全无关。

事实上，剩余价值和工人工资都是工人（劳动力）创造的价值。工人的工资用一部分来养活他自己，以保持自身劳动力，一部分用来养活家庭和子女，实现新劳动力的再生产；剩余价值中一部分用来养活资本家和其子女，以保证资本家的生存和新的资本家诞生，一部分用来投入再生产，用来购买新的原材料和更多的劳动力，以便产生更多的剩余价值，还有一部分用于缴纳税收，用以维持社会的正常运转。说得消极一些，工人的工资仅仅是为了保持自身的劳动力和生产更多的新劳动力，这些新、旧劳动力最终还是逃脱不了受资本家剥削剩余价值的命运。从这一点上来说，工人工资的大部分的最终目的还是为了维系资本主义社会的运转，而留给自己的仅仅是很小的一部分。在全社会范围来说，社会总剩余价值比社会总工人工资不知要高出多少倍。

而对固定资本来说，它是产品生产中所耗费的物化劳动的转移价值，即已消耗的原材料、燃料、辅助材料等；它只是在生产过程中发生了转移的价值，并没有产生增值，也就是说没有产生剩余价值。

可见，资本家靠原材料等固定资本是不能获取利润的，必须剥削工人的劳动才能够盈利。工人的技术水平、熟练程度越高，生产效率就越高，被资本家剥削的程度就越高，资本家盈利的可能性就越大。为了提高生产效率，资本家一方面可以更新设备，另一方面就是训练工人提高技术熟练程度，训练工人的过程其实就是继续教育的过程，这实际上就是继续工程教育的由来。追求剩余价值或者说利润，也就是经济效益，是资本家为工人开展继续教育的最原始、最直接的动力。

尽管在社会主义制度下已经没有剥削的制度基础了，但只要社会化大生产存在，剩余价值规律就会起作用。因此，提高生产率的方法也和资本主义制度下几乎没有两样，不管是更新设备还是更新工人，提高工人的技术水平，目的都在于技术革新，也就是在这个地方，经济学家们产生了分歧。新古典增长理论的经济学家认为增加资本投入并提高技术装备率是更新技术的手段，而新经济增长理论的经济学家则认为，提高劳工素质更有助于技术水平的提高。详细分析请见下面章节。

2. 新古典增长理论

新古典增长理论，一般认为其创立者是美国的经济学家、麻省理工学院的罗伯特·索洛以及英国的经济学家斯旺。在1956年，他们分别提出了自己的经济增长模型。罗伯特·索洛所提出的发展经济学中的模型，被称为索洛经济增长模型，又称作新古典经济增长模型或外生经济增长模型，这是在新古典经济学框架内的经济增长模型。但事实上，剑桥大学的弗兰克·拉姆早在20世纪20年代就第一次提出了这种理论。后来，英国经济学家米德又进一步发展了新古典经济增长理论，并对其做了系统的研究。美国的经济学家萨缪尔森等在他们的经济增长理论中也提出了与索洛基本相同的观点。

新古典经济增长理论中关于技术变革的几个主要观点是：

①技术变革率影响经济增长率，但经济增长率不影响技术变革率。

②人均资本装备率，即平均每人所使用的资本数量不变，则人均收入水平不变。

③在资本的边际产品大于0的条件下，提高人均资本装备率，可以提高人均收入水平。相反，如果劳动力增长率大于资本增长率，即人均资本装备率降低，那么人均收入水平将会下降。

综上所述，由于技术变革引起人均资本增加的储蓄和投资水平实现了人均实际GDP的增长，如果技术进步停止，增长就结束。只要有技术进步，这个过程就会重复，并创造持续的长期经济增长。增长率波动是因为技术进步以可变的比率发生。只有当经济中存在技术进步或人口增长等外生因素时，经济才能实现持续增长。但是，该理论的一个明显缺陷是：一方面，它将技术进步看作经济增长的一个决定因素，另一方面，它又假定技术进步是外生变量而将它排除在考虑之外，这就使该理论排除了影响经济增长的最重要因素。既然技术进步排除在考虑之外，那么实现经济增长的方式就是增加人均资本装备率，或者说通过更新技术装备或者增加原材料等，前面通过马克思的剩余价值理论已经知道，增加原材料等是不能获得剩余价值的，所以只能通过更新技术装备的办法来提高工人的生产率，以获取更多的剩余价值。事实上，这也是一种变相的技术更新手段，因为对工人来说，这其实是一种间接的技术更新手段。按照这种理论，必须通过增加要素的投入方式，要么增加劳动力，要么增加资本投入，并且这些要素的投入只有在能够带来技术进步的条件下才能推动经济的持续发展，这正好说明这种粗放型经济的增长模式是不可持续的，因为这些要素并非总是理想的或者总是能够持续投入的，这种增长理论需要变革。这就是近年来世界发达国家注重技术创新的重要原因。近年来，我国也特别注重技术创新，力图改变经济增长方式，加强调整产业结构，实际上也就是要改变这种靠要素投入实现经济增长的粗放型经济增长模式。

3. 新经济增长理论

尽管新古典经济增长理论为解释经济的持续增长导入了外生的技术进步和人口增长率，但外生的技术进步率和人口增长率并没有能够从理论上说明经济持续增长的问题。于是，新经济增长理论就从新古典经济增长模型的基础上发展了起来，它是斯坦福大学的保罗·罗默在20世纪80年代期间提出的，但这种思想要追溯到30到40年代期间约瑟夫·熊彼特所进行的研究工作。从某种意义上说，新经济增长理论的突破在于放松了新古典增长理论的假设并把相关的变量内生化，因此又叫"内生技术变革理论"或"内生经济增长理论"。

新经济增长理论认为人均实际GDP增长是因为人们在追求利润中所做出的选择，而且增长可以无限持续下去。这个理论的主要任务之一是揭示经济增长率差异的原因和解释持续经济增长的可能，它又有多种模型。综合来看，它们具有如下共性。

①经济可以持续增长，并且是内生因素的作用。

②内生技术进步是经济增长的决定因素，技术进步是追求利润最大化的厂商进行意愿投资的结果。

③技术、人力资本有溢出效应，这是存在经济持续增长必不可少的条件。

④国际知识和贸易的流动，对一国经济增长存在重要影响。

⑤不存在政府干预时，经济均衡增长通常表现为社会次优，增长率低于社会最优增长率。

⑥经济政策影响经济的长期增长率，一般地，政府向研究开发活动提供补贴有助于促进经济增长。

⑦普遍采用动态一般均衡分析法构化模型。

新经济增长理论的主要观点如下。

①利润刺激了技术变革。

②一旦有了一种有利的新发现，每个人都可以利用。这个事实意味着，随着一种新发现利益的扩散，就可以得到免费的资源了。这些资源之所以免费，是因为当它们被利用时人们并没有放弃什么，它们是零机会成本。

③生产活动可以重复。如果一个企业增加自己的资本和产量，企业就有收益递减。但经济可以通过增加另一个相同的企业来增加其资本和产量，而且经济没有收益递减。

④在新古典理论中，在资本收益递减时，随着资本积累，实际利率下降，直至它等于目标实际利率为止。在这一点时，经济增长停止了，但新增长理论并没有这种增长停止机制。随着资本积累，实际利率并不受影响。实际利率自然可以无限高于目标实际利率。只要人们可以进行使实际利率高于目标利率的研究与开发，人均实际GDP就可以无限增长，增长率取决于人们创新的能力和实际利率。

第三章　职业院校继续教育的现有运行机制分析

归纳上面的观点就是，利润和实际利率刺激了人们的创新和技术变革，从而使人均实际 GDP 增长，人均实际 GDP 增长又反过来增加了利润，如此实现了经济的可持续增长。

新经济增长理论的可持续性问题，不仅具有理论意义，而且具有政策含义。例如，即便存在增长的顶部、失业的底部或扩张的极限，事实上没有人知道它们在哪里。因此，宏观调控的相机抉择有赖于把握生产率及相应的生产可能性边界；否则，与其自寻烦恼，还不如放弃陈旧的担忧，把自我牺牲性的先验性调整信条放在一边，顺其自然。对中国而言，实施宏观调控、推进产业结构调整，都涉及生产率及相应的生产可能性边界的问题。所以，"新经济"的发展对经济理论研究具有重要的启示。

①新经济增长理论有助于认识知识、技术在现代经济中所具有的至关重要的作用。

②新经济增长理论有助于我们更深刻地认识到我国现实经济增长方式转变的必要性和紧迫性。新经济增长理论说明，要素投入的增加只有在能够带来技术进步的条件下才能推动经济的持续发展，这从理论上说明粗放型经济增长模式是不可持续的。为了保证我国经济持续、快速、健康发展，必须将经济增长方式转变到主要依赖技术进步的集约型经济增长方式上来。

可见，新经济增长理论对于技术创新的理解是知识的更新和人才技术能力的提高，而不是简单地在生产要素中投入高技术设备。这就得出启示：企业可以通过继续教育的方式来提高工人的技术水平，更新他们的知识结构来达到技术创新的目的。

4. 人力资本理论

一般都认为人力资本理论是西奥多·W. 舒尔茨提出来的，实际上人力资本理论也经过了一个比较漫长的发展历程才逐渐成熟起来，大致可以分为起源、形成与发展三个阶段。

①人力资本思想的萌芽阶段——古典经济学家对劳动价值的研究

最早的人力资本思想可以追溯到古希腊思想家：柏拉图在其《理想国》中论述教育和训练的经济价值；亚里士多德也认识到教育的经济作用以及一个国家维持教育以确保公共福利的重要性。但在他们看来，教育仍是消费品，其经济作用也只是间接的。

法国重农学派的创始人和重要代表，资产阶级古典政治经济学奠基人之一弗朗斯瓦·魁奈是最早研究人的素质的经济学家，他认为人是构成财富的第一因素，"构成国家财富的是人"。① 英国古典政治经济学的创始人威廉·配第最先提出并论证了劳动决定价值的思想，奠定了劳动价值论的基础，被马克思称为"政治

---

① 弗朗斯瓦·魁奈. 人口论 赋税论[M]. 吴斐丹, 张草纫, 译. 北京: 商务印书馆, 2021.

经济学之父"。他还提出"土地是财富之母，劳动是财富之父"。他认为，由于人的素质不同，才使劳动能力有所不同。当然，配第的劳动价值论还处于萌芽形态，许多地方还值得商榷。

经济学鼻祖，出生于苏格兰的亚当·斯密是第一个将人力视为资本的经济学家。他在肯定劳动创造价值以及劳动在各种资源中的特殊地位的基础上，明确提出了劳动技巧的熟练程度和判断能力的强弱必然要制约人的劳动能力与水平，而劳动技巧的熟练水平要经过教育培训才能提高，教育培训则是需要花费时间和付出学费的。这可以认为是人力资本投资的萌芽思想。斯密认为经济增长主要表现在社会财富或国民财富的增长上，财富增长的来源取决于两个条件：一是专业分工促使劳动生产率的提高，因为分工越细，人们的劳动效率就越高。二是劳动者数量的增加和质量的提高。

古典经济学理论的完成者，古典经济学派的最后一名代表，最有影响力的古典经济学家大卫·李嘉图继承并发展了斯密的劳动价值学说，坚持了劳动时间决定商品价值量的原理，并把人的劳动分为直接劳动和间接劳动。直接劳动是指投在直接生产过程中的劳动，它创造商品的价值；间接劳动则指间接投在所需生产资料上的物化劳动，它不创造价值，只是把原有的价值转移到商品中去。李嘉图曾明确指出机器和自然物不能创造价值，只有人的劳动才是价值的唯一源泉。

李嘉图学说体系的追随者，19世纪英国著名经济学家和哲学家约翰·斯图亚特·穆勒也继承了斯密的一些思想，穆勒认为技能与知识都是对劳动生产率产生重要影响的因素，他强调取得能力应当与机器、工具一样被视为国民财富的一部分。穆勒富有创造性的论点是：从传统经济增长与资源配置的生产性取向出发，指出教育支出将会带来更大的国民财富。

法国资产阶级庸俗政治经济学创始人让·巴蒂斯特·萨伊的某些观点尽管曾经受到马克思的严厉批评，但他也是提出人力资本思想萌芽的经济学家之一。萨伊认为，花费在教育与培训方面的费用总和称为"积累资本"，受过教育培训的人的工作报酬，不仅包括劳动的一般工资，而且还应包括培训时所付出的资本的利息，因为教育培训支出是资本。特别是他提出的科学知识是生产力的一部分的思想，无疑是非常重要的划时代的理论贡献。

当代经济学的创立者，现代微观经济学体系的奠基人，古典经济学的集大成者，剑桥学派和新古典学派的创始人，19世纪末20世纪初英国乃至世界最著名的经济学家阿尔弗雷德·马歇尔也提出知识和组织是资本的重要组成部分，是最有力的生产力。在进一步的研究中，马歇尔指出知识和组织是一个独立的生产要素，他认为教育投资对经济增长起重要作用。

②马克思的人力资本理论——劳动价值论

尽管卡尔·马克思没有进行专门的人力资本理论研究，但他关于劳动的许多理论观点却是人力资本理论的重要思想基础。马克思的资本理论包括劳动价值理论、货币理论、资本生产理论、资本积累理论、资本循环与周转、社会总资本的再生产理论、生产价格理论、商业资本理论、借贷资本理论和地租理论。他认为，劳动是创造社会财富的主要源泉，人类的具体劳动创造商品的使用价值，抽象劳动创造商品的价值。马克思把人的劳动分为复杂劳动和简单劳动，前者具有较高的价值，是多倍的简单劳动，进而把可以提高人的智力和技巧的科学技术与教育看成是生产力的重要来源。同时，马克思还提出了劳动力的价值构成理论。在此基础上，他又把劳动分为生产性劳动和非生产性劳动，非生产性劳动就是指劳动者受教育、培训以及保持劳动能力的那部分劳动。马克思不仅继承了古典经济学家的某些理论，还创造性地提出了许多新观点。

③人力资本理论的形成与发展——现代经济学家对人力资本的研究

1979年度诺贝尔经济学奖得主西奥多·W.舒尔茨在1960年美国经济学年会上的演说中系统阐述了人力资本理论。在此之前，欧文·费雪在1906年发表的《资本的性质与收入》一文中首次提出人力资本的概念，并将其纳入经济分析的理论框架中。与舒尔茨同时代及以后对人力资本理论做出突出贡献的主要有贝克尔、明塞尔、丹尼森等，他们从不同的角度对人力资本进行了论述。

舒尔茨对人力资本的最大贡献在于他第一次系统提出了人力资本理论，并冲破重重阻力使其成为经济学中一门新的分支。舒尔茨还进一步研究了人力资本形成方式与途径，并对教育投资的收益率以及教育对经济增长的贡献做了定量研究。因此，舒尔茨被称为"人力资本之父"。

加里·贝克尔弥补了舒尔茨只分析教育对经济增长的宏观作用的缺陷，系统地进行了微观分析，研究了人力资本与个人收入分配的关系。贝克尔学术研究的特点在于他把表面上与经济学无关的现象与经济学联系起来，并运用经济数学方法进行分析。

美国经济学家、"增长核算或增长原因分析之父"爱德华·富尔顿·丹尼森对美国经济增长因素进行了详尽的分析和计量，认为美国经济增长因素主要有以下五个方面。

属于生产要素投入量方面的有两项：A.劳动在数量上的增长和质量上的提高。丹尼森把劳动的质量划分为3个方面：一是由于正常劳动时间的缩短而引起的劳动质量的变化。二是成年男工由于日常教育年限的增长而引起的劳动质量的变化。三是由于年龄、性别构成的变化和相对于男工，女工劳动价值的变化而引起的平均的劳动质量的变化。B.资本（包括土地）在数量上的增加。丹尼森认为美国土地的数量是不变的。他把能够再生产的资本（简称资本）投入分为五类，即企业建筑和设备、非农业的住宅建筑、存贷、美国居民在国外的资产、外国人在美国的资产。

属于生产要素单位投入量的有三项：A. 资源配置的改善。主要是指两种人力资源的改善。第一，配置到农业上的过多劳动力从农业中转移出去。第二，非农业性的独立经营者和那些本小利微的小企业中参加劳动但不取报酬的业主家属，从该企业中转到大企业，充任工资劳动者。B. 规模的节约。就是西方经济学中经常涉及的随着生产规模的扩大，报酬是递增，不变，还是递减的问题。C. 知识进展和它在生产上的作用。丹尼森认为，知识进展能使同样的生产要素投入量的产品只需更少的投入量。促进经济增长的新技术的采用，只是在知识有所进展时，才有可能实现。

以后，丹尼森在经济增长因素分析中，合并了个别次要因素，在1974年增加了"不规则因素"一项，包括农业气候、劳动纠纷需求强度等子项，但影响程度不大，只是使分析更为细致。

丹尼森通过研究认为，投资于"具体"资本的重要性减少了，而对"人力"资本的投资，或者说投资于接受更好教育的劳动力，相对说来变得更重要了。丹尼森专门对经济增长因素中一个重要因素"知识进展和应用"对经济增长的作用及教育的作用做了估算。"知识进展和应用"包括"知识进展"和"知识应用的迟延时间缩短"，它属于生产要素单位投入量中的项目。

知识进展的范围。丹尼森认为，有关生产的知识完全是综合性的，这种知识的进展，应归功于社会生产上的重要知识的增加。由于人类知识量的扩大、学校传授越来越多、更好的信息以及受到较好教育的积极作用而提高了知识的质量，都被看作是对经济增长有贡献的"知识进展"因素的一部分。因此，他认为知识的进展包括技术知识、管理知识的进展和由于采用新的知识而产生的结构和设备的更有效的设计，还包括对国内的和国外的有组织的研究、个别研究人员和发明家、从简单的观察和经验中得来的知识。

丹尼森所谓的技术知识是关于物品的具体性质和如何具体地制造、组合及使用它们的知识。所谓管理知识，丹尼森指的是广义的管理技术和有关企业组织的知识。丹尼森认为，任何一个地方的科学发现、科学理论或有关新产品、新物资、新技术和新经验的知识进展，会很快扩散，因此，来源于外地和国外的知识进展对经济增长也是很重要的。

知识从熟知到应用的迟延时间。丹尼森通过估算得出，美国工厂厂房和设备的平均使用年限由1925年的15.8年增加到18.2年，延长了2.4年。这就是说，资本存量使用时间的延长，增加了知识进展到其实际应用之间的平均延迟时间，也就是减慢了1929—1957年的增长率。据估计，减慢了增长率0.02%，但考虑到这些年中，替换旧的资本财物必然会把新知识结合到生产过程中去，考虑到技术情报的更好传播和教育水平的提高。据他估计，由于这些因素缩短了"延迟时间"，从而提高了增长率0.03%。总起来说，这些消长因素合在一起，提高了增长率0.01%。他的结论是，知识进展到其实际应用之间的"延迟时间"的任何变化，对于1929—1957年的增长率的影响都是轻微的。据此，他对舒尔茨论证的教育对美国经济增长的贡献率做了修正，他将经济增长的余数分解为规模经济效应、资源配置和组织管理改善、知识应用上的延时效应以及资本和劳动力质量本身的提高等，从而论证了1929—1957年间美国的经济增长中教育的贡献率应是23%，而不是舒尔茨所讲的33%。

出生于波兰的犹太商人雅各布·明塞尔首次将人力资本投资与收入分配联系起来，并给出了完整的人力资本收益模型，从而开创了人力资本研究的另一个分支，同时他还研究了在职培训对人力资本形成的贡献，其主要论著收录于两卷本的《雅各布·明塞尔论文集》[①]。这些论著提出了现代人力资本理论，全面奠定了这种理论的基础，成为人力资本理论的经典著作。他的另一本重要著作是1974年出版的《教育、经验与收益》[②]。

明塞尔对人力资本理论的贡献可以概括为三个方面：第一，提出了人力资本理论，并用这一理论解释个人收入差别与人力资本之间的关系。他把个人收入差别归因于接受正规教育、在职培训和工作中经验积累形成的人力资本差别，并把受教育年限作为衡量人力资本投资的最重要标准，建立了说明人力资本投资与个人收入之间关系的人力资本收益率模型。第二，用人力资本理论研究劳动力供给问题，尤其是妇女劳动力供给的行为。他首先把劳动供给理论归入家庭决策，证明了对妇女而言，工资增长的替代效应（用劳动代替闲暇）大于收入效应（收入增加，增加闲暇，减少劳动），因此，妇女参工率提高。第三，工资差别与工作转换之间的关系。他证明了男性与女性工资差别不是由于性别歧视，而是由于妇女在生育期间工作中断，因工作经验积累减少而引起的人力资本增加慢于男性。工资增加率与工作转换率反方向变动。明塞尔的这些研究既有理论模型，又有资料的实证分析，其研究结论影响到经济理论与政策制定。

总之，人力资本理论作为经济学的一门分支已经形成并发展起来，把它运用到微观企业层次中，特别是与我国国有企业改革、产业结构调整、经济增长方式转变、统筹城乡发展等大政方针结合起来，会起到开源节流、激励企业员工成长、技术创新和走内涵式发展道路的作用，为开展继续教育提供有力的理论支持。

（二）管理学中关于继续教育的理论

1. 人力资源管理理论

人力资源管理是指企业的一系列人力资源政策以及相应的管理活动。这些活

[①] 雅各布·明塞尔. 雅各布·明塞尔论文集[M]. 北京：中国经济出版社，2001.

[②] Jacob Mincer. Schooling, Experingce, and Earnings[M]. New York: Columbia University Press. 1974.

动主要包括企业人力资源战略的制定、员工的招募与选拔、培训与开发、绩效管理、薪酬管理、员工流动管理、员工关系管理、员工安全与健康管理等。也可以说，人力资源管理就是企业运用现代管理方法，对人力资源的获取（选人）、开发（育人）、保持（留人）和利用（用人）等方面所进行的计划、组织、指挥、控制和协调等一系列活动，最终达到实现企业发展目标的一种管理行为。

现代人力资源管理与传统人事管理有着很大的不同，现代人力资源管理深受经济竞争环境、技术发展环境和国家法律及政府政策的影响。它作为近20年来出现的一个最新的和重要的管理学领域，远远超出了传统人事管理的范畴。具体说来，存在以下一些区别。

人力资源管理经典理论是经过泰罗的科学管理理论（1903）、吉尔布勒斯夫妇的动作研究（1907）、韦伯的组织理论（1911）、法约尔的一般管理理论（1916）、梅奥的人际关系理论（1933）、马斯洛的需要层次理论（1943）、麦格雷戈的人性假设与管理方式理论（1960）、赫兹伯格的双因素激励理论（1966）、韦廉·大内的Z理论（1981）、彼德·圣吉的学习型组织理论（1990）等发展阶段一路走来，现在又有新的发展趋势。

"人"是组织最重要的资产，也是竞争力的关键因素。因此，不管是机构、公务机关或是法人机构都越来越重视人才的培育，甚至不惜投入大笔资金办理教育训练。培育人才的目的在于组织整体能力的开发、提升或是经验的传承及核心能力的维系。由此可见，组织的发展与人才的养成有着直接而密切的关系，甚至可以断言，一个不重视人才养成及维系的组织，将丧失其竞争力，面临无情的淘汰。"训练发展"是培育人才的主要方式，也是涵盖面最广、影响最深远的组织功能。在开发人员能力，激发其潜力等方面，教育训练确实有着重要的贡献。然而，每位员工的资质能力不同，无法采用一套放之四海而皆准的训练方法，因此，如何分门别类，依"人才"及组织发展需求进行规划，并从"知识""技巧""社会规范""情感"等方面考虑课程的设计，遴选适任的讲师，是训练专业人员最重要的课题。

在21世纪的今天，经济环境急剧变迁，社会价值观不断改变，信息急速膨胀以及科技日新月异，对工作者的专业能力提出了更高的要求，唯有不断充实与学习，方能保持领先，也才能对组织做出更大的贡献。可见，推动组织不断发展的关键力量就在于不断训练和培育人才，更新全体组织成员的技术和知识。

2. 学习型组织理论

学习型组织理论是《第五项修炼——学习型组织艺术与实务》的作者彼得·圣吉于20世纪末提出的一种管理理论。由于其极具创新价值，并由于其已在无数美国企业中得到了成功的应用，因此被喻为"21世纪的管理圣经"。

彼得·圣吉在总结以往理论的基础上，通过对4000多家企业的调研发现，

1970年名列美国《财富》杂志"500强"排行榜的大公司，到了20世纪80年代已有1/3销声匿迹。这些不寻常的现象引起了彼得·圣吉的思考。通过深入研究，他发现是组织智障妨碍了组织的学习和成长，并最终导致组织的衰败。顾名思义，组织智障指的是组织或团体在学习及思维方面存在的障碍。这种障碍最明显地表现在组织缺乏一种系统思考的能力。在思维中，人类总是习惯于将问题加以分解，把世界拆成片段来理解，但无形中，全然失掉对整体连属感的解决方式使我们付出了巨大的代价。对整个组织来说，这是最为致命的障碍，许多的企业也都是因此而走向了衰落。彼得·圣吉因此认为，要使企业茁壮成长，必须将企业建立成一种学习型组织，并使得组织内的人员全心投入学习，提升能力，并在本职岗位上获得成功，以此来克服组织智障。十余年来，彼得·圣吉和麻省理工学院的工作伙伴及企业界人士，孜孜不倦地致力于将系统动力学与组织学习、创造原理、认知科学、群体深度对话与模拟演练游戏融合，发展出一种人类梦寐以求的组织蓝图——学习型组织。学习型组织理论一提出，旋即席卷全球，被各个行业的大小企业所认同，一些国际知名企业，如壳牌石油、福特汽车、克莱斯勒、摩托罗拉、苹果电脑等都随即以《第五项修炼》作为操作方法，在企业内建立起了学习型组织。可以说，《第五项修炼》中的学习型组织理论顺应了信息化时代大潮，是知识经济的产物，它给组织管理带来了一个全新理念，而这些理念转化为实际管理制度与行为，很快引起了全世界管理方式的大变。也可以说，只要是从事传授知识、创造知识和创造财富的人都应该了解和深入研读。许多国家根据该理论提出了创建学习型社会、学习型城市、学习型社区、学习型企业和学习型家庭等概念。1995年，新加坡提出建设"学习型政府"的目标，并制订了国家公务员的"持续培训"计划。

学习型组织理论的成功和杰出之处不仅在于它的理论，更在于它的可操作性和对实践的有效指导性。它帮助人们重建了一种新的看问题的方式：改变从习惯看世界、看环境、看别人的思维定式，树立向里看、看自己、看自己的内心的全新思维模式；改变关注局部的思维习惯，树立关注全局、关注系统的全新思维方式；从关注外在的困难转变到关注内在的智障，找出产生智障的内在原因，找到克服智障的途径，即提升自我开发、自我超越的能力；改善心智、提高认知的能力；团队学习和团队建设的能力；尊重个人和团队创造能力，系统思考、掌握未来的能力。因此，学习型组织理论是指导一个组织通过不断学习和运用系统思考模式尝试各种不同的问题解决方案，进而强化及扩充个人的知识和经验并改变整体组织行为，以增进组织的适应及革新能力的理论。彼得·圣吉提出的创建学习型组织的五种技术手段，即"五项修炼"，包括自我超越、改善心智模式、建立共同愿景、团队学习和系统思考，这是五个相互关联的步骤或者原则。

第一项修炼：自我超越。

"自我超越"的修炼是深刻了解自我的真正愿望，并客观地观察现实，对客观现实正确地判断。通过学习型组织不断学习激发实现自己内心深处最想实现的愿望，并全心投入工作，实现创造和超越。此项修炼兼容并蓄了东方和西方的精神传统，修炼时需要培养耐心，集中精力，对于学习如同对待自己的生命一般全身心地投入。它是学习型组织的精神基础。

第二项修炼：改善心智模式。

心智模式是根深蒂固于心中，影响我们如何了解这个世界，以及如何采取行动的许多假设，对事物做出价值评价，沉积在自我心灵深处的印象等，我们通常不易察觉。心智模式影响自我表现出来的行为，通常在刹那间决定什么可以做或不可以做，这就是心智模式在发挥着作用。改善心智模式，就是要求我们把自己的工作组织看成学习的场所和转向自己的镜子，发掘自己内心世界的潜在能力，使这些能力浮在表面，并严加审视，这是心智模式修炼的起步。它还包括进行一种有学习效果的、兼顾质疑与表达的交谈能力——有效地表达自己的想法，并以开放的心灵容纳别人的想法。

第三项修炼：建立共同愿景。

共同愿景指的是一个组织中各个成员发自内心的共同目标，在一个团体内整合共同愿景，并有衷心渴望实现目标的内在动力，将自己与全体衷心共有的目标、价值观与使命联系在一起，主动而真诚地奉献和投入。组织都在设法以共同的愿景把大家凝聚在一起，作为个人，要建立善于将领导的理念融入自己心里，在组织中为实现共同的愿望而努力，通过努力学习，产生追求卓越的想法，转化为能够鼓舞组织的共同愿景。激发自己追求更高目标的热情，并在组织中获得鼓舞，使组织拥有一种能够凝聚并坚持实现共同愿望的能力。

第四项修炼：团队学习。

集体智慧高于个人智慧，团体拥有整体搭配的行动能力。当团体真正在学习的时候，不仅团体整体会产生出色的成果，个别成员成长的速度也会比其他学习方式快。

团体学习的修炼从"深度汇谈"（dialogue）开始。"深度汇谈"是一个团体的所有成员，摊出心中的假设，而真正一起思考的能力，让想法自由交流，以发现个人深入的见解。以创造性的方式察觉别人的智慧，并使其浮现，学习的速度便能大增。在现代组织中，学习的基本单位是团体而不是个人学习，这显得非常重要。

第五项修炼：系统思考。

企业和人类的其他活动一样，也是一种系统，也都受到细微且息息相关的行动所牵连，彼此影响着，必须进行系统思考的修炼。系统思考的修炼是建立学习型组织最重要的修炼。

彼得·圣吉同时认为系统思考也需要有"建立共同愿景""改善心智模式""团队学习""自我超越"四项修炼来发挥其潜力。十分重视第五项修炼，并认为它高于其他四项修炼。少了系统思考，就无法探究各项修炼之间如何互动。系统思考强化其他每一项修炼，并不断地提醒我们，融合整体能得到大于各部分加总的效力。

学习型组织理论的精髓就是强调以系统思考代替机械思考和静止思考，并通过了解动态复杂性等问题，找出解决问题的高"杠杆解"。高杠杆解就是代价"小而有效的""能够产生重大、持久的改善的""最省力的"解决方案。学习型组织理论涉及个人和组织心智模式的转变，它深入到哲学的方法论层次，强调以企业全员学习与创新精神为目标，在共同愿景下进行长期而终身的团队学习。

学习型组织理论从管理学、系统学、系统动力学、认知理论和学习理论的角度提出了不断学习是个人、组织、企业乃至社会不断进步和持续发展的途径，这为企业开展继续教育保持企业活力提供了多学科尤其是管理学的依据。

（三）教育学中关于继续教育的理论

1. 终身教育理念

终身学习是指社会每个成员为适应社会发展和实现个体发展的需要，贯穿于人的一生的、持续的学习过程。总之一句话，活到老学到老。

"终身教育"这一术语自 1965 年在联合国教科文组织主持召开的成人教育促进国际会议期间，由联合国教科文组织成人教育局局长法国的保罗·朗格朗正式提出以来，短短数年，已经在世界各国广泛传播，近 30 年来关于终身教育概念的讨论可谓众说纷纭，甚至迄今为止也没有统一的权威性定论。这一事实不仅反映出这一崭新的教育理念在全世界所受到的关注和重视的程度，同时也证实了该理念在形成科学的概念方面所必需的全面解释与严密论证尚存在理论和实践上的差距。以下是几个终身教育的概念：

保罗·朗格朗认为："终身教育所意味的，并不是指一个具体的实体，而是泛指某种思想或原则，或者说是指某种一系列的关心与研究方法。概括而言，也即指人的一生的教育与个人及社会生活全体的教育的总和。"[1]

R.H.戴维（曾任联合国教科文组织教育研究所专职研究员）的理解则是，"终身教育应该是个人或诸集团为了自身生活水平的提高，而通过每个个人的一生所经历的一种人性的、社会的、职业的过程。这是在人生的各种阶段及生活领域，以带来启发及向上为目的，并包括全部的正规的、非正规的及不正规的学习在内的，一种综合和统一的理念"[2]。

---

[1] 朗格让.终身教育导论[M].滕星，译.北京：华夏出版社，1988：134.
[2] 转引自吴遵民.新版现代国际终身教育论[M].北京：中国人民大学出版社，2007：13.

第三种较具权威性的观点是由 1972 年起就任联合国教科文组织终身教育部部长的 E.捷尔比提出的，他认为："终身教育应该是学校教育和学校毕业以后教育及训练的总和；它不仅是正规教育和非正规教育之间关系的发展，而且也是个人（包括儿童、青年、成人）通过社区生活实现其最大限度的文化及教育方面的目的而构成的以教育政策为中心的要素。"①

第四种是国际发展委员会的报告《学会生存》中对终身教育做的定义："终身教育这个概念包括教育的一切方面，包括其中的每一件事情，整体大于部分的总和，世界上没有一个非终身而非割裂开来的永恒的教育部分。换而言之，终身教育并不是一个教育体系，而是建立一个体系的全面的组织所根据的原则，这个原则又是贯穿在这个体系的每个部分的发展过程之中。"②

这四种观点在表达和侧重上都有所不同，但有一点是一致的，即都认为终身教育包括人一生所受的各种教育的总和，它指开始于人的生命之初，终止于人的生命之末，包括人发展的各个阶段及各个方面的教育活动；既包括纵向的一个人从婴儿到老年期各个不同发展阶段所受到的各级各类教育，也包括横向的从学校、家庭、社会各个不同领域受到的教育，其最终目的在于"维持和改善个人社会生活的质量"。

终身教育理论确立以来，受到各国的普遍重视，目前许多国家的政府已经制定终身教育的法规，从法律上确立终身教育理论为本国当今和今后教育发展与改革的基本指导思想。如日本在 1988 年设立了终身学习局，并于 1990 年颁布并实施《终身学习振兴整备法》。美国则在联邦教育局内专设了终身教育局，并于 1976 年制定并颁布了《终身学习法》。法国国民议会在 1971 年制定并通过了一部比较完善的成人教育法《终身职业教育法》，而且还在 1984 年通过了新的《职业继续教育法》对一些问题做了补充规定。韩国则于 80 年代初把终身教育写进了宪法，并开始实施终身教育政策。联邦德国、瑞典、加拿大等许多国家也针对终身教育颁布了相应的法律。

终身教育理论的确立，改变了人们对教育的观念，各国政府把成人教育看成推动终身教育进程的先导，如 1976 年，挪威在世界上第一个通过成人教育法，把成人教育视为终身学习体制的基础，促进了成人教育各领域间的协调合作；改变了学校的封闭结构，学校向社会开放，并开发各种社会教育渠道。继续教育作为成人教育和终身教育的一部分，也随着终身教育的理念不断向前探索。如今，终身教育已经衍化出终身学习的概念，继续教育势必也会衍化出继续学习的概念。

---

① 捷尔比.生涯教育——压制和解放的辩证法[M].前平泰志，译.东京：日本东京创元社，1983：198.

② 联合国教科文组织国际教育发展委员会.学会生存——教育世界的今天和明天[M].北京：教育科学出版社，1996：223.

2. 职业教育学

（1）职业发展观

《从现在到 2000 年教育内容发展的全球展望》一书提出：从人的生理和心理需要不断地发展以适应社会需要，人永远不会变成一个成人。人的生存、发展是一个无止境的学习和完善过程，人必须从环境中不断地学习那些自然和本能没有赋予的生存技术和技能，为了生存和发展，他不能不继续学习、终身学习。这是人与其他生物的根本不同点。[①]

对企业、事业单位来说，职业发展是用来帮助员工获取目前及将来工作所需的技能、知识的一种方法。实际上，职业发展是组织对企业人力资源进行的知识、能力和技术的发展性培训、教育等活动。对职员个体来说，职业发展就是在自己能力所及的范围内，成为某一领域有深刻认知和广泛经验的专业人员。可见，继续教育树立职业发展观，"要以提高从事某一职业的专业知识和专业技能水平为根本出发点，从而使组织和个人得以稳定发展，实现各自价值的目的"。职业发展观主要包含四个方面的含义。

①在可持续发展理论已主导现代世界发展方向的今天，更应关注现实生活中人的全面发展。而针对职员来说，首先要使其职业技能、职业道德意识不断提高，以适应技术、经济、社会的发展步伐。可见，可持续发展社会要求的人不仅要有现代科学技术，而且要有自觉的道德意识，任何个体都不是一个仅仅为了追求物质财富的"经济人"，而是一个为了人类的可持续生存和发展努力工作的全面发展的人。

②职业发展是组织和个人参与继续教育的动力源。无论对组织发展还是对个人发展来说，参与继续教育活动，其目的都是要"提升职业水平、职业发展的能力，增强竞争力，继而实现组织发展和个人发展的愿望"。

③职员对职业的适应程度是一个不断发展的过程。生涯发展大师萨珀通过长期对"生涯发展形态"的研究，最终集差异心理学、发展心理学、职业社会学及人格发展理论之大成，于 1953 年提出其职业生涯发展阶段理论，系统地提出了有关职业生涯发展的观点，将人生职业生涯发展划分为成长、探索、建立、维持和衰退五个阶段。对于具体阶段的划分，不同的专家学者有不同的观点，但最常见的也是应用得最广泛的，则是萨珀的生涯发展阶段理论。

④职业发展观指导继续教育课程的开发。在继续教育课程开发的各个阶段，从需求分析到课程评价，职业发展的理念在每个阶段都起到直接的指导作用。"课程的开发是否能够促进职业发展，这是课程开发过程中每个阶段都要关注和回答的问题。只有肯定的回答，课程开发才不会偏离目标，从而体现出真正的价值。"

---

① 拉塞克，维迪努．从现在到 2000 年教育内容发展的全球展望 [M]．马胜利，译．北京：教育科学出版社，1992．

要顺利实现职业发展，除了向员工阐明各工作岗位的关系、职位的层级关系，即职业阶梯以及相应的资格条件，建立职业咨询体系（制度、人员等），管理层的支持与相应人员技能的提高，继任计划及管理，晋升、调动、降职工作扩大与工作轮换等措施之外，还提供员工必要的培训或长期教育项目以及其他人力资源开发项目，用以帮助员工从一种工作岗位或层级跳到另一工作岗位或层级，这就是继续教育的重要功能。

（2）大职业教育观

大职业教育观是我国职业教育先驱黄炎培先生教育思想的著名论断。他明确提出职业教育的目的是："一为谋个性之发展，二为个人谋生之准备，三为个人服务社会之准备，四为国家及世界增进生产力之准备。"1917年，中华职业教育社成立，标志着中国近现代职业教育的起步。在长期的职业教育实践中，黄炎培深刻地认识到职业教育不能是脱离社会和民众的"象牙之塔"，而要让社会和广大民众参与到职业教育中来。于是，他提出"只从职业学校做功夫，不能发达职业教育。只从教育界做工夫，不能发达职业教育。只从农、工、商界做功夫，不能发达职业教育"，因此"办职业学校的，须同时和一切教育界、职业界努力的沟通和联络。提倡职业教育的，同时须分一部分精神，参加全社会的运动"，这就是他主张作为职业教育方针的大职业教育主义，这种"大职业教育"观没有否认克服职业教育实践中的弊病要从职业教育本身力求改进，但它的价值更在于引导人们看到职业教育并不是孤立的教育现象，而是与整个社会的政治、经济、民生问题紧密联系着的。

3. 成人教育学

成人教育学是对继续教育影响最直接的一个教育学分支，尽管成人教育学也和教育学一样，发展还很不完善，但也经历了一个比较漫长的历程。

据荷兰成人教育家杰·维·恩克维特考证，早在1833年就有一名德国文法学校的教师亚历山大·凯普杜撰出"andragogik"一词，用来描述希腊哲学家柏拉图的教育思想，这就是"成人教育学"一词的起源，不过柏拉图本人从未用过此术语。几年后，在德国著名的哲学家、教育家赫尔巴特的强烈反对下，这个词很快被遗忘，并销声匿迹将近100年。1921年，德国的社会学家尤根·罗森斯托克在给自己任教的法兰克福劳工学院的一份报告中再次使用了"成人教育学"术语，才逐渐使这个词得以起死回生。此后，成人教育学逐渐发展起来，比较有影响力的两位成人教育家是林德曼和诺尔斯，前者是美国进步主义成人教育哲学的积极探索者，后者是进步主义成人教育思想的勇于实践者。

（1）林德曼的成人教育思想

林德曼是美国当代最杰出的成人教育哲学家。他一生积极从事成人教育工作，著述甚多。1926年出版的《成人教育的意义》①（The Meaning of Adult Education）是林德曼的成人教育思想的代表作，该著作在20世纪80年代被美国大学教授提名为最具有影响力的两部成人教育著作中的一部，另一部就是诺尔斯的著作《现代成人教育的实践：从儿童教育学到成人教育学》②，甚至有人认为美国的"整个成人教育的实践结构主要建立在林德曼的1926年的这部作品的哲学基础上"。

在《成人教育的意义》一书中，林德曼将成人教育的特性归纳为以下四个方面，而且这些思想始终贯彻在林德曼的整个成人教育思想中。

首先，林德曼将教育设想为终身的一个过程。他认为，教育是生活的，预设的观念使学习过程陷入恶性循环之中。因此，应该放弃那些将教育归属于青年时期的学习过程的所有的僵化观念。在他看来，"整个生活就是学习，因而教育是没有止境的"③。

其次，成人教育具有非职业的特性。他指出，"成人教育应更确切地确定在职业教育停止的地方。它的目的是使人们的整个生活具有意义"④。在他看来，在成人教育中，工人们会比那些将知识仅仅作为点缀和谈话用的人能发现更多的价值，成人教育的任务就是帮助工人发现生活的意义和实现创造性，并使工人同高度的专门化所必然导致的个性的片面发展做斗争。

再次，在成人教学中，以情境为主而不是以课程为主，即林德曼遵循的便是进步主义教育家所倡导的"我们教的是儿童，而不是课程"的思想。在传统的教育中，要求学生调整自己适应已建立的课程；在成人教育中，课程是围绕着学生的需要和兴趣建立的。每一个成人根据其工作、爱好、家庭生活、社区生活等在特殊的情境中找到他自己，这个情境是需要调适的。成人教育是这样开始的：主题事物在需要的时候被带入情境，进入状态。论题和教师在这种形式的教育中成为新的、次要的角色，他们必须让位于学习者，学习者是首要重要的……这种教育的情境意味着学习的过程以一个给定的现实环境为开始，知识发挥其与现实相关的功能，而不是与抽象的事物相连。

最后，林德曼认为成人教育应以学习者的经验为学习的主要资源。如果说教育是生活，那么，生活也是教育。学习中大量的东西构成了对其他人经验和知识的代替。心理学告诉我们，无论如何，我们学习我们所做的。因此，所有真正的教育都将保持行为和思想的统一。

---

① E.C.Lindeman.The Meaning of Adult Educaton[M].New York：New Republie，1926.
② 诺尔斯.现代成人教育实践：从儿童教育学到成人教育学[M].蔺延梓，译.北京：人民教育出版社，1989.
③ E.C.Lindeman.The Meaning of Adult Educaton[M].New York：New Republie，1926：6.
④ E.C.Lindeman.The Meaning of Adult Educaton[M].New York：New Republie，1926：18.

林德曼指出，成人教育"不仅仅是改变成人的文盲状态，更为重要的是它是生活价值的全部结构的重建"。在他看来，成人教育的目的具有双重性。首先，林德曼主张成人教育的目的是发展成人的智力水平。他认为，"从心理学的角度而言，智力是学习的能力，是解决问题、利用知识适应不断变化的环境的能力"。[①]林德曼指出，由于生活和环境都在不断变化之中，这就要求人们善于适应各种变化。林德曼对于培根的"知识就是力量"的至理名言极为推崇。他认为，科学技术是战胜自然的重要武器，人们唯有在智力上持续不断地努力，才可以使人类与科学的发展并驾齐驱，并使人类的智力水平能够驾取自己的生活。他指出，"成人教育是我们的头脑清醒地吸收与力量等同的知识的重要手段"。其次，林德曼认为成人教育是改良社会的重要手段。他认为，个人和社会是有机统一的关系，虽然成长是生活的目的，但成长只有通过个体积极投入到社会生活中才可以实现。在他的一生中，他始终认为成人教育有助于社会的民主化，而且坚信"成人教育是一种改变生活的令人鼓舞的工具"。林德曼看到，由于资本主义社会中普遍存在的统治与压迫现象导致工人的反抗，引起社会的变革，从而带来很多"恶果"。所以，作为成人教育运动的最重要的组成部分的工人教育是工人用智力代替武力的最为重要的手段。他指出，成人"希望提高自己，这便是他们现实的基本目标。但是，他们也希望改变社会秩序，这样，充满活力的人们将创造一个使他们的愿望得到适当表现的新环境"[②]。林德曼还认为，"如果可以使成人教育自我改善的短期目的和改变社会秩序的长期的、试验性的，但又与绝对的政策相一致，那么，它将成为一种进步力量。改变个体使之不断适应变化着的社会——这就是成人学习的双重的但又是统一的目的"。[③]一言以蔽之，林德曼的成人教育理论既强调成人教育在发展个人的智力水平，促进个人成长中的重要作用，同时又强调成人教育在社会改良中的巨大作用。但是，从马克思主义的革命观来看，林德曼用"智力取代武力"就是放弃暴力革命，这种妥协主义有一定的消极影响。

由于受杜威进步主义教育思想的影响，林德曼极其重视经验，并将经验作为成人教育的基础。林德曼明确提出："如果教育即生活，那么，生活也就是教育。"[④]他认为，在成人教育中，"最有价值的资源是学习者的经验""经验是成人学习者的最有效的课本"。[⑤]林德曼指出，成人教育与传统教育不同，学习者自己的经验同样是教育的有效基础。所以，生活中的一切内容都是成人教育的课程，教育不应限制在学校教育的范围中，成人教育的目的是赋予各种经验以意义，而并

---

① E.C.Lindeman.The Meaning of Adult Educaton[M].New York：New Republie，1926：25.
② E.C.Lindeman.The Meaning of Adult Educaton[M].New York：New Republie，1926：166.
③ E.C.Lindeman.The Meaning of Adult Educaton[M].New York：New Republie，1926：9-10.
④ E.C.Lindeman.The Meaning of Adult Educaton[M].New York：New Republie，1926：54.
⑤ E.C.Lindeman.The Meaning of Adult Educaton[M].New York：New Republie，1926：10.

非是知识的简单的分门别类。而且，他指出，知识与不断变化的经验分不开，知识等于经验，真正的教育是思与行相联系的教育，"如果最有知识的人不能将他的所知变成他的生活的重要组成部分，那么，他依然是很无知的人"。

林德曼重视以学习者的经验为主的教育内容，但他更重视教学的方法。他认为，成人教学法的最重要的目的是培养成人具有运用于各种情境之中的一系列分析性的技能和技巧。因此，在林德曼看来，教学方法比教学内容更为重要。情境法是成人教育的最重要的方法之一，他认为，"最好的教学法产生于情境经验之中"，成人教育应以成人的工作、娱乐、家庭和社区生活等各种具体的情境作为出发点。在这种教育中，课本和教师发挥着新的作用，他们必须让位于具有重要性的学习者。林德曼指出，成人教育要求一种新的课本和新型的教师，但在传统的教育体系下，教师和课本都企图使情境符合课程，而事实上应该是使课程服务于情境。讨论法是林德曼所提倡的另一重要的成人教学法。林德曼认为，讨论并非只是简单的谈话，而是有组织的谈话。当讨论法被作为成人教学的方法时，教师不再是仅仅提出问题或者引诱学生得出教师预想的答案的人，而是提问题和解释问题的对话者、小组的发言人、培训个人加入小组的教练及组织和协调整个行动的谋略者。讨论的规则是经过讨论最终达成共识，而不是战胜什么人。而且仅有讨论是不够的，最为重要的是行动。另外，林德曼推崇的成人教学方法还有问题解决法和实验法等。

总之，林德曼的成人教育思想是非常丰富的，作为一位成人教育家，其影响是极其深远的。正是因为他丰富的成人教育哲学思想使他赢得了"美国成人教育精神之父"的美称。

（2）诺尔斯的成人教育思想

在美国的成人教育发展史上，人们往往认为诺尔斯是继林德曼之后的另一位美国当代最有影响力的成人教育家，他以提出"成人教育学"这一概念并使之理论化而在美国成人教育界颇有影响。

诺尔斯1935年大学毕业后，没能如愿进入美国海外服务处，他在麻州的国家青年管理部找到一份临时工作，担任训练部门的主管，主要的工作对象是失业青年，他的上司就是大名鼎鼎的林德曼。也就是从这里开始，林德曼成为诺尔斯从事成人教育的老师。诺尔斯曾多次说过，他和林德曼相处时间很多，林德曼的名著《成人教育的意义》对他后来的成人教育思想有相当大的启发和帮助。有趣的是，虽然林德曼早在1927年就已使用"成人教育学"一词，但让诺尔斯认识"成人教育学"概念的却不是林德曼。直到40年后的1967年，诺尔斯在和南斯拉夫成人教育学家杜桑·沙维斯维克的交谈中，第一次听到"成人教育学"这个名词及其含义，后经其吸收和采用，于1970年出版了自己的成名之作《现代成人教育实践——成人教育学和儿童教育学的对比》。①此书出版后,在世界上产生了广泛影响,在得到好评的同时,也遭到许多的批评。许多批评者认为,诺尔斯将成人教育学与儿童教育学对立起来是极其错误的。

作为20世纪70年代以来在美国颇有影响的成人教育家,诺尔斯虽然继承了杜威的进步主义教育思想的衣钵,但他的成人教育理论却和林德曼的有所不同。

诺尔斯认为,成人教育正在和将要产生影响的主要观点有以下四点:①由于知识的急剧增长和教育机会均等时代的到来,将成人教育的目的局限于传授知识便无所不能的信念已不能适应时代的要求。由于教育还没有被看作是一个终身过程,学校教给青少年的还是应当知道的东西,而不是教给他们怎样去发现问题。所以,诺尔斯认为,必须把成人教育的使命定义为"培养有能力的人,即能够把知识用于变化着的环境中的人""成人教育的使命之一可以从正面说成是帮助个人形成一种观点,把学习确实看成是一个终身过程,帮助他们获得独立学习的技能"。②成人教育的理论和实践应从注重教转为注重学。他认为,"教育是一个过程,一个帮助人们自学的过程"。③终身教育是各项教育事业的组织原则。他认为,在一个加速变化的世界里,必须把教育视为终身的过程。成人教育必须考虑向独立的探索者提供资源和支持。教师的职责必须从知识传递者的职责转变为独立探索的帮助者和支援人的职责。④向个人提供教育的新方法,以便他们终身得以尽可能随时随地地坚持学习。

诺尔斯认为,长期以来,人们一致认为儿童教育中所采用的原则和方法在帮助成人学习时也会有同样的效果。但是,随着实践经验的积累,随着成人教育研究和相关社会科学研究的知识积累,人们日益明显地感到,"成人不仅仅是长大了的儿童,作为学习者,他们具有某些特点,需要有与儿童教育不同的原则和方法"。因此,诺尔斯提出了与儿童教育学(此字是从希腊字"paid",意为"儿童",和"agogus",意为"领导或指导",两个字演变而来的)相对应的成人教育学(此字是从希腊字"aner",意为"成人",和"agogus"两个字演变而来的)的理论。诺尔斯认为"儿童教育学"是教儿童学习的艺术和科学;"成人教育学"是帮助成人学习的艺术和科学。但是,诺尔斯对儿童教育学和成人教育学之间的关系的认识有一个变化的过程。诺尔斯最初认为,两者之间是对立的、矛盾的关系。但是,他的这种观点遭到许多成人教育理论者和实践者的批评。后来的教育实践证明,将成人教育学的观点运用于对青少年的教育,有时也能产生极好的学习效果。因此,他将成人教育学定义为另一种有关学习者的模式,它可以与儿童教育学的理论模式同时运用。不过,在诺尔斯的成人教育理论中,诺尔斯将成人教育学依然作为与儿童教育学相对立的一种模式。

---

① 诺尔斯.现代成人教育实践——成人教育学和儿童教育学的对比[M].蔺延梓,译.北京:人民教育出版社,1970.

诺尔斯认为，成人教育学至少是以下列有关学习者的特点的理论为前提的，这些理论与传统的儿童教育学的理论大不相同。这些理论是：①儿童的自我概念是依赖型的，而成人的则变成独立性的。诺尔斯认为，成人的自我概念变成了独立人格的自我概念后，成人产生了一种深刻的心理需要，希望他人将自己看成是独立的人。因此，对教师来说，帮助成人形成作为学习者的积极的自我概念是至关重要的。②成人积累了丰富的经验，这些经验日益成为他们丰富而重要的学习资源。诺尔斯认为，成人从事任何事情都以他自身经验为背景因此，当他发现他的经验不被应用的时候，或他的价值被轻视的时候，他就不仅感到经验被丢弃，而且感到人被丢弃。③儿童学习是生理发展和学业压力之作用，成人学习则是为了扮演社会角色的需要。对儿童来说，教育基本上是一个积累知识和技能以用于未来生活的过程。因此，儿童倾向于带着学习书本知识的观点进入任何教育活动；而成人则有一种立即运用知识和技能的愿望，即对成人来说，教育是一个提高能力以应付生活中面临的问题的过程。④儿童的学习是以学科为中心的，但由于成人有各种各样的需要，所以成人的学习则是以问题为中心而进行。⑤成人的学习动机是为了自我的实现，是内在的。

诺尔斯关于成人教育学的理论就是以上述假设为基础而建立的，在以上这些假设的基础上，诺尔斯将成人教育学的过程划分为以下七个阶段：①形成一种有利于成人学习的气氛，其中包括适宜的物质环境和良好的心理气氛及教师行为。②创造一种组织结构，以便让学习者参与计划的制订。③诊断学习需要。④现成学习目标。⑤设计学习活动。⑥管理学习活动。⑦评价学习结果与再诊断学习需要。

另外，在诺尔斯的成人教育理论中，还极其强调学习合同。他认为，学习合同是一个可以使外部需要和期望与学习者的内部需要和兴趣得以协调的手段；学习合同可以使学习者通过参与诊断需要、形成目标、确定资源、选择方法、评价成绩等过程，可以把计划视为自己的东西，因而能够主动地负起责任。另外，学习合同可以使以工作为基础的学习者和工作监督人明确学习目标。总之，在诺尔斯看来，"在帮助学习者组织其学习上，它是一种非常奇妙有效的方法"。他认为，形成学习合同的步骤是：第一，诊断学习需要。第二，确定学习目标。第三，确定学习资源和方式。第四，确定完成日期。第五，确定成绩的证据。第六，确定如何判断证据。第七，与咨询员一起检查学习合同。第八，执行合同。第九，评价学习结果。

从以上论述中，可以归纳出诺尔斯的成人教育的主要原则：①尊重成人学习的自主性。②重视经验，并将经验作为成人学习的源泉。③强调成人课程的选择要与人生发展阶段任务相适应。④主张学习是内在过程，是学习者满足和力求达到目的的过程。⑤注重教育过程的设计，其中包括：师生共同创造良好的学习气氛；共同计划教学；共同阐明学习目标；共同设计教学方案；帮助学生完成学习计划；共同评价学习效果。

（3）林德曼和诺尔斯成人教育思想的比较

由于林德曼和诺尔斯同属于进步主义成人教育家，所以二者的成人教育思想有许多共同之处。首先，林德曼和诺尔斯都强调经验在成人教育中的重要性，二人都将经验作为成人学习的重要内容。其次，林德曼和诺尔斯都重视成人教育的方法。林德曼强调情境法、讨论法、问题解决法等在成人教学中的重要性；诺尔斯极其推崇问题解决法，主张成人教学应该以问题为起点。最后，林德曼和诺尔斯都主张教学是教师和学生共同协作的过程，主张学习者在学习过程中具有重要地位。总之，两人的成人教育思想有许多共同之处。

但是，由于林德曼和诺尔斯处于不同的时代，所受的哲学、心理学、社会学等思想的影响也不同，因而，二人的成人教育思想也存在很大的差异。

林德曼的成人教育理论形成的时期正是进步主义运动教育蓬勃发展的时期。进步主义运动作为资本主义条件下的文化重建运动，其目的是在资本主义已取得的巨大物质进步的基础上，推动社会的全面改善，创造出与物质繁荣相应的精神文化条件，重建遭到工业文明摧毁和破坏的社会价值体系，从而推动资本主义的顺利发展。正是由于20世纪早期是进步主义运动盛行之时，社会变革是其教育哲学思想的重要组成部分，因而，林德曼这位早期的成人教育家将社会变革作为其成人教育的重要组成部分。他认为成人教育的目的是双重性的，既强调个人的成长、发展，同时又主张通过成人教育来改良社会。然而，诺尔斯的成人教育理论却深受六七十年代流行于美国的存在主义哲学的影响。存在主义哲学把人的存在作为其基础和出发点，并将"存在先于本质"作为其哲学的基本论点，强调个人主观的"自我意识"之重要地位。另外，人本主义心理学对诺尔斯成人教育理论的形成影响也很大。以马斯洛和罗杰斯为代表的人本主义心理学将"最终关心和提高人的价值与尊严，关心每一个人天赋潜能的发展"作为其理论的基本原则，并将自我实现作为人的最高层次的需要，主张教育的总目的是帮助人成为他能够成为的最好的人，即将个人的自我实现作为教育的目的。正是受了以上理论的影响，诺尔斯相信个人从其天性而言能够决定自己的需要和目标，并相信个人生来会为自我实现而努力的，所以他强调成人教育对于个体发展的意义以及学习者的自主性等在成人学习中的重要作用。

从文化传统来说，个人主义（individualism）是美国人最基本的价值观念。在美国人的心目中，个人的价值，个人的权利、自由和幸福是最宝贵的。但在20世纪初期，美国传统的个人主义占据主流，它主张个人生活是公众生活的一部分，不将个人自由与个人权利绝对化，将个人利益与社会利益视为相互依存的整体，强调伦理目的和道德责任等。林德曼深受这种传统的个人主义观念的影响，并将其纳入他的成人教育哲学体系中。他认为，如果个人的自由和个人的学习不能保持在公众的道德观念的范围内的话，成人教育就毫无意义。他主张将成人教育和公民对公众事务的参与作为与经济繁荣和物质进步所带来的反社会、反文化的恶果做斗争的武器。然而，诺尔斯所处的时代，由于科学技术的高速发展，传统的个人主义受到极大的冲击，并逐渐失去其早期的含义。所以，这一时期的个人主义更强调个人的自由和个人的权利，并将自我利益作为行为的首要原则。因此，这种文化大背景下，对诺尔斯来说，成人教育的最重要的使命是促使个人的发展，即成人教育帮助个人通过自身的职业和生活方式实现自我是最为重要的。正如美国当代著名的成人教育家达肯沃尔德和梅里安所指出的，诺尔斯的成人教育哲学"关心的是人的发展，深信每个人的价值，坚信只要人们能够得到必要的信息和支持，那么他们就会为自己做出正确的决定。它认为当人和物这两种价值处于矛盾的时候，应当优先考虑人的成长而不是物的成就。它强调解放人的潜力而不是控制人的行动"[①]。

总之，从以上对林德曼和诺尔斯的成人教育思想的分析和比较中可以看出，二者的成人教育思想有许多相同之处，但也存在很大的差异。这一切从某种程度上揭示了20世纪以来美国成人教育思想随时代的变迁和文化的发展而发展和演变的历史轨迹。

值得肯定的是，这些成人教育学理念中强调经验、注重实际情境或者问题、注重成人性、注重教育对人、对社会的影响等思想，对继续教育有很重要的参考价值。

（四）心理学中关于继续教育的理论

长期以来，心理学和哲学被认为是教育学的两大支柱学科。以下一些心理学家对成人学习的研究做出了重要的贡献，同时也为继续教育提供了一定的心理学借鉴。

1928年，著名心理学家埃德华·桑代克的著作《成人的学习》[②]出版。桑代克用科学心理学的方法对成人智力是否随年龄增长而发生衰退的问题进行了研究。虽然他的新理论和测试方法有不少缺陷，但他的实验在西方被誉为成人教育理论研究的奠基石。

1954年，心理学家马斯洛发表了《动机与人格》[③]一书，提出了以需要层次为基础的人类动机理论。他认为，学习是人的最高层需要，学习就是为了自我实现，自我实现只有在成年方有可能。

20世纪60年代，成人教育著名学者霍尔率先研究成人学习动机，提出有关

[①] 达肯沃尔德，梅里安.成人教育——实践的基础[M].刘宪之，译.北京：教育科学出版社，1986：62.

[②] 桑戴克.成人的学习[M].杜佐周，朱君毅，译.商务印书馆，1933.03.

[③] 亚伯拉罕·马斯洛.动机与人格[M].陈海滨，译.南昌：江西美术出版社，2021.05.

成人学习动机倾向的定向理论,即成人学习以目标为导向、以活动为导向以及以学习为导向。这项开创性研究对成人参与学习和学习动机的研究产生了重大影响。

事实上,成人的心理成熟度决定了他们的认知能力、知识的迁移能力、学习的动机、空间思维能力、抽象能力、对概念的表征能力、对问题的解决能力、技能的学习能力及心理承受能力等方面与儿童是有差别的,这在发展心理学中有很多实验支持,主要表现在以下一些方面。

首先,就学习者而言,成人已经从依赖型逐步向独立性转变,以教师为中心的教学过程转变为以学习者为中心的学习过程。尽管成人在某些特定情景中可能暂时还会依赖他人的帮助,但这已经不占支配地位,成人在多数情况下能够进行独立自主的自我教育和自我完善。因此,学习者是成人教育教学中的核心,他的经验、需要、兴趣、动机支配着成人学习的一切。

其次,从学习者的自主经验所发挥的重要性上看,随着自己的成熟和发展,成人积累的经验越来越多。从建构主义心理学上来说,这些经验是他以后学习过程中的"抓手",并在进一步的学习中常常赋予从经验中所获得的知识以崭新的含义,而不是被动地获得知识。也就是说,新的经验和知识是在原有的经验和知识基础上的重新建构。

再次,从学习的准备性上来看,成人学习某种知识和技能是出于一种实际需要,比如,顺利地完成实际生产生活中的一项任务或者解决实际生活中的一个问题,因此,成人教育者的职责就是创造新的条件,提供便利的工具,帮助学习者弄清需要,然后完成任务或者解决实际问题。成人的学习计划应该围绕生产或者生活的实际需要来组织,尽量根据学习者所要求的步骤安排先后顺序。

第四,在学习的倾向性上,成人"学习者把教育看成是一个日益提高能力以充分发挥其生命潜力的过程,他们希望能够把今天学的任何知识和技能都能更加有效地运用于明天的生活中。因此,学习活动应当围绕着提高能力来组织。在学习方向上,人们以使用为中心"。

最后,从知识的迁移和技能学习上来说,成人普遍要比儿童顺利得多,一方面是由于成人的成熟度引起的,另一方面是因为长期积累起来的经验引起的,而且在判断问题和解决问题的时候,成人的失误次数一般要比儿童少得多,成功的概率要高得多。

从以上来看,成人的心理发展、生理发展特点以及实际需要都与儿童是不同的,这就启示继续教育工作者在日常教育、教学管理、课程的编排和设置、教学方式以及考评的方式等方面都要有一定的差别。

(五)社会发展观中关于继续教育的理论

可持续发展理论的形成经历了相当长的历史过程。20世纪50到60年代,人们在经济增长、城市化、人口、资源等所形成的环境压力下，对经济增长与社会发展的模式产生怀疑并展开讨论。1962年，美国女生物学家莱切尔·卡逊发表了一部引起很大轰动的环境科普著作《寂静的春天》[①]，作者描绘了一幅由于农药污染导致鸟类和生态环境毁灭性危害的可怕景象，惊呼人们将会失去"春光明媚的春天"，在世界范围内引发了人类关于发展观念上的争论。10年后，两位著名美国学者巴巴拉·沃德和雷内·杜博斯的名著《只有一个地球》[②]问世，把人类生存与环境的认识推向一个新境界，即可持续发展的境界。同年，一个非正式国际著名学术团体——罗马俱乐部发表了有名的研究报告《增长的极限》[③]，明确提出"持续增长"和"合理的、持久的、均衡发展"的概念。

"可持续发展"一词在国际文件中最早出现于1980年由国际自然保护同盟制定的《世界自然资源保护大纲》："必须研究自然的、社会的、生态的、经济的以及利用自然资源过程中的基本关系，以确保全球的可持续发展。"可见，可持续发展概念最初源于生态学，指的是对于资源的一种管理战略。

1987年，以挪威首相格罗·哈莱姆·布伦特兰夫人为主席的联合国世界环境与发展委员会发表了《我们共同的未来》[④]的报告，正式提出了"可持续发展"的概念，即"既能满足当代人的需要，又不对后代人满足其需要的能力构成危害的发展"。这个概念系统地阐述了可持续发展的思想，并以此为主题对人类共同关心的环境与发展问题进行了全面论述，受到世界各国政府组织和舆论的极大重视。1992年在里约热内卢召开的联合国环境与发展大会上通过了以可持续发展为核心的《里约环境与发展宣言》《21世纪议程》等文件，可持续发展的理念得到与会者的共识与承认。此后，"可持续发展"被广泛应用于经济学和社会学范畴，加入了一些新的内涵，是一个涉及经济、社会、文化、技术和自然环境的综合的动态的概念。

在中国，1994年3月25日，国务院第16次常务会议讨论通过了《中国21世纪人口、资源、环境与发展白皮书》，首次把可持续发展战略纳入我国经济和社会发展的长远规划。

在可持续发展理论的形成和发展过程中，世界各国既有思想上的认同，又有实践上的分歧。在认知层面上发达国家与发展中国家产生了空前的一致，这也是20世纪在所有涉及发达国家与发展中国家的国际问题的讨论中所绝无仅有的。

---

① 蕾切尔·卡逊. 寂静的春天 [M]. 吴静怡, 译. 北京：中国友谊出版社, 2019.
② 沃德, 杜博斯. 只有一个地球 [M]. 钮先钟, 译. 中山学术文化基金董事会, 1975.
③ 丹尼斯·米都斯. 增长的极限：罗马俱乐部关于人类困境的研究报告 [M]. 李宝恒, 译. 成都：四川人民出版社, 1984.
④ 世界环境与发展委员会. 我们共同的未来 [M]. 王之佳, 译. 长春：吉林人民出版社, 1997.

与此同时，人们也注意到，目前可持续发展的思想更多的是在发达国家中得到实践和探索，而在人类社会通往和谐发展的道路上，可持续发展概念的实施依然面对重重障碍。首先，南北不平衡是未来可持续发展的最大阻力。发达国家不仅通过两次工业革命获得了经济上的优势，而且在自然资源的占有和消费上达到了奢侈的境地。据经济合作与发展组织（简称经合组织，OECD）统计，美国每年人均能源消费量达到了全球平均水平的5倍。发达国家享有工业革命的利益，却又力图回避与逃脱自身对全球环境应负的责任。这也成为全球可持续发展道路上的绊脚石。2000年11月在海牙举行的20世纪最后一次《联合国气候变化框架公约》缔约方大会就因个别发达国家的阻挠而未能达成协议，使框架公约得以贯彻的前景变得黯淡。其次，就发展中国家而言，追求自身进步与发展、提高居民生活水平的权利无可剥夺。但是，发展是否应该沿袭发达国家的"样板"？这也成为通往可持续发展之路上的困惑。典型的美国发展模式——大量占有和奢侈消费自然资源、大量排放污染，是否值得广大发展中国家仿效？这不仅在发展中国家，而且在日本和欧洲等发达国家和地区，也都成为思考的热点。

正是由于对可持续发展理论的实践上的差异，导致产生了多种可持续发展的理解。与任何经济理论和概念的形成和发展一样，可持续发展概念也逐渐形成了不同的流派，这些流派或对相关问题有所侧重，或强调可持续发展中的不同属性。从全球范围来看，比较有影响的有以下几类：

第一类，着重于从自然属性定义可持续发展。
第二类，着重于从社会属性定义可持续发展。
第三类，着重于从经济属性定义可持续发展。
第四类，着重于从科技属性定义可持续发展。
第五类，被国际社会普遍接受的布氏定义的可持续发展。

在我国，可持续发展基本上是布伦特兰夫人的定义，但内涵已经大大发展了。在我国，可持续发展是指既满足现代人的需求又不损害满足后代人需求的能力。换句话说，就是指经济、社会、资源和环境保护协调发展，它们是一个密不可分的系统，既要达到发展经济的目的，又要保护好人类赖以生存的大气、淡水、海洋、土地和森林等自然资源和环境，使子孙后代能够永续发展和安居乐业。可持续发展与环境保护既有联系，又不等同。环境保护是可持续发展的重要方面。可持续发展的核心是发展，但要求在严格控制人口、提高人口素质和保护环境、资源永续利用的前提下进行经济和社会的发展。

不管可持续发展概念如何定义，其共同目的都是为了实现社会、经济、人口、资源、环境相互协调和共同发展，其发展的宗旨是既能相对满足当代人的需求，又不能对后代人的发展构成危害。也就是说，最终的关注焦点还是人的发展。为此，教育就成为不可忽视的一个环节。比如，联合国可持续发展文件《21世纪议程》

第36章《促进教育、公众认识和培训》开篇之首就提出，"教育、提高公众认识和培训几乎与《21世纪议程》各个领域都有关系，与满足基本需要、能力建设、数据和资料、科学以及主要群体的作用等领域的关系尤为密切"。这其实阐明了教育在可持续发展中的作用。接着在《朝向可持续发展重订教育方针》中指出："应当确认，教育（包括正规教育）、公众认识和培训是使人类和社会能够充分发挥潜力的途径。教育是促进可持续发展和提高人们解决环境与发展问题的能力的关键。基础教育是环境与发展教育的支柱，但应当把后者列为学习的重要组成部分。正规和非正规教育对于改变人民态度是不可缺少的，可使人民具有估计和处理他们关心的持续发展问题的能力。同时，对培养环境和族裔意识、对培养符合可持续发展和社会大众有效参与决策的价值观和态度、技术和行为也是必不可少的。为求实效，环境与发展教育应涉及物理、生物和社会——经济环境以及人类发展（可以包括宗教在内），应当纳入各个学科，并且应当采用正规和非正规方法及有效的传播手段。可见，包括继续教育在内的各类教育形式都对可持续发展有着不可忽视的重要作用。我国在各个时期制定的与可持续发展相关的文件中都对教育（包括继续教育）提出了相应的要求和指导。

（六）我国继续教育理论研究的现状

在全世界继续教育理论研究普遍不足的情况下，我国的继续教育理论研究也显得不够理想，几乎没有形成理论体系，大多还处在实践经验的总结方面和移植外国成人教育理论的阶段，主要表现在以下几方面。

1. 继续教育理论研究的深度不够

目前，尽管我国每个大学几乎都有继续教育学院，企业也有企业大学，以及社会上的继续教育培训机构和成人大学等都在开展继续教育业务，但这么多的继续教育机构却仅仅拥有五种继续教育学术刊物，分别是《继续教育研究》（中文核心期刊）、《继续教育》《继续教育与人事》（内部刊物）、《陕西师范大学继续教育学报》《中国口腔医学继续教育杂志》，而所出版的有关继续教育的专著更是凤毛麟角。这些期刊上的论文绝大多数是对继续教育办学实践的感性经验总结，很少有理论的高度提升，缺乏对继续教育的教育论、教学论、学习论在哲学、社会学、经济学、心理学等多角度和深层次的理性思考，也很少有经济学方面的实证研究。

2. 继续教育理论研究没有团队规模效应，研究的方法极其落后

继续教育协会本应成为继续教育工作者经验交流和学术交流的多功能平台，但由于继续教育协会的官方性质，使得协会成了为表彰业绩而交流实践经验和交流官样文章的政治论坛，继续教育理论研究基本上还是游兵散勇、零敲碎打式的，凭借的是个人的兴趣或课题开发的需要，未能形成继续教育协会中学术研究、学

术合作和学术交流的长效机制，也没有使继续教育的研究形成体系。

在研究方法上，几乎还是简单的文献方法和学者自己的凭空想象，几乎没有实证和定量研究，理论的信度和效度都难以经得住考验，因此，理论的推广度和推广面都非常小。相比之下，国外的社会科学研究确实比较注重实证和定量研究，这也是发展的潮流。"据美国学者 D. 贝尔的统计，从 20 世纪初到 20 世纪 60 年代中，世界范围内社会科学的重大研究，定量化的占了 2/3。"尽管继续教育研究属于社会科学，但其经济效益是最受关注的特征之一，因此，实证和定量化研究必须成为继续教育研究的重要研究方法。只有取得确实、可信的数据，才能使继续教育的利益相关各方充分信服，增强他们支持继续教育的决心，这样的继续教育理论研究成果才具有可应用性和实实在在的价值性。

第五节　运行环境：职业院校开展继续教育的环境

系统的环境就是"与系统组成元素发生相互影响、相互作用而又不属于这个系统的所有事物的总和"。说简单一些，环境就是系统边界以外的一切部分。但是，最关键的问题是，对开放系统来说，在很多时候会跨越边界不断与它的环境发生物质、能量、信息的交换，其边界非常模糊和不容易确定。因此，开放系统的边界多是假想界面或者名义界面，而不是真实的物理界面，而系统的环境也不一定是非常精确的，而且研究的目的不同，或者对于不同的研究者，同一个系统的环境也就会有所不同。也许另外一个定义可以更好地理解系统的环境，即"系统之外一切与系统具有不可忽略的联系的事物的集合"。环境是系统的外部规定性，环境决定着系统的整体涌现性，反之，在一定的环境条件下，系统只有涌现出特定的整体性，才会与环境相适应。随着环境的改变，系统会出现新的整体涌现性，以达成与新环境的依存关系。可见，继续教育的环境对于继续教育的顺利运行也是相当重要的。由于前文已经把国家和地方政府划分到了继续教育系统的物理层，把国家政策、制度等划分到了继续教育系统的规则层，其余与继续教育联系更加紧密的部分也就所剩无几了，最重要的也就是继续教育的市场和产业结构状况了。

一、继续教育的市场发展状况

40 多年来，继续教育在我国逐渐形成了一定的市场规模，但市场发展状况却差强人意，有一些问题直到现在仍然存在，这是职业院校开展继续教育的危机因素，主要表现在以下几个方面。

（一）市场发育尚不完善，市场管理极不规范

尽管继续教育在我国已经发展了几十年，全国也有很多大学设置有继续教育学院，有些成人大学也在开展继续教育，但继续教育的市场还非常稚嫩，缺乏规模效应，尚未形成完善的市场机制。就拿继续教育的投资机制来说，我国的工资制度仍然带有很强的刚性，偏好工龄，否定了教育作为个人投资的经济合理性。转型期间，劳动力市场和工资分配制度限制了人力资本价格机制的形成。"在这种情况下，无论个人教育投资还是公共教育投资都无法依据教育收益率进行有效的投资决策，并进一步影响到继续教育市场调节机制的形成。"而对继续教育的培训机构来说，高等院校、成人大学、企业的培训中心、社会培训机构等几乎都可以开展继续教育，它们要么有教育部的培训资格证，要么有人事部的培训资格证，要么有劳动部的培训资格证，甚至还有企业自己的培训资格证，国家对这些机构的资格认定没有统一管理，证出多门也给市场识别造成了混淆，不利于公众对继续教育业务的认识和区分。

（二）市场竞争激烈，市场竞争无序

相对于管理严格的普通教育，我国处于半市场状态的继续教育，竞争却显得非常激烈。一方面，仍保留着计划经济时期的政府机构指定培训机构的方式，这使得培训对象没有选择培训机构的余地，这样的继续教育机构生源普遍充足。另一方面，市场又要求继续教育机构之间进行生源竞争，有些公共关系较弱的培训机构则门可罗雀。而且，继续教育中的裙带关系、滥发证书等非正当竞争现象普遍存在，竞争的无序化使得培训机构没有公平竞争的空间，很难使继续教育产业化并实现真正意义上的市场化。

（三）培训层次低，课程缺乏特色

我国许多继续教育机构规模小，缺乏品牌效应，管理水平和教学水平低，课程内容缺乏针对性、缺乏吸引力；在教学方法上甚至不能摆脱普通高等教育的教学模式。课程没有差异性、针对性和实用性，教学方式不能关注继续教育对象的特殊性，制约了继续教育的质量和实际效果。

（四）市场潜力巨大，市场动力不足

从前面的分析可以知道，国际的经济发展形势、国内产业结构调整、统筹城乡发展等给继续教育带来了巨大的发展空间，无论是十大支柱产业中的工人还是农村劳动力的转移，都是需要通过继续教育来实现的，这都给继续教育的发展提

供了巨大的舞台。"鼓励和规范社会力量兴办教育。发展远程教育和继续教育，建设全民学习、终身学习的学习型社会。健全面向全体力动者的职业教育培训制度，加强农村富余劳动力转移就业培训。"①但是，我国劳动力市场和工资制度的缺陷限制了个人对教育的投资收益率，从而限制了个人对继续教育投资的积极性。同时，继续教育的低水平造成了继续教育作为企业人力资本投资的效率不高，企业往往不支持职工接受继续教育。以建设系统为例，1990年至1995年期间参加各层次继续教育的比例在40%以上的地区属较高的地区，相比之下，美国平均每位职工每年接受继续教育的时间为两周（10天），经费为2000美元，可见我国的继续教育与发达国家的差距较大。国外继续教育的重点在企业，特别是高技术的大公司是举办继续教育的最主要力量，"企业内继续教育在美国占50%，在日本占绝对地位，在原联邦德国占70%~80%，而我国很少有企业参与办学"②，可见，我国企业和个人接受继续教育的潜力非常巨大，只是市场动力不足。

二、我国产业结构的调整状况

产业结构的调整状况，直接影响继续教育的学员结构、学员层次和学员数量，这是影响继续教育市场最直接的因素，其中，学员的数量会影响继续教育的规模，学员的结构和层次是继续教育课程设置的重要依据，是科目设置和培训层次的重要依据。

回顾新中国成立以来的历史，为适应国内经济的发展形势和挑战来自国际的竞争压力，我国政府一直在进行产业结构调整，"工业学大庆、农业学大寨"以及近年来明确提出的产业结构调整的政策都是最好的证明。尽管"近年来国家为产业结构调整升级推出的引导激励政策一直没有间断，但这种产业结构的调整却更多地表现为政策的主导，企业的积极性并不特别鲜明"③。

长期以来，国际政治经济关系不平衡和国内经济发展的不平衡造成我国产业结构的不合理。改革开放以来，一些地方经济发展方式仍然没有得到根本性的转变，走的依然是一条依靠廉价劳动力、高能源消耗、高资源投入、高生态环境代价的外向型经济发展道路。这是一种以生产要素的低成本为依托、以"高耗能、高污染"为特征、以牺牲生态环境为代价的增长方式，是一种不可持续的经济增长方式。我国政府也不讳言，中国是制造大国，但"大而不强"，其原因在于：缺乏核心技术，处于产业链低端，附加值低；高耗能造成高污染，能源被浪费，

---

① 黄爱教.改革开放以来我国权利保障政策演进及影响因素[M].北京：知识产权出版社，2021：106.
② 赵霖平，范克危.论继续教育的市场管理[J].中国培训，2001（5）：29-30.
③ 李会.产业结构调整迎来主动契机[N].中国产经新闻，2009.

污染被留下；低水平重复建设严重，产能过剩，行业严重依赖国际市场；产业集群度低，产业链不完整。

2008年国际金融危机当中，我国受冲击最严重、经营状况最困难的，正是那些技术和管理水平粗放、低端、落后的行业和企业。国家从宏观层面调整产业结构，是实现可持续发展的经济增长方式的重要战略决策。其次，全球经济和金融市场急剧动荡对全球实体经济的冲击，是我国实现产业结构调整的外在原因。此次席卷美国的金融危机从局部发展到全球，从发达国家传导到新兴市场国家，从金融领域扩散到实体经济领域，给世界各国经济发展带来严重影响，置身于全球经济一体化市场体系中的中国自然也要面临这次经济危机的考验。

具体来看，可以把各产业的企业进一步细化为三类：第一类企业运行状况良好，有自主品牌、技术和核心竞争力。第二类企业遇到暂时的困难，从技术和产品来看，发展前景还比较好。第三类企业技术落后，产品没有足够的竞争力。国家针对三类企业采取了不同的政策：对第一类企业，政府应鼓励其采取不同的方式兼并其他企业。对第二类企业，国家需要帮助他们渡过暂时的困难。对第三类企业，政策的重点不是救企业，着力点是解决企业破产以后带来的问题，如职工的安置和就业。

第六节 继续教育的发展趋势

根据以上分析，今后继续教育将会有以下几个重要的发展趋势：①继续教育将走向多元化，面向社会、面向产业、面向基层、面向全民提供形式多样的教育服务。②继续教育将和学校学历形态的职业教育实现融合，形成职前教育和职后培训一体化的大职业教育体系。③继续教育将走向多功能化，实现教育功能、社会功能、经济功能、文化功能、闲暇娱乐功能等多种功能，此外，继续教育实际上还解决其他教育没有解决的遗留问题，比如，为解决本科大学生就业而进行的提高其实践技能的"回炉"教育，这也是继续教育的社会和经济功能。④继续教育将从趋同化发展向特色化和差异化方向发展。⑤继续教育的规模将继续扩大，但是，将更加注重内涵式发展和培训质量。⑥继续教育符合终身教育的理念，将会和终身学习的概念一样，有可能出现继续学习的概念。这表明，人们对知识和技能等的追求将会从被动走向主动。

第四章 破解继续教育之问

21世纪，世界发生了两个重大转变：一是从工业社会向知识社会的转变，二是随之而来的一次性学历教育向终身教育的转变，而这一革命性变化对教育发展无疑带来巨大的挑战，尤其是高等教育，毫无疑问，职业院校任重道远。对职业院校本身这个组织来讲，变革是大势所趋，也是异常痛苦的。它意味着职业院校要改变习惯的行为模式，"打破围墙"成为开放的组织，通过知识的溢出效应，成为社会学习的中心。从某种程度上讲，这种转变堪称人类高等教育史上的第二次"大学推广运动"，而继续教育应是这一运动的重要载体。

海外一批名校已经较早觉醒、较快行动，将继续教育、终身教育和本科生、研究生教育一样作为学校的历史使命，而且取得了引人瞩目的成效。而在我国，虽然一些职业院校已经开始启动，但遇到问题较多，迫切需要研究、破解和突破。

第一节 职业院校的困惑与挑战

如前所述，终身学习的巨大需求，使一个前景广阔的继续教育培训大好局面正在形成之中。毫无疑问，职业院校应该成为引领继续教育健康发展的主要力量。但现实情况是，职业院校继续教育系统在满足和适应瞬息万变的培训需求方面，并没有完全做好准备，挑战很大，困惑很多，改革和转型成为摆在我国职业院校继续教育面前的一大难题。目前国内职业院校的现状是，少数"985职业院校"，如清华大学、北京大学、上海交通大学、浙江大学、中国科学技术大学等较早意识到高端继续教育的重要性，率先在培养模式、培养内容、管理体制、运行机制等方面进行了探索和尝试，取得可喜的成绩，社会效益和经济效益均衡已显现；而绝大多数职业院校的继续教育还停留在学历补偿教育阶段，夜大、自考、网络、函授等依然在唱主角，与终身学习的特点和发展方向不相适应。因此，随着学历补偿教育的需求快速萎缩，这些职业院校的继续教育普遍存在后继乏力现象，发展方向不明，困难不少。

总体来看，认识片面、先天不足、体制不顺、管理不畅等问题，成为众多职业院校面临的共性问题，归结起来有以下几点。

一、认识误区

由于对继续教育内涵和价值的理解不当，社会以及职业院校内部普遍对职业院校继续教育存在误读，而这些认识上的误区往往会演变成职业院校继续教育发展的障碍。

误读一："继续教育无用论"。

目前，不少职业院校对继续教育的定位尚不明确，认为继续教育可有可无的声音不绝于耳。许多职业院校把本科生教育和研究生教育作为人才培养的重要任务，把继续教育狭义地理解为学历补偿教育，导致继续教育在职业院校内部长期处于边缘化地位；同时，继续教育的培养特点，决定了它在论文发表、科技成果申报、职业院校排名影响因子等方面与学历教育相比处于劣势，易被认为对学校贡献不够，也容易被忽略；另外，继续教育培养的对象主要来自广大的在职人士，其有偿服务的特点也与长期习惯于计划经济模式管理的职业院校不尽相同，表现在风险防范、人才激励机制、管控模式、营销渠道等诸多方面难度较大，这也是职业院校不太积极发展继续教育的重要原因。

误读二："继续教育低层次、低质量论"

继续教育相比较学历教育有以下不同。

①入学对象的学历层次、知识结构等方面不完全整齐，但工作经历、工作职位较接近。

②一般缺少严格的入学考试。

③面授和案例教学并重，更注重实际问题的解决，教学内容纯理论部分比重偏少。

④一般不把严格的考试作为最终检验手段，而代之以结合实际的论文、报告。

⑤考勤尺度相对宽松，主要是考虑学员都是业余学习，时间宝贵，便于学员选择最紧缺的知识点学习。

以上差异出现是由继续教育的特性所决定的：一是继续教育领域更应遵循"教育公平性原则"，符合条件的人都有到职业院校接受继续教育的权利。二是培养的目标学员学历差异客观存在，但学习需求目标是一致的，他们需要的知识是前沿的，内容是实用的，教学方式是灵活的，因此需要培养模式和手段上的创新。从学员评价上来看，培训创新的效果很受欢迎，这也是近年来继续教育能不断吸引高层次学员的根本原因。数据统计，非学历为主的高端继续教育的学员从平均学历、平均收入、参加学习的时间和频率等方面与在职人士很多学位班不相上下。

当然，良好的继续教育也应该建立起科学完善的质量评价标准，在教学过程和教学环节管理、考试要求、证书发放审核等方面都应坚持严格要求。但是，这决不意味着非学历继续教育要全部照搬、沿用传统学历教育的人才培养模式。

误读三："继续教育暴利论"。

职业院校继续教育学员有"三高"特点，高学历、高薪资、高职位，与此相对应的是对老师的要求也高。按照清华大学张光斗教授的说法，衡量一个教授还是不是合格教授，要看他能否胜任继续教育的课堂教学。平心而论，继续教育的优秀师资尚处于稀缺状态，授课报酬当然也高出同行。另外，继续教育一般要自负盈亏，高课酬加上全成本，为了达到财务平衡，往往继续教育的学费定价比一般的学历教育要高，因而给大众造成继续教育存在暴利的假象。现实情况是，相比较学历教育的"朝南坐"，继续教育的市场推广成本、研发成本、教务成本、人员成本及税收压力要大很多，且财务风险巨大，很多继续教育机构处在盈亏边缘，运营十分艰苦。

但也有些职业院校开展继续教育的目的过多考虑经济收益，对办学机构的发展关注较少，继续教育机构为完成财务目标疲于奔命，水平难以提高，在社会上产生不好的影响。

二、继续教育机构自身的问题

除了以上认识的局限，很多继续教育机构本身在运作过程中也存在不少问题。

问题一："出租品牌"。

由于历史原因，中国职业院校与市场的纽带相对薄弱，人才管理、财务控制、营销策划、风险承担等方面短板甚多。一些职业院校在尝试继续教育直接面向市场初期，无法克服人才、资金、市场等多方面难题，甚至出现经济亏损，因此，转而选择与社会公司开展各种合作。目前看来，合作一般有以下模式：

①市场营销方面合作。划出一定的市场推广费给社会机构，教学、研究等环节还掌控在学院。

②项目加盟。社会机构或专家个人研发课程，利用学院品牌招生，但教学和校友服务依然由学院完成。

③全面承包。把学院品牌承包给社会机构，课程设计、市场招生、教学服务等全部由社会机构负责，学院负责开具发票和收取管理费，其他环节较少介入。

前两种模式，如管控得当，尚可以把社会机构优势和学院优势结合起来。但很不幸的是，由于贪图管理简单，采取第三种"全面承包"的合作方式占据比例不小，包括国内多所著名职业院校。这种方式，从短期看，学院经济风险小，也很容易做大规模；但从长远看，学院丧失了对办学环节的控制权和监督权，社会机构在逐利性指导思想下，很容易导致招生、教学等环节出现各种事故。尤其招生不理想、经营压力大时，包括欺诈、卷款跑路等恶性事故都可能出现。前几年，媒体频频曝光的所谓"教育事故"，大多数都与"承包"有关。这些事故的出现，辜负了学员对职业院校的信任，影响了大学在公众中的形象，也会严重影响继续教育在职业院校的地位和发展。从2010年全国继续教育会议代表发言来看，若干著名院校在合作初期都有过惨痛教训。"全面承包"的方式实质是出租品牌，超出了教育行业的道德底线。

问题二：过分商业化、不诚信。

继续教育的需求非刚性，同时市场化程度高，从它诞生第一天起，就面临激烈的市场竞争，即使是著名职业院校也无法幸免。竞争推高成本，带来风险，因此，一些机构为了吸引眼球，扩大生源，夸大宣传，甚至虚假承诺。突出表现在课程内容和师资阵容上，常常拿名师做幌子，实际授课师资另换他人。这些做法久而久之引起社会普遍反感，引发信任危机。前两年闹得全国皆知的东北企业家状告某知名大学案就是这些情绪的典型体现，事件不光对百年学府影响很坏，对职业院校整体形象负面影响也很大。

三、职业院校的"先天不足"

除了以上认识和操作层面的制约因素外，限制职业院校继续教育发展的主要因素，还由于职业院校本身发展局限所致，突出表现在以下几方面。

不足之一：历史原因。

在计划经济体制下，学历教育形式的"管理知识"渗透率很低。1952年院系调整之后，全国具有管理学科的院校被划分为两大类，分别隶属于机械工程和财经两大系统。前者为行政管理部门和企业团体培养"从事经济建设工作的工程师"，如交通大学。后者则主要培养计划经济所需的宏观管理人才，如中国人民大学。因此，50年代和60年代初，整个管理学科教育为固定不变的计划经济服务，教学内容非常单薄，造成相当长一段时间我国企业出现管理断层，欠账太多。

改革开放之后，管理教育才作为一门学科真正在中国职业院校发展起来。由于前述原因，改革开放初期，中国职业管理者几乎绝迹，大部分企业的管理人才都是由营销人员、技术人员、行政人员转岗而来。因此，管理人员缺乏专业管理知识的现象很普遍，由此曾经出现过一段"管理学习热"。随着经济的持续发展，企业数量大增，市场化程度不断提高，管理人员需求量更大，需求层次更高。有关统计数据表明，我国有3900万家大中小企业，假定每个企业需要1~2位优秀的高层管理者或更多数量的基层管理者的话，其需求数量非常惊人。目前，国内设置管理类相关专业的大学有500所，与国外大学的管理教育以研究生层次、非学历教育培训层次居多不同的是，我国管理教育针对本科层次的管理教育比重较大，实践性不足。因此，国内职业院校目前的学历教育体系与企业需求吻合度差，培养能力也不足，很难完全满足中国庞大的市场需求。

不足之二：学历教育本身的局限。

由于相关法律规定及评估要求，全世界的学历教育体系大同小异，普遍存在课程体系完整、培养周期长、培养手段固化、教育内容成熟、教育内容共性化等特点，限制了最新的、独特的知识点出现在学历教育体系中。

如前所述，高端继续教育的对象主要是公务员、企业管理者和专业技术人员，培训内容除了通识教育外，还有专业领域及创新实务知识教育，最新知识讲授的比重很大。比如，PE知识系统培训，创业板开始前，国内几乎没有一家学院学历体系能系统讲授。但创业投资师课程早在2006年就在交大海外学院的继续教育课堂上开讲，截至目前累计培训专业人才已超过1500名。又如，股指期货2010年开始交易，但早在2004年继续教育课堂就开始培训主要面向衍生品交易服务的金融工程师课程，整整早了6年。又比如，我国银行业2009年大量开始推出针对高端客户的私人银行业务和理财业务，截至目前找遍国内职业院校学历教育领域还没有此类人才的专门培养体系，更不用说当时。但早在2004年，国内开设的注册财务策划师RFP课程就在继续教育市场招生，进行专业培训。从某种角度上讲，正是培训业的先行才推动了这个领域的大发展。类似案例，在现代连锁、商业零售、企业大学、高尔夫管理等行业都可以找到。

与学历教育比较，高端非学历教育具有课程开发周期短、针对性强、师资构成多样化，教学内容贴近实际、前沿性强，学员层次立体化，教学形式多样化等特点。因此，很多接受过学历教育的学员还需要不断回炉补充知识，某种程度上也是大学学历教育的局限性造成的。

不足之三：变革迟缓。

改革开放以来，中国企业在规模和水平上都出现了飞速增长，企业人才队伍和人才培养模式都发生了巨大而深刻的变化，但教育改革却显得滞后。改革的滞后，必然导致效率不高。2009年12月，教育部下属的中央教育科学研究所高等教育研究中心根据国际流行的"投入产出理论"，从职业院校资源利用效益方面来评价职业院校的绩效，发布了《中国高等学校绩效评价报告》。这份报告显示，在全国69所重点大学中，近半数职业院校在过去3年"投入多、产出少"，仅29所职业院校呈现"产出大于投入"的较高效益。且不论这份报告的投入产出指标选取科学与否，我们不得不承认，国内大学的投入产出率比较低，包括教室在内等硬件设施以及知识等无形资产资源的闲置情况比较多，教师的专业咨询能力与社会对接的程度不高，依然存在"大锅饭"现象。

职业院校改革进程的迟缓造成学历教育与社会实际脱节严重，以大量从学历教育为基础发展起来的继续教育不能满足社会需求也不足为奇了。而以贴近市场的继续教育为突破口，选取合理的继续教育管理体制，解决传统学历教育资源利用不高，教学、科研与社会脱节，智力资源浪费等现象，可能成为职业院校深化教育体制机制改革的抓手。

不足之四：政策不明朗，制约发展。

非学历继续教育作为职业院校继续教育领域的一种新型教育形式，相关法规政策也相对滞后，目前还主要沿用传统学历教育的法律法规进行管理，弊端显而易见。据清华大学一项针对 45 所普通职业院校开展非学历教育情况的调查显示，只有 4 所职业院校有专门的非学历继续教育管理部门，有超过一半的职业院校未建立专门的管理制度。具体表现为以下几种：①学校层面没有归口管理，处在自生自灭阶段。②"管办不分"，大部分职业院校的继续教育学院既是非学历继续教育的办学主体，也是继续教育的行政管理部门，矛盾重重。③管理模式僵化，职业院校继续教育没有突破事业单位管理体制，要么统得过死，没有活力，要么放任不管，容易失控。④责权利不清晰，事业单位机制与企业化运营的二元体制之间的不协调。总体来说，职业院校继续教育还没有建立起与市场经济相适应的管理体制机制。

第二节 继续教育机构如何适应市场需要

近年来，教育培训的需求越来越大，教育培训市场发展日新月异。特别是企业不再满足传统意义上被动接受教育服务角色，转而谋求主动，其中企业大学的大量出现是最好证明。

职业院校的继续教育如果不积极变革，适应市场变化，那么龙头地位岌岌可危。

一、继续教育的新亮点：企业大学的崛起

2011 年，美国训练与发展协会把良好学习工作环境首奖颁给了成立超过 30 年的美国知名汽车维修连锁店捷飞络。该公司每年服务 2200 万客户，为了保持维修工服务水平，不但成立企业训练机构，而且所有课程都获得美国教育委员会认证——全美只有 3 家企业符合这个标准，另外两家是星巴克和麦当劳。2011 年，捷飞络已有 2 万名员工参加学习，上课总课时多达 130 万小时。公司总裁斯图尔

默（Stucrum）认为，企业成功的关键之一，在于让员工流动率降到最低，而接受完整训练的员工，通常有较高的忠诚度。员工的学习与业务必须密切相关。

1988年，美国有400多所企业大学；2001年，企业大学超过2000所；2002年，超过2400所；2010年，美国企业大学数量首次超过传统大学。企业大学成为人才培养的主要阵地，GE的克劳顿村培养了170位500强CEO，超过大多数著名商学院。

从1998年中国建立第一所本土企业大学"海信学院"来算，2012年，中国企业大学达到1186所。而且其中许多规模很大，如中兴大学，员工人数超过200人，服务的学员超过7万人。富士康大学，每年的课时总量远超中等规模的传统大学。

企业大学的许多研究成果成为推动企业进步的主要力量，如现在广泛应用的平衡积分卡、六西格玛、企业流程再造、标杆学习等企业管理工具都由企业大学发明，影响力巨大。同时，企业在实际培训、学习过程中，创造了行动学习、混合式学习、电子化学习、游戏学习、移动学习、嵌入式学习、跨界学习、标杆学习、导师制度、学习社团等新型学习方式，彻底改变了职业院校传统的面授模式，掀起一种学习方法的革命。

因此，职业院校要想在教育产品的提供上充分满足企业的需求，必须依托学校雄厚的人力资本和专业积累，不断改革和创新。

二、职业院校继续教育机构的现状和面临的挑战

从具体开展继续教育的办学机构来看，除了继续教育学院，职业院校的专业院系也纷纷在开设培训课程。总体可以分为以下几个类型。

第一，商学院的高层经理培训中心EDP。

这是目前职业院校非常重要的继续教育机构。商学院EDP的优势在于，它以MBA、EMBA学位教育为依托，师资阵容强大，作为与商务对接的传统高端平台，社会认可程度高，收费也高。另外，由于MBA和EMBA的学位课程体系、主干课程大同小异，造成各大职业院校商学院的师资同质化现象严重，外聘专家偏少，课程体系以泛管理类为主。课程体系的开放度、新颖性、多样性不够，同时教授的来源以学院师资为主，稍显单一。

第二，从夜大学、成人教育学院、网络教育学院改制而来的继续教育机构。

由于原来的学历补偿教育业务萎缩，因此，它们在转型开展高端继续教育方面比较坚决，步伐也迈得较快，同时也开展各种形式的对外合作。特点是：业务量大，合作机构多、杂；师资来源广，但质量不够整齐；专业面宽泛，但形不成特色。同时，由于员工存在多种身份，市场意识和服务意识参差不齐，特别是尚有原来几种学院业务的"尾巴"，因此管理难度大。

第三,专业学院附属的培训中心。

这些机构在学科交叉方面或专业领域培训方面优势很强,如信息领域的管理培训和工程培训、制造业领域的正培训、法务领域的相关培训、人文类学院的国学培训、公共管理学院的公务员培训等,师资优势明显,课程设计的专业度,往往在各自领域影响甚大。但弱点也很明显,由于学院的品牌专属性太强,反而对跨领域的培训业务形成一个很大的障碍,这也是这些专业学院培训中心很难做大的原因。

第四,专门从事高端非学历继续教育的学院。

由于职业院校一些传统从事继续教育的学院,受计划经济影响的办学模式一时难以改变,于是一种面向社会和市场,以全新体制、用企业化运行管理模式的学院出现了,上海交通大学海外教育学院就是其中一所。

三、职业院校继续教育必须变革

大学诞生于中世纪,自 1900 年以来,世界上评出的最重大的 100 项科技发明中,90% 以上是大学教师做出来的。从大家熟悉的青霉素到计算机,都是在大学实验室内研制出来的。企业学习和培训的进步,并没有改变大学的智力地位,大学继续教育的变革应该依靠大学的相对优势展开。

职业院校要发挥学科交叉优势,注重创新培训。职业院校的学科优势是创新最好的源泉,斯坦福大学与硅谷的关系就是证明。创新包括技术创新、制度创新、园区创新。职业院校提供继续教育培训,要与一般的企业大学或培训组织错位,可以依托学校众多专家教授,涉足行业发展、经济远景、技术创新等方面,这将会对企业长远发展支持很大。

职业院校的教育培训产品也要以解决实际问题为目标。有人认为,培训无论如何,都对企业有益,给员工带来进步。其实不然,培训也会走进"学得无助感"误区,如果员工接连不断接受培训,工作绩效却始终没有改善,他就会对培训失去兴趣甚至排斥培训,这就是学得无助感症状。造成这种现象的原因在于:培训过度,学习不足。培训与学习的区别在于:培训被动,学习主动;培训以讲师为中心,学习以学习者为中心;培训对应的是一门门课程,学习对应的是一组组学习活动;培训是与工作分离的,学习与工作紧密相连;培训不以解决实际问题为目的,学习主要目标注重实际问题解决。通常情况是,职业院校继续教育产品通用性很强,针对性不足,尤其在解决实际问题方面存在缺陷,需要变革适应。解决好这个问题的职业院校教育机构发展速度非常惊人,如连续 9 年排名定制课程全球第一的美国杜克大学 Dukece,聘请全球的实务专家和大学教授共同组成智库,以设计提供解决企业实际问题的培训为特色,大受欢迎,成为企业最受欢迎的职业院校培训机构,也是职业院校的学习榜样。

职业院校要切入企业的长期发展战略中。斯坦福大学有一个非常成功的"企业会员制",与近百家跨国公司建立长期的培训合作关系,与很多企业的合作关系已持续一个世纪,获得双赢。斯坦福不仅提供各类培训服务,而且有专人关注伙伴企业的战略规划、人力发展计划等,并随时调整培训内容。从某种程度上讲,他们还充当了企业的员工发展顾问、业务伙伴和变革推动者的角色。这也是需要我国职业院校学习之处。

注重校友服务的高质量和延展性。路易斯安娜大学有200位专职人员从事校友会工作,关注每一位校友毕业以后的职业发展动态,大大增强了校友与母校的黏度。因此,其校友捐赠一直位居美国大学前列。中国大学校友服务工作差距不小,常常是几位专职老师对应十几万校友,工作很难深入。继续教育机构的校友工作,相比较大学内部其他机构投入要大得多,但依然存在很大提升空间。

第三节　政策建议

一、呼吁职业院校重视、推动继续教育发展

目前,全国把继续教育明确列为学校使命之一的职业院校寥寥无几,各级政府和教育主管部门应该加强引导,呼吁职业院校改变对继续教育的看法,将继续教育列为学校使命之一纳入学校整体人才培养体系中,提升继续教育在学校的地位。

二、中央和地方政府制定税收、财政等支持政策

国家对学历教育的财政支持和税收优惠已成为社会共识,但对继续教育的支持政策是空白。因此,政府机构应在税收、财政等政策制定方面加强对继续教育机构的扶持,鼓励和支持职业院校继续教育的健康发展。

同时,通过财政手段支持和鼓励全民积极参与终身学习。

香港特区政府通过财政拨款,允许接受继续教育的市民可以申请80%的补贴,这样的举措激发了香港市民积极参与继续教育的热情,让香港成为全球继续教育程度化最高和全球人力资源竞争力最高的城市之一。因此,可以仿照香港,通过财政补贴和优惠等财政手段鼓励全民参与终身学习,为终身教育体系构建和学习型社会建设服务。

三、大学排名中引入继续教育指标提高继续教育地位

目前，在各个大学排名指标体系中，尚未引入有关继续教育的指标，也没有专门的继续教育排名，这也是导致国内职业院校对继续教育的重视程度不足的原因之一。应尝试将继续教育指标引入大学排名中。

四、开放包容给予职业院校继续教育充分的探索空间

允许职业院校根据自身实际，探讨建立自主灵活的、适合教育和市场"双规律"的管理体制和运行机制，给予办学机构自主权，避免对培训内容和形式过多干预。

严格区分传统学历办学和非学历办学，在资源占用、财务管理、人事管理上有效划分，避免混乱。

制定鼓励继续教育机构人员参与职称晋升、科研成果评奖政策。为调动继续教育机构工作人员的积极性，真正提升继续教育在职业院校内部的地位，应改变对继续教育机构教师和管理人员参与职称晋升、科研成果评奖政策的歧视政策，一视同仁，真正促进继续教育机构的人才队伍建设工作。

五、鼓励在继续教育层面构建多层次的国际合作体系

目前，我们国家对中外合作教育和培训项目审批权限过于集中，建议制定政策积极鼓励和放开继续教育层面的多层次国际合作体系，为继续教育的国际合作创造一个更为宽松的环境。

第五章 新时代职业院校高学历继续教育的转型

第一节 职业院校继续教育转型的理论基础

一、终身学习理论

"终身教育"一词最早是在1929年由英国成人教育学者耶克斯利提出来的,其理念兴起于20世纪60年代末。1965年,第三届国际成人教育促进会在巴黎举办,主办单位是联合国教科文组织。其间诞生了终身教育思想,这一思想来自法国教育家保罗·朗格朗,他系统地阐述了终身教育的原则。

保罗·朗格朗的终身教育概念包括两个方面:(1)终身教育是一个人从婴儿开始,经历少年、青年、老年直到死亡,这一生所接受的教育;(2)终身教育是个人教育和社会教育的统一体。

国际成人委员会对此教育理念表示了充分的认可,联合国教科文组织也给予了充分支持。终身教育作为一种学习活动,贯穿人一生的教育理念,为人们的终身发展观念提供了有力的引导依据。

社会成员在其人生中的任何阶段都应获取所必备的职业技能与生活知识,并可以应用在所需要的场合中。终身学习具有灵活性、持续性、全民性特点,地方本科职业院校继续教育可以作为一种重要的载体,利用自身丰富的资源优势吸纳更多社会成员参加正规有效的教育及培训活动。由此可见,终身学习理论是地方本科职业院校继续教育转型发展的重要理论支撑。随后,1972年,国际教育发展委员会主席埃德加·富尔主持撰写的调查报告《学会生存》中表示:"终身教育包括教育的一切方面,包括其中的每一件事情,整体大于部分的总和。换言之,<u>终身教育并不是一个教育体系,而是建立一个体系的全面组织所根据的原则</u>。"[①]

---

① 联合国教科文组织国际教育发展委员会.学会生存[M].华东师范大学比较教育研究所,译.北京:教育科学出版社,1996.

因此，终身教育是指一个人从出生一直到生命终结期间不断学习和发展的过程，是教育在人各发展阶段的有机联系，也是社会中各教育形态之间整合的一种完整体系。

终身教育理论是社会发展需要的重要产物，它推动着社会不断向前发展。终身教育理念给地方本科职业院校继续教育发展提供了有力支撑，是整个教育体系不可分割的部分。对地方本科职业院校来说，终身教育具有它独特的属性，它强调教育在各区域的多样性。因此，终身教育理论可以作为地方本科职业院校继续教育转型发展的理论依据。

二、社会转型理论

在当今社会迅速变革发展的关键阶段，政治、经济和文化的协调一致转型要求职业院校继续教育的发展革新，深层次的社会变迁就是社会转型，职业院校要对其继续教育进行转型，必然要以社会转型作为重要的参考依据。

社会转型理论是西方社会功能结构学派现代化理论的经典思想，是指人类社会从传统型向现代型的转变，包括社会物质与精神文明的转变。如人类社会从农业社会转向工业社会，再由工业社会转向知识社会，就是社会转型的典型体现。

社会转型是人类知识与技能的创新发展引起社会结构整体变动而成的，社会转型的具体内容包括社会结构、政策制度、运行机制等方面的更新。社会转型是人类社会进步发展的必然选择，社会转型会引起人们价值观念、生产动力、生活方式等诸多方面的革新，改变社会结构，促进社会的现代化发展。

通过对社会转型理论的内涵解读，我国地方本科职业院校继续教育转型的教育变革是多维度的，其肩负着社会多种类型转型发展和结构变迁的光荣使命，社会转型理论对探究职业院校继续教育转型实践有着十分重要的意义。

三、人力资本理论

有着"人力资本理论之父"称谓的美国闻名经济学家西奥多·W.舒尔茨（W.Schultz）于1960年在《人力资本投资》[①]的主题中发表演讲，他确切地指出，国民经济要想实现持续增长，就必须借助人力资本。主要观点有：

（1）人力是一种资本，在经济社会发展中，劳动者的知识与技能起到决定性作用。

（2）人力资本需要投资，教育就是众多投资中重要的一类，它提升了人力资本质量，培养了高质量人才。

---

① 舒尔茨.人力资本投资 教育和研究的作用[M].蒋斌，张蘅，译.北京：商务印书馆，1990.

（3）学校教育和在职培训通过提高人力资源质量水平，有效地促进了社会经济增长。

（4）经济增长中，人力资本的收益远远大于物质资本。

从人力资源开发视角上看，人力资本理论对地方本科职业院校继续教育转型发展的影响表现在四个方面：

（1）地方本科职业院校继续教育转型发展必须坚持学校办学效益和社会发展效益并行提高。在市场经济发展下，职业院校继续教育应该坚持职业院校办学服务社会的基本职能，摒弃功利化办学模式，不能因财务收入而盲目扩大办学规模，把教育当作谋求利益的工具，坚持经济效益与社会效益相融合、相协调发展，使职业院校继续教育不偏离社会文化的发展要求。

（2）地方本科职业院校继续教育转型的目标在于更为科学地对社会成员进行培养，满足他们对知识更新、技能培训的需求，实现社会效益最大化，推动社会进步。

（3）地方本科职业院校继续教育转型的核心要素是人力，这也符合我国致力构建学习型社会与人力资源强国的诉求。

（4）社会转型的执行者、终身教育活动的对象都是社会成员。因此，人力资本理论的基础是必不可少的。

地方本科职业院校继续教育职业培训的功能属性实质上就是人力资本积累的一种过程，是高层次职业教育体系建设对促进经济社会发展的重要内涵的体现。

综上所述，人力资本理论内涵所涉及的人力资本质量、人力资本投资、人力资本与社会发展的关系等内容可以为地方本科职业院校继续教育转型发展提供理论支撑。

第二节　职业院校继续教育转型影响力场分析

职业院校继续教育在转型过程中无疑会遇到转型的有利因素和不利因素，如何根据各地具体情况制定适宜的办法，及时制定法律，识别转型时会出现的困难与情况，在向学习导向为主体的终身教育转型之路上，协调各方力量、各项因素的博弈，从而确保职业院校继续教育不仅有型可转，而且转之有方、转之有效。

第五章 新时代职业院校高学历继续教育的转型

一、职业院校继续教育转型过程中的驱动力力场

（一）社会需求的拉动力

目前，我国社会正在飞速发展。在社会学意义上，我们可以称之为社会转型。这种转变包括经济形式的根本性转变、科技的不断创新和政治体制的不断改革。教育作为社会的一个分支，与社会和其他分支有着极其复杂的联系。社会的发展要求教育服务，社会制约着教育的发展和变化。这是社会发展的基本规律。教育，包括职业院校继续教育，必然会受到社会不断变化的影响。职业院校继续教育是以发展为动力的，职业院校不断转型也是时代的潮流。

1. 从我国经济形态发生根本性的改变来看

我国经济形态已经从改革开放前的计划经济体制转变为改革开放后的市场经济体制，从大胆自由的经济增长方式转变为集中简约的经济增长方式。随着市场经济发展，对社会需求较少的学科进行适当调整，逐年减少，直至取消最终招生计划。我国职业院校继续教育应紧密配合国家经济发展战略和社会发展需要，稳步发展学术性继续教育，大力发展非学术性继续教育，积极发展城乡社区教育，重视农村、边远贫困地区、民族地区和条件艰苦的行业群体等社会成员的继续教育，促进教育的公正公平。

2. 从我国科学技术的不断革新方面来看

今天是知识主宰经济的时代。随着人们感知到的知识量的增加，还有一个本质的飞跃。只有不断学习，才能触动时代的脉搏。现代化、网络化、智能化已成为现代信息技术的主流发展前景。它不仅改变了我们的生活，也深刻地改变了我们的学习方式。这就给传统的教学方法和教学思想带来了新的挑战和革命性变化。

现代信息技术融入职业院校继续教育之中时，人们的教育将突破必要的课堂，打破职业院校继续教育的时空限制，使在职业院校接受继续教育的学生有良好的学习能力。脱离环境的限制和自主的学习时间可以扩大招生范围和教育范围，提高教育效益。可以说，现代信息技术水平已经成为推动职业院校继续教育发展、促进职业院校继续教育转型的重要力量。

3. 从我国政治体制的改革发展来看

建设人民自由度高、法制相对完善、社会劳动效率高、人民生活活力充盈的社会主义民主法制社会是我国政治体制改革的最终目的。这一目标的实现不仅可以为经济发展提供有力保障，而且可以为职业院校继续教育的改革和发展提供有力支撑。当今社会正从传统的伦理社会向法制社会转型。在构建法学理论建设过

程中，一大批立法、司法、执法监察等相关专业的高素质人才不可或缺，这需要职业院校继续教育部门的全力配合。同时，在法治社会建设过程中，在法律完善的前提下，国家法律为职业院校继续教育提供了有效保障。开展职业院校继续教育法制化进程是保证职业院校继续教育顺利转型、解决转型后问题的首要条件。

（二）终身教育的牵引力

对世界各国经济社会的发展进行研究发现，人力资源和科技进步始终是推动经济社会发展的重要力量。现阶段，我国社会正处于转型发展的关键时期。随着社会主义市场经济的蓬勃发展和各项制度的逐步建立和完善，教育不可或缺的因素正逐步进入市场化发展的浪潮，成为市场经济发展的重要动力。

在竞争日益激烈的今天，注册和毕业的非学历高等教育数量不断增长，成人高等教育的毕业生数量增长缓慢，说明人们对知识的关注程度高于文凭。现代社会的发展要求职业院校继续教育对原有的规章制度进行质的变革。不断创新和完善职业院校服务市场经济的模式是职业院校的必然要求。职业院校继续教育更多的是一种终身教育。在这一领域下，建设学习型社会的目标将是适应现实发展的需要，实现教育功能的创新，满足终身教育的需求，使职业院校继续教育可持续发展，获得更广阔的发展空间。

（三）教育竞争的外推力

物竞天择，适者生存。在一个高度竞争的社会里，不改变，就很难谋求发展。只有提高效率、收益和声誉，才能在快速发展中保持优势，在竞争环节取得胜利。

现阶段，职业院校继续教育的竞争表现形式一般包括职业院校继续教育的相互竞争、职业院校继续教育与高等教育的相互竞争、高等学校的继续教育和其他类型继续教育的相互竞争。

1. 职业院校继续教育与普通高等教育之间的竞争

长期办学、条件优越与经验丰富是普通高等教育的优势和特点，也是其竞争力所在。然而，由于受到内部资金、条件和影响等因素的限制，职业院校继续教育要想占据高等学历教育的优势是非常困难的。

2. 职业院校继续教育之间的竞争

不同职业院校继续教育呈现出相异的背景特征和学校特色，如何在竞争中不断借鉴优势、规避不足，最大化发挥本校继续教育的社会作用是各职业院校继续教育竞争的主体内容。

3. 职业院校继续教育与其他继续教育类型之间的竞争

职业院校继续教育与继续工程教育、职业教育和市场培训之间都有着竞争关系。依托高等学校的办学条件、资源实体和生源优势，职业院校继续教育有着最大的竞争特点，也是其在教育领域的重要竞争因素。

随着教育竞争时代的到来,职业院校继续教育要在第一时间调整战略目标和实施战略,实现科学转型,疏通渠道,逐步整合,在激烈的竞争中保持自身优势。

(四)教育红利的内驱力

对于职业院校继续教育的转型,作为一种教育中介,一种以人的投入和产出为基础的制度组织,利益的追求集中在追求教育红利上。

所谓教育红利,是人力资本通过人口投资形成的"报酬"。职业院校继续教育所能产生的教育红利是人力资本教育投资所产生的社会效益、经济效益和人才效益。可以说,职业院校继续教育的教育红利是持续推动其发展的内在动力,在激励中发挥着关键作用。

职业院校继续教育作为终身教育体系的中坚力量,有责任加强高等职业教育与社会职业培训的融合,把优质教育资源与市场资源有机结合起来,开展高端继续教育和职业培训。在职业院校继续教育中,只有充分发挥桥梁和纽带作用,完善我国国民教育体系和社会终身教育体系,不断提高自身的市场竞争力和市场价值,才能在竞争激烈的市场中占有一席之地。在后期的很长一段时间内,只有获得社会需求驱动力、终身教育牵引力、教育竞争外推力和教育红利这四大基本驱动力,职业院校继续教育的转型发展才能在特定阶段收获非常重要的转型成果。

二、职业院校继续教育转型过程中的抑制力力场

著名经济学家樊纲认为,改革真正的难点问题就是克服阻力的问题。转型就表示原先的平衡受到了某种程度的干扰,在这个过程中必然会遇到各种制约。教育改革也是如此。在转型过程中,职业院校继续教育会遇到多重制约,主要表现在如下四方面。

(一)传统思维的阻滞力

文化在不同时代和环境中有先进性和落后性,只有先进文化才能在社会发展过程中发挥作用。

中华民族绵延五千年,创造了极其辉煌的文化瑰宝,为我们留下了非常宝贵的精神财富。如自强不息、艰苦奋斗;勤劳智慧、艰苦奋斗;爱国爱民、仁政德治;诚实谦虚、敬业快乐;诚实正直、舍己为人;上善若水、尊重自然,等等。同时,中华民族也是一个以农耕文化为主导的传统农业国家。这种在农耕文化中发展壮大的民族必然具有保守、古老的特点。

我国传统文化所包含的保守性和不易改变性在某种程度上阻碍了现代化进程,进而影响了改革的顺利开展。这些都会在很大程度上变为职业院校继续教育转型过程中的文化约束。我们需要注意的是,由于传统社会文化存在于社会成员的心灵深处,对其影响一般是持久而深刻的,是变革中最难跨越的台阶。

（二）路径依赖的惯性力

在我国，大学继续教育制度建立之初，主要遵循普通高等教育模式，注重基础知识体系的教学，强调正规办学模式，注重对学历的追求。这些形成的特征具有很强的惯性力。作为一种转型困难的趋势，它引导着整个大学继续教育体系的内在路径，并对后续的继续教育产生影响。

在教育教学活动的组织上，职业院校也忽视了网络教育自身所具备的特征，有意无意地忽视了网络教育的技术条件、环境和学习者的需求。网络教育课堂几乎完全照搬了传统课堂的教学模式。在终身教育的社会形势下，职业院校继续教育的生存环境正在发生变化。继续教育工作者迫切需要适应新的要求，实施转型改造。然而，随着奖励的增加和自主强化机制的作用，所建立的模型已转化为强大的惯性力。过去，它推动了大学的继续教育体系，与独特的路径相比，遵循现有的模型更为方便和低风险。路径依赖的存在是影响改革和发展的重要方面，在很大程度上阻碍了职业院校继续教育的转型和发展。

（三）组织停滞的拖延力

组织是以社会生活的具体要求为基础的。人们按照一定功能和利益形式形成一定层次和结构的实体；组织具有目的性、功能性、社会性等自然属性，能够在组织中发挥集体作用，应对外部变化。职业院校继续教育活动的开展离不开职业院校的统筹规划和监督。职业院校作为培养人才的教育组织，与社会上其他组织一样，在发展过程中，由于缺乏与时俱进的学习能力，必然会出现组织停滞现象。职业院校继续教育机构停滞集中表现为以下方面。

1. 职业院校办学目标定位模糊，特色品牌意识淡薄

一般情况下，职业院校没有注重质量和品牌，办学没有将特色表现出来，也没有制定明确的发展目标。

2. 职业院校继续教育机构设置冗余，组织结构庞杂

在某些职业院校中，其继续教育存在人员庞杂、分工模糊、岗位责任制不明确、沟通存在障碍、多人难以协调等问题。

3. 职业院校继续教育管理程式守旧，激励机制缺失

具体表现：管理过程以旧形式的内在经验为指导，管理体制僵化，强调教育效果，不强调教育过程，约束学生、劳累学生，无法落实以人为本，难以实行人性化管理。学校内部气氛不可避免的紧张，教师和学生的积极性和创造性受到打击，对学校管理的不满意是必然的。

4. 职业院校继续教育教学模式传统，师资资源落后

身为学校组织成员中关键的人力资源，教师的思维转换在很大程度上需要紧

跟时代的变化速度。然而，有些教师对传统的教学模式非常熟悉，以至于无法积极主动地进行创新，没有树立终身学习的理念，更不愿意工作时重新学习和运用现代信息技术，对教学方法与手段进行改进。有的教师更是思想保守，乐于保持现状，容易在组织领导的决策中造成失误。

作为变革的对象和主体，在变革中，组织决策起着非常重要的作用。如果组织思维不能跟上时代的步伐，职业院校继续教育改革进程将会受限，职业院校继续教育转型就无法顺利进行。

（四）个体定式的惰性力

所有改革都需要人加入其中。一直以来，人类活动都处于各种改革和发展的过程中，同时会在很深程度上影响改革过程。无论是改革思路的出现，还是改革方案的实施，继续教育的转型在职业院校发展中也不例外。职业院校继续教育转型过程中，思维的惯性和个体的理性活动导致行为滞后，必将成为职业院校继续教育转型过程中的一大障碍。个体定式的主要表现为以下几方面。

1. 惯性定式

人的习惯不仅是人们生产生活实践经验总结的结果，而且是持续自我行为的约束和标准。一个人一旦养成了某种习惯，他就会经常把过去养成的习惯应用到现实生活中。当遇到与以往习惯类似的事情时，他往往会忽略时间、环境和原因的变化，选择用传统思维惯性来应对。一旦超出了习惯范畴，个人往往会有很强的抵抗力和维持习惯的惯性。然而，转型的首要因素是打破过去习惯的平衡，这样必然会遇到思维惯性和思维保持的障碍。

2. 知觉定式

人们不能够感知到世界上五彩缤纷的事物，相反，他们倾向选择其中一些作为感知对象，并且人们对所选对象的存在有清晰的感知，而其余的被用作背景，只产生模糊的感知。感知的选择性使人们能够专注自己正在做的事情，避免与外界联系时不必要的干扰。然而，在许多情况下，通过个人经验和兴趣立场的选择性感知可能会阻止人们发现现状中的不足。职业院校继续教育的转型伴随着经济、社会和信息技术的发展。随着学习型社会的建设和终身教育体系的构建，一些人即使意识到这些问题的紧迫性，也无法迅速做出反应，及时学习研究，找到解决问题的方法，甚至由于感知的选择性，无知或不自觉地忽视或视而不见有助于发现和解决问题的线索。

3. 安全定式

任何改革往往伴随着角色的转换、工作任务的调整和利益的重新分配，这通常意味着用已知的模糊和不确定性代替，往往给人们的未来带来不安全和紧张。人们一般喜欢熟悉的事物，不喜欢未知的事物，所以要保证自己的安全。

职业院校继续教育的转型关系到现代教育教学方法和管理运作的重大变革。有些人担心将来能否适应新的工作和新的工作要求，以确保自己的安全。当然，也会有一套抵制变革的规则。

职业院校继续教育转型的发生和发展，其方向、进程和速度是由力的变化所决定的。力场领域各种力量的构成要素从根本上影响了职业院校继续教育的转型进程。职业院校继续教育管理者的任务是积极采取措施，通过不断增强驱动力和弱化约束力，改变两股力量的反补贴力量促进职业院校继续教育平稳过渡。

第三节　职业院校继续教育转型的目标取向和原则

职业院校继续教育转型主要是指职业院校继续教育从发展战略到发展思路、从办学体制到办学机制、从办学模式到办学内容、从办学理念到办学策略等方面实现全方位、多层次、多角度的转型，以此实现推动我国终身教育体系与构建学习型社会发展的战略目标与社会需求。这种转型是从一种继续教育办学类型向另一种继续教育办学类型转变、优化的过程。

一、职业院校继续教育转型的目标取向

（一）从传统阶段性教育转向适应终身教育体系构建

传统的继续教育一般集中在学历教育和职业技能提升方面。终身教育作为一种与时俱进的新理念和新思维，已成为欧美发达国家教育政策和世界教育改革的主要方向与主要驱动力。人们越来越认识到教育不再是一次性的、最后的过程，而是存在于生命的整个过程。仔细研究 21 世纪之后我国教育思想的改变，最关键的是要突破传统的学校教育思想，明确提出终身学习和终身教育的理念。就我国整个教育体系而言，仍然是以正规教育为基础的，体现终身教育思想精髓的新型教育体系，如对学历进行淡化和非学历教育、正规和非正规教育还未建立起来。因此，职业院校继续教育的顺利转型，第一步就要完成从传统阶段的学校教育模式向终身教育体系的转型。

职业院校继续教育的转型就是要探索促进继续教育与其他类型教育横向沟通和纵向衔接的有效途径，加强教育系统各组成部分之间的有机联系，使之连贯、畅通。例如，建立继续教育学分积累与转换制度，实现不同类型学习成果的相互

承认、积累与融合；通过建立统一的国家标准，建立严格的评价体系，实行职业技能证书和学位证书的平行制度；通过实行更广泛的学分制、灵活的学制和灵活的管理制度，实现不同类型学分之间的相互承认。教育机构对于成年学生，联系、认证和承认过去的学习经验，以便学习者能够在普通教育和继续教育系统之间以及在教育系统的各个层次上畅通无阻地流动起来。

（二）人本性由教育需求转向需求教育

在传统意义上，继续教育的模式是满足教育需求，也就是建立在普通教育模式无法符合经济社会发展要求的基础上。因此，成人教育模式是在普通教育之外提出的，这是当时国家适应经济社会发展的需要，也是教育发展的需要。近年来，随着民办非学历继续教育模式的推进，职业院校开始适应个人自我管理和自我发展的需要，积极开展个性化、特色化的继续教育，使职业院校能够从教育需求出发开展继续教育，以需求教育为主进行主导转变。

随着社会的转型与发展，从传统的农业经济社会向工业经济社会再向现代知识经济社会的转型直接带来了学习者学习价值取向的深刻变化，即"以教育为本""以专业为本""以学习为本"都在不断变化，从单一追求学历文凭转向多元化的学习需求。不断提高自身价值，提高自身技能，慢慢变为成人学习价值取向不可或缺的一部分。

随着我国经济社会综合改革的深入，随着学习型社会和终身学习理念的逐步发展，继续教育的形式将由以学历教育为主向非学历教育为主转变。这是我国职业院校继续教育未来发展的必然选择。职业院校继续教育的转型与发展必须适应从学术需求向专业需求进而向学习需求的转变，在实际意义上完成从"育才"向"育人"、从"教"向"学"的转变、从"能学"向"乐学"的彻底转变，其目的是实现以人为本的教育理念。

（三）构建各类学历继续教育互相沟通衔接的"立交桥"

我国职业院校继续教育要想顺利转变为终身教育体制，首先要统筹推进各类高等教育继续教育协调发展和综合改革，积极探索构建"立交桥"一体化职业院校继续教育，建设学历继续教育。要想建设学习型社会和终身教育，"立交桥"建设是必需的。我国成人教育主要由三部分组成，分别是包括高等学历教育的成人教育、以现代远程教育为主的网络教育、自学考试。教育对象都是从业者。学习方法均为业余学习，采用训练指导。成人教育为我国社会主义现代化建设输送了大量人才，但在发展过程中也存在着种种问题。新形势下，如何实现三大优势互补、融合发展，通过统一培养目标和标准、统一使用学分银行等手段，逐步建成成人继续教育的"立交桥"已成为当前急需研究的热点之一。

成人高等教育适用于有工作或无工作的成年人。它具有高等教育水平的继续教育水平，它的发展基本上贯穿我国高等教育发展的全过程。目前，夜大和函授是其最主要的两种形式。在线教育是现代远程教育的一种先进形式，它通过音频、视频（实时或视频）和计算机技术，包括实时技术和非实时技术，向校外教育提供课程。

只有将网络教育教学方法应用到成人教育和自学考试中，将成人教育的面对面优势嵌入网络教育中，将自学考试灵活的学分制和考试管理优势引入成人教育和网络教育中，实现三者的整合发展，实现学分互认、资源共享，才可以为成人教育搭建"立交桥"，最终建成全民学习、终身学习的学习型社会。

（四）非学历继续教育由管理转向市场化经营

教育管理是职业院校继续教育管理者为了实现教育目标，从管理的角度出发，对继续教育活动进行统筹、规划、组织、实施和过程控制，往往忽视市场规律的过程，是商品经济的产物。教育管理是教育目标的最大化。经营者在管理过程中，优化组合，合理配置和有效利用教育资源。它将计划、管理和运作这一理念渗透到继续教育活动的过程中，为组织构建了优化的管理机制。

职业院校继续教育必须树立以国家、社会、行业、企业和学习者个人需求为导向的经营理念、需求驱动、市场导向、公司化运作模式，解放思想，打破传统思维，树立服务意识和人本主义思考，树立品牌意识和正确的盈利理念，强化市场导向意识，积极研究服务目标，积极开展市场调研，了解社会需求，建立市场预测机制。面对继续教育市场的复杂竞争，只有强化内涵，突出特色，巩固精品，不断创新，才能满足学习者多样化的市场需求。同时，职业院校要不断发展自身继续教育市场的能力，努力实现市场化项目，逐项选课，带课选师，带师保质量，用质量创品牌，让职业院校继续教育实现良性循环与可持续发展。

（五）实现从传统教学手段到现代多媒体技术的信息化转向

现代远程教育是知识经济时代构建终身学习体系的主要手段，是在我国高等教育资源短缺的情况下实施大教育的战略举措。信息化是指信息的均衡分布和快速传播，新媒体技术和渠道的低成本、广覆盖深刻改变了包括政府、社会组织和企业在内的传统组织模式和工作方式，信息技术的飞速发展为职业院校继续教育的发展注入了强大动力。物联网、5G技术、智能手机和平板电脑的出现使得无所不在的学习成为每个人都能学到的，可以在任何地方学到的，也可以在任何时候学到的。

信息化建设是职业院校继续教育发展的助推器。我国职业院校现代远程教育试点工作的开展有效促进了我国远程教育由第一代函授教育、第二代广播电视教育向基于计算机现代远程教育的转变，卫星、多媒体和互联网是现代远程教育的基础。现代远程教育是适合在职人员在任何时间、任何地点自主学习和终身学习的教学支持服务体系。现代远程教育数字化支撑服务平台的建设正在取代传统的教学方式和学习方式。

高等学校特别是高水平大学要积极发展相关信息技术，重视新技术在继续教育中的创新应用。目前，一些现代远程教育试点职业院校和公共服务体系积极参与或帮助地方、行业、企业、军队等建立现代远程教育平台，开展非学历现代远程教育；普通试点职业院校也积极参与地方学习型城市建设，建设开放、便捷、高效的终身学习服务平台和体系。教育行政部门要及时总结经验，促进福利事业的发展，大力推进职业院校继续教育事业的发展，努力营造一个集信息化、网络化、媒体化、数字化、智能化于一体的继续教育环境，保证教学内容的多媒体性。多元化的教学目标，教学资源共享，教学时空拓展，教学环境虚拟化，教学效果及时反馈，满足学习者多样化的学习需求，促进职业院校继续教育快速转型发展。

二、职业院校继续教育转型原则

我们应该意识到，分析职业院校继续教育的转型路径，最重要的是分析转型的影响域。提出科学合理的建设性意见，首先要明确职业院校继续教育转型的宏观保障体系——三位一体的原则，即转变观念为导向、转变制度为保障、转变质量评价为根本。

（一）理念转型为先导

教育理念来自教育实践意识的提高，也将应用于教育实践的全过程。在历史上，任何教育改革都是从新的教育理念中诞生的。任何教育转型的困境都源于内在教育观念的束缚。任何社会改革，包括教育改革的发展和变革，都是新旧观念冲突的结果。教育观念的质的更新必然带来职业院校继续教育的转型，职业院校继续教育的转型也将聚焦教育观念的重建。

1. 宏观视角从"育才"转变为"育人"

高等教育和继续教育是职业院校继续教育具有的双重属性。从根本上讲，它是为了培养具有更高能力和水平、更具适应能力的人。它是职业院校教育和社会服务的最直接途径。

职业院校继续教育是培养知识、道德、社会责任和公民道德的终身教育过程。除了提高传统学校教育所欠缺的职业能力外，德育、素质、责任也是职业院校的继续教育，应该承担重要的责任。

作为高等教育的有机组成部分，职业院校继续教育理念的转变，从学历补偿到实现终身教育的目标，从教育手段的"才"到人性的"人"，在智育的同时，它特别注重德育与美育的融合，促进了职业院校教育的转型。

2.中观视角上实现从"旨教"向"旨学"的转变

素质教育要作为转变观念的载体和契机，转变观念，彻底摆脱传统教育意义上以教师为中心的教育模式，从重教轻学的"教"到重学轻教的"学"。

从传统的"填鸭式"教师教学向现代"自主式"学生主体教育理念的转变，既符合后现代教育理论发展的现实，也符合职业院校继续教育转型的实际要求。

与其他类型的教育相比，特别是在普通的校园教育中，职业院校继续教育更注重学生在教学过程中的主动性、积极性和创造性。这集中体现在如下两点。

（1）"旨学"转向取决于职业院校继续教育的育人指向

职业院校继续教育将担负起培养各类继续教育积极性的重任，培养高素质的社会公民。实施终身教育是职业院校继续教育发展的主要目的，强调成人继续教育目标的实现。积极主动是树立终身教育理念的重要条件。

（2）职业院校继续教育对象的特点决定了"旨学"转向的必要性

职业院校继续教育以成人为主要教育对象，与普通学生相比，他们有着丰富的实践活动经验，已经具备了独立学习的能力和责任，但他们面临着工学矛盾和学时矛盾。教育对象必须选择通过各种类型的自主学习活动来实现学习目标。

在这种平等对话的师生互动中，教师和学生以教育活动为中介，构建双向教育关系，使学习者获得知识，提高能力，发展才智，从而推动职业院校继续教育由学历走向职业，通往转变和学习的道路。

3.微观视角上从"能学"转变为"乐学"

从学习者标准出发，以学习为核心，根据各职业院校继续教育学习方式的多样性和学术重点，努力实现从"能学"到"乐学"的转变。

职业院校继续教育对象具有先验性的特殊性，具有丰富的社会实践经验，其学习是一种体验性学习，相对关注学习者"学习"的情感和习惯。

要真正实现从学术到职业，再到学习的转变，职业院校必须着眼转变"能学"的旧观念，积极引导教育工作者树立正确的学习态度，养成良好的学习习惯，而掌握先进的学习方法则是以游刃有余的"学习"态度，从而实现一个由浅到深、逐步积累的螺旋式学习过程，保证学习者自身的可持续发展。

（二）制度转型为保障

对现代教育制度来说，法律制度是首要的强制力量，功利主义是基础的推动力，权利是重要的平衡，包容性是实体价值。同样，职业院校继续教育的制度转型也要特别注意法制性、功利性、权利性、包容性四大现代教育体系的特点。

1. 职业院校继续教育制度转型的法制性要素

在法制性要素方面，职业院校继续教育主要体现在：

（1）在受众对象方面

与传统教育系统更直观的班级性质相比，它具有范围更大的通用性和适用性。

（2）在作用方式方面

法制还体现在教育秩序的调整和教育模式的调整上，表现为教育法等形式。在制度前提下，调整方式更倾向间接调节。

（3）在价值导向方面

现代教育制度的法律特征体现在立法上，它更好地追求法律面前人人平等的原则，较少偏袒占主导地位的利益集团或阶层的利益，更充分地考虑了群众主体的要求。

（4）在推行实践方面

现代教育制度的合法性首先也体现了公开性和公平性。它具有可预见性和可靠性，消除了传统教育体制的隐性、特权和偏见性。法律制度要求任何现代教育制度的运作都应把强制力纳入教育条例的总体纲要，更好地发挥法律效力，促进职业院校继续教育的发展，并不是让教育条例完全强制性地阻碍职业院校继续教育的健康发展。

2. 职业院校继续教育制度转型的实利性要素

任何一种教育制度的变革，最现实的目标都是建立适应现代社会发展的现代教育制度。在大学继续教育制度的一般渊源中，它是社会上某些阶层、社会群体和个人追求自身教育利益的理性过程。当然，在职业院校继续教育体制转型过程中，关注个人利益，特别是关注个人在生活过程中对全面发展的追求，显得尤为重要，这也是职业院校继续教育的起源。

此外，我们还应看到，职业院校继续教育制度的制定不仅要着眼个人教育的利益，更要特别注重个人教育利益和公共教育利益的提升。只有终身教育，教育的个人利益才能实现，公共教育的有效性才能有效，大学继续教育体系的实质性作用才能实现。

3. 职业院校继续教育制度转型的权利性要素

所有教育制度都是由各种教育关系的动态发展而产生的，然后通过一定制度规则来规范特定的教育关系。目前，职业院校继续教育体制的转型是在市场经济相对成熟的条件下进行的。在法治条件下，在法律相对健全的地方，权利制度有着基本的实现因素。

（1）职业院校继续教育制度要具备权利性是市场经济的发展要求

在市场经济条件下，发展继续教育可以合理配置资源，整合资源，共享资源，根据市场经济的基本特点，如资源的合理配置和商品交换的原则，优化人才资源和培训资源。在市场条件下，社会主体享有的权利更加透明、公开、平等。可以说，在自由竞争的市场经济条件下建立起来的社会生活是平等和自由的，在市场经济环境下建立起来的教育制度也必须具有先前的权利。

（2）法治社会下的背景为职业院校继续教育制度的权利性提供了有效保障

教育制度和教育法治是相互依附的。法治制度和法治理念的完善保证了受教育权意识的增强，相应地促进了各种教育制度权利的提升。因此，职业院校继续教育权是保证人们有机会获得终身学习和自由发展的重要前提。

4.职业院校继续教育制度转型的包容性要素

从职业院校继续教育的角度来看，现代教育制度各种特征的现代意义，归根结底，是着眼人民终身学习利益的双重保障和制度有效性的实现。与传统教育体制一元论相反，现代教育体制，特别是职业院校继续教育体制，本质上就要求多元包容。具体关涉到：

（1）现代教育制度本身具备宽容性

作为一种自由制度，现代教育制度本身是宽容的，具有一定的开放性。从某种教育制度的立场来看，这并不是一种排斥其他立场的制度。

同样，在转型过程中，大学继续教育制度也应强调包容性，即不同教育对象、不同教育类型、不同教育方法的包容性和涵盖性。

（2）制度的宽容内涵是现代教育制度形式上的体现

具体来说，现代教育体系的价值观具有中性或中立的特征。与传统的教育体制相比，它融合了多种教育主体和教育理念，使之更加温和。

职业院校继续教育体制改革的包容性还体现在纳入了与其他教育体制不同的更加多样化的学科和资源。

（三）质量评价转型为根本

职业院校继续教育质量评估的转型是职业院校继续教育转型的核心支撑，也是职业院校继续教育转型能否取得实质性意义的重要组成部分。政府、社会、市场、职业院校、学习者是职业院校继续教育的五大基本要素，也是形成职业院校继续教育质量评价体系的五大保障主体。

1.充分发挥政府在宏观质量调控方面的作用

在职业院校继续教育层面，全国继续教育工作会议的召开和国务院《关于加快发展继续教育的若干意见》（2012年）的颁布为高等学校继续教育质量保障体系建设提供了政府层面的支持。因此，在宏观经济政策制定和政策出台的同时，政府在职业院校继续教育质量体系建设中应发挥其宏观调控作用。

2.加大社会对整体质量的弹性监控力度

职业院校继续教育质量的实现，政府是指导员，社会是牵引者。社会转型过程中日常更新的需要和变化是职业院校继续教育与时俱进、保持活力的指南针。职业院校继续教育培养的人才素质只有吸纳更多优秀的人力资源，才能适应社会发展的需要，才能获得更多市场支持，才能科学合理地体现社会服务功能。

作为监督者，社会需求是职业院校继续教育质量的监督者。社会通过建立大众传媒、新媒体、舆论、焦点话题和各种社会评价组织对职业院校继续教育进行监督。教育行为是合理的预警，起到调节晴雨表的作用，更好地引导职业院校继续教育的发展。

3. 有效推进市场调节的无形调适作用

职业院校继续教育的市场特征实际上是利用市场供求关系进一步优化当前教育资源配置，使教育更具自主性和适应性。市场机制对职业院校继续教育整体质量的影响是不可见的，这反映在对办学质量的影响、对经营模式的影响以及对人才素质的影响。从招生市场化到专业课程市场化，本质上是对职业院校继续教育质量的隐性监控。

4. 强化办学实体职业院校的自主管控作用

在众多实体因素中，职业院校作为学校的主体，处于整个教育质量体系的前列。高等学校是职业院校继续教育发展的土壤。没有职业院校的教育机构和现有的资源，职业院校就不可能继续教育。学校是一切教学工作的前提基础。学校自上而下的政策推进和自下而上的推进都是确保学校继续教育政策落实、有序发展、质量优良的有效途径。此外，政府调控、市场适应、社会调节的作用将要求职业院校机构内部化，才能从内到外发挥外部环境的质量监督作用，才能实现社会化、市场化等。可以说，主体在职业院校继续教育中的作用是从监督控制的作用出发，对政府和市场的质量进行选择和再加工的过程。

5. 实现学习者质量反馈测控的助力作用

学校要充分发挥自我监控和自我管理的作用，就要对社会服务负责，直接产生教育质量，对教育主体的学习者负责，提高教学质量和培养质量。职业院校在人才质量管理中具有重要作用。坚持以人为本的原则就是充分调动学习者的主动性和积极性，确保各项工作和各个环节的质量。相应地，作为学习的主体，学习者对学习质量、教学质量和训练质量有着最直观的认识。学习者在职业院校继续教育质量的抽样测量和控制中更有发言权，也可以间接反映学校整体教育水平和对职业院校继续教育的总体认识。因此，要构建一个全球性的质量评价体系，学习者的质量反馈测量与控制应该受到更多关注。

第四节 职业院校继续教育转型的路径

一、革新发展理念，明确职业院校继续教育办学定位

应用型职业院校是现代职业教育体系建设的重要组成部分，因而其继续教育主要是以"应用"为办学导向，对地方经济社会的发展、社会服务和群众文化方面都起到了积极的促进作用，它既是推进学习型社会建设的重要平台，也是职业院校发挥服务社会职能的重要窗口。因此，国内地方本科职业院校在转型为应用型职业院校的过程中，应该端正对继续教育的认识、提高对继续教育的重视，不应该把它纯粹地看作一种创收工具。

（一）宏观定位：职业院校继续教育促进社会发展

1. 定位于服务地方经济发展

地方本科院校继续教育要面向社会发展需要，以地方企业和产业为主要服务对象，服务区域经济发展。地方本科职业院校继续教育的办学理念要充分考虑它所在地方经济发展的特点，不同地方，其产业特色不同，经济发展模式也不同，要抓住地方特色，创造办学优势，才能突破地方职业院校继续教育发展瓶颈。比如，秦皇岛是个旅游城市，旅游相关专业就是该地区职业院校的办学优势，继续教育开展过程中应该多开发一些旅游相关培训项目，提升职业院校继续教育发展的竞争优势，可见，地方本科职业院校继续教育为地方服务模式要充分考虑地方产业特色，根据地方产业要求制定培养目标，坚持产业融合地方服务模式。

2. 定位于学习型社会的建设

"学习型社会"这一概念是由美国教育家罗伯特·哈钦斯在 1968 年首次提出的，历经五十多年的发展，"学习型社会"逐步由概念发展成为现实，成为当今社会学习形态的重要特征。学习型社会是在终身教育思想的影响下形成的一种新的教育理念，是人类文明与进步的崭新社会发展模式，基本特征是实现教育社会化、社会学习化，在整个社会发展过程中起着积极的推动作用。地方本科职业院校继续教育总是与其所在区域存在着一种服务关系，因此，地方本科职业院校继续教育应定位于学习型社会的建设，依托职业院校平台丰富的资源优势，建立以全体社会成员终身学习为基础的教育体系，为其自身的可持续发展创造机遇。

（二）微观定位：职业院校继续教育的个性化发展

1. 人才培养方面

地方本科院校继续教育以人才培养为目标，具体体现在人才培养规格和类型的界定和规范，即应用型人才的培养。地方本科职业院校继续教育必然要体现其特点，注重应用型和技能型教育，立足区域经济社会发展需求，明确教育对象特点，进而为在职人员提供知识更新、技能补充的教育培训，保证教育的实用性。生源的素质不同，意味着教育者应该对每个学生的个性进行分析，按照不同学生的不同学习条件与特点而采取定制化的教育内容与手段。此外，地方本科职业院校继续教育还应认清新形势下地方社会对新型人才专业技能和科学知识的新要求，从而对其人才培养目标进行准确定位。

2. 品牌建设方面

职业院校继续教育是动态的、竞争的。关键是有没有办学特色。地方本科院校继续教育品牌建设应定位于区域经济发展的需要，结合地方产业发展，充分利用其丰富资源，大力发展特色人才培养，以特色求生存，以特色求发展。

打造一个良好的品牌，要做到以下几点。

（1）设计特色教育项目

结合各自所在区域社会发展需求以及各校办学优势设计出该校特色教育项目，突出对行业发展的针对性和实用性。

（2）稳抓质量

人们选择好的教育，在很大程度上相当于在商场里选择质量好的产品。质量很好，自然很有名，会是更多人的选择。

（3）加大内涵建设

内涵建设需要对教育资源进行深入研究，学校的专业设置应与经济社会发展建立起非常紧密的联系。

因此，可以通过调研了解地方产业特点，并依托自身学科建设优势来创造特色品牌效应，如通过教材开发、实训基地合作、培训宣传等方式来增加内涵建设。

二、非学历继续教育取代原先学历教育的发展重心

国内高等教育大众化的推进致使职业院校学历继续教育发展势头减弱，社会转型、产业结构转型升级及学习型社会构建理念的深入，为非学历继续教育提供了巨大的发展空间。

（一）学历继续教育的职业导向性改革

职业院校学历继续教育作为国家承认文凭的一种正规的教育类型，满足了广大人民群众提升学历层次的需求，同时也是培养社会主义建设人才的重要途径，其存在的价值受到社会普遍关注和认可。

为了确保学历继续教育的长久健康发展，建设新型职业教育体系，完善终身教育体系和构建学习型社会，有必要采取一些有效方法来抓好学历继续教育的发展。

1. 科学设置专业

首先，国内各地方本科职业院校要积极开拓生源市场，并合理控制办学规模。在招生工作上，要紧扣市场变化，本着"服务市场、开拓市场、抢占市场"的原则，深入市场调研，研究市场发展规律和企业发展需要，科学设置专业研究结果，开发合适的继续教育课程。

2. 改革人才培养方向

人才培养环节要朝着应用型方向改革，改变过去在学历补偿教育阶段的"学科导向"，优化学科专业布局，建立专业管理和课程建设的新机制，完善工学结合、产学研结合的培养模式，健全宽进严出、灵活开放的教与学制度。

3. 开设新专业

集合学校各方力量，通过多种形式进行招生宣传，同时以职业发展为导向，注重新专业的开设也是招生的一大亮点。

4. 开展校企合作

重点瞄准区域内的重点人群及企业，并试图开发培训项目，开展校企合作。

（二）鼓励并大力发展非学历继续教育

2016年11月，教育部制定印发的《高等学历继续教育专业设置管理办法》规定，"自2018年起，普通本科职业院校、高等职业学校须在本校已开设的全日制教育本、专科专业范围内设置高等学历继续教育本、专科专业"。与学历继续教育相比较而言，随着经济的发展、市场发展需求以及各岗位的素质要求，非学历继续教育具有实用性、实效性和前沿性特点，近年来得到了各教育主管部门、企事业单位及继续教育办学主体的重视，而且规模越来越大。

非学历继续教育的发展有着重要意义。

1. 有利于满足社会成员全面发展的需要

个体成员通过参加非学历继续教育可以全面提升自我素质，紧跟时代的发展需求，为社会发展注入新的动力，从而实现自身可持续性发展。

2. 有利于提升服务地方经济发展的适应能力

非学历继续教育的市场性特点决定了地方本科职业院校非学历继续教育只有以市场需求为导向，才能更好地服务社会经济。

3. 有利于构建终身教育体系

要构建终身学习体系，紧靠学历继续教育是远远不够的，而非学历继续教育灵活、自由的办学特点可以有效促进社会成员参与终身学习。

三、创新办学模式，转变继续教育发展模式

（一）加强地方本科职业院校继续教育合作办学

地方本科职业院校继续教育在发展过程中面临许多制约因素，这些制约来源于办学场地不足、师资不够多元、资金投入不够等因素，这就使得职业院校不得不选择合作办学这种模式来扩大办学空间，这样既解决了自身短缺，同时也精确培养出合作方所需要的规格人才。

地方本科职业院校可以通过合作办学解决的瓶颈问题包括以下几方面。

1. 从国家政策层面上看

继续教育合作办学可以加大民办力量对继续教育发展的支持。国家政策鼓励民办企业与职业院校合作办学，有利于推动继续教育的发展，促进经济社会的建设。

2. 从地方本科职业院校的资源上看

继续教育合作办学可以使职业院校获得相应人财物力的支持。我国地方本科职业院校继续教育的顺利发展离不开大量师资、场地、资金的支持，合作办学可以有效为职业院校提供这些资源。从某种特殊含义来看，继续教育与合作办学两者可以形成共赢模式。

3. 从继续教育的项目研发上看

合作办学结合继续教育能够使其研发项目进一步符合市场需求。行业的发展离不开经济的支持，经济的繁荣少不了技术的支撑。

一直以来，职业院校继续教育在研发上偏理论教育，而在应用方面则略显短板。合作办学以全新的办学模式把市场需求融入继续教育的项目中。

（二）加大职业院校信息化教学的力度

信息技术的快速发展和普及给继续教育发展带来了无限可能，为学员自主学习、个性化学习提供便捷的支撑。国务院于2010年5月发布的《国家中长期教育改革和发展规划纲要（2010—2020年）》第五十九条强调，"信息技术对教育发展具有革命性影响，必须予以高度重视"。

加快数字化教育设施的普及，实现继续教育信息化教学，给继续教育现代化教学带来许多益处。

（1）它可以促进教学方法和管理模式的改变，有利于教学质量的提高，也有利于管理效率的提高，从而加快创新人才的培养速度。

（2）继续教育采用信息技术可以打造一个巨大的教育资源库，像名校公开课、MOOC等很好地聚集来自世界各地的优质教学资源，给学生带来"不用去名校，也能上名课"的优质体验。

（3）信息化技术改变了传统课堂教学互动方式，学生可以通过电子邮件、微信等方式与教师进行沟通和交流，及时获得知识的成长。

地方本科职业院校继续教育信息化建设的实施主要从以下三个方面着手。

一是抓好网络基础的建设。继续教育的学员包括校内脱产学习者，也包含校外非脱产学习者，还有一批分布在国内外各地受教育的学生，这就要求继续教育信息化发展保证网络基础建设过硬。校内信息化基础建设可以通过多媒体教室、资源中心机房、学生宿舍、办公场所等加强建设。对于校外信息化建设，学校可以通过互联网技术，把优质的教学资源开放化，为外地学生提供便捷的学习方式。

二是加强教学资源的建设。继续教育信息化教学资源是教学的核心内容，是地方本科职业院校继续教育研究的知识集成，这些丰富的资源是继续教育信息化的基础。教学资源的集成不应该局限于校内，在教学资源自主研发和不断更新的同时，也要加强校内外、国内外的资源引进和共享。

三是运行机制建设。继续教育信息化是一项系统工程，其设计、技术实现和管理等方面需要一个完善的运行机制来支撑。因此，地方本科职业院校在建设信息化技术时要重视对每一个环节的把控，使其规范化，朝着有序的方向发展。

四、强化办学保障，促进职业院校继续教育健康发展

（一）打造师资队伍，保障教学质量

地方本科职业院校继续教育师资队伍建设的好坏决定了其教学质量的优劣，直接影响到其继续教育办学的发展水平。因此，良好的师资力量是地方本科职业院校继续教育发展的重要保障，关乎其继续教育的生存。以质量求生存，从长远的发展目光上看，职业院校继续教育稳定、和谐、健康发展，需要一支结构合理、素质过硬、专兼职结合的稳定性高的教师队伍。完善教师资源的方法可以从以下三个角度考虑。

1. 多元化建设师资队伍

职业院校要严格按照教育对象和经济社会发展的实际需要，设定多种渠道的教师人才引进制度，从不同渠道引进一批高素质人才，形成多元化的师资队伍。

2. 定期对教师的授课模式进行考核

考核方面要涉及教师的教学方法、专业知识和实践技能水平，还要注重学生对教师授课的反馈，探索和制定有效可行的教师考核体系有利于促进师资水平的提高。

3. 专业化的师资建设

对某一学科领域的专业是一名教师教学能力的基础。不是本行的人就不懂这一行业的做事方法，内行人更加可能把他精通的事业做好，教育也一样，非学历教育需要由专业技术强的人来做教育培训，才能保障教育培训的质量。

（二）完善管理模式，保障办学有序

为确保职业院校继续教育适应新时期的社会需求，必须根据新时期产生的新形势不断完善地方本科院校继续教育管理模式。

地方本科职业院校继续教育创新管理模式具体可以从以下几方面进行。

1. 提高管理认识

继续教育的重要性决定了其管理的意义，继续教育持续健康的发展离不开一套行之有效的管理系统，积极维护管理工作，才能保障继续教育井然有序地运行。

2. 紧跟市场需求

根据新形势下经济社会对应用型人才的需求，制订具体的培养方案，加强对校企合作的管理，为继续教育的稳定发展打下坚实基础。

3. 优化监督管理

组织理论水平高的教授和具有实践技能的专家成立教学管理组，及时对教学管理工作进行监管和改进，逐步形成一套系统、科学的继续教育管理制度。

4. 优化分配激励机制

科学的分配激励机制有助于促进各学院、部门工作人员强烈的工作积极性，使他们坚定地朝着工作目标行动。根据现代激励理论，按照多劳多得、职责与权利一致的原则施行分配制度。

另外，还要考虑健全财务管理办法，明确各职能部门、各专业院系在继续教育事业承担的角色与责任，确保继续教育管理体制的健全。管理制度中的激励策略是职业院校继续教育管理体制的重要内容，应该引起职业院校重视。

（三）完善政策法规，保障有法可依

国外许多发达国家高度重视继续教育立法工作，确保继续教育的发展有法可依。2016年，教育部颁布了《高等学历继续教育专业设置管理办法》。这是我国第一个统筹高等教育继续教育专业教育、简政放权的文件，规范管理，制定各类高等教育继续教育专业的管理政策；转变管理方式，明确职责和管理程序，加强信息服务和过程监督，具有重要意义。

呼吁有关部门领导加强继续教育政策法规建设，在加强政府调控的基础上约束继续教育方向、发展模式、规范管理，提高地方本科院校继续教育意识，形成完善的继续教育制度，提供更加公平、优质的继续教育，规范办学，为继续教育顺利过渡提供坚实的制度保障。

完善职业院校继续教育的法律法规是国家对职业院校继续教育提供的最坚实的后盾，不仅体现出国家对职业院校继续教育发展的认可，更能将职业院校继续教育办学深入人心。

第五节 "互联网+"背景下职业院校继续教育的转型发展

全面积极地发展"互联网+教育"，将信息技术与教育教学在更深层次上进行融合，对于存在优势的教育资源，要积极全面实现"共建共享"，对于继续教育平台的建设要更进一步推进，在"互联网+"的发展形式下，继续教育的发展需要应对新的形势变化，给继续教育的发展带来了新的机遇，也带来了许多挑战。这就要求我们认真研究职业院校继续教育的转型发展路径，适应"互联网+"继续教育的新形势，推动继续教育的创新发展和转型。

一、"互联网+"将新机遇带给职业院校继续教育

（一）职业院校继续教育资源配置借助"互联网+"进行优化

现阶段，我国继续教育取得了显著成绩，为国民经济和社会培养了大批人才。但也存在继续教育优质资源分布不均等问题。高质量教学需要优秀教师和优质的教学资源。但是，我国优秀教师和教学资源分布不均，发达地区也不少。在边远学校和相对较低水平的学校，优质教师和教学资源相对匮乏。这将导致地区之间和学校之间继续教育差距的扩大，阻碍这些地区和学校继续教育的发展。"互联网+"使得重新配置教育资源成为可能，互联网可以最大限度地利用优质的教育资源，拓展优质教育资源的使用，使不同地区的人们都能享受到优质的教育资源的价值。进一步促进教育公平，促进终身学习的实现。

（二）继续教育个性化借助"互联网＋"加速发展

目前，在我国普通高等学校继续教育学习中，"填鸭式"教学普遍存在，多样化教育、个性化学习发展并不乐观。互联网继续教育的发展、大数据在继续教育领域的应用使得学习者根据自己的时间、兴趣和偏好进行个性化学习成为可能，鼓励学生自主学习和合作学习。"'大数据'的核心是人们的行为信息得以数据化存储、读取和应用，人们可以通过这些数据预测每个人的学习需求，从而使培训内容与人的学习需求无缝对接成为可能。"例如，MOOC等在线课程的迅速发展使学生能够根据自己的喜好选择课程，并根据自己的时间学习课程，从而为个性化学习提供了可能。同时，学生通过网络课程学习，系统还记录了学习时间和所选科目，通过对大数据的分析，可以进一步分析学生的学习行为，更好地为学生的学习成长服务。

（三）教学模式借助"互联网＋"进行创新

传统的教学模式是以教师为中心、以书本为中心、以课堂为中心的教学模式。"互联网＋"继续教育的发展使传统的教学模式融入信息技术的元素中，线上线下的混合教学模式得以进一步发展。网络教育将着力丰富教学资源，进一步提高学习的便利性，从而提高教与学的效率。线上教育与线下教育相结合，将提高教学内容和教学方法，促进教学模式的不断创新。混合教学模式使教学方法等多样化，使枯燥的课堂教学更加生动具体，受到更多学生的推崇。

（四）"互联网＋"有利于学分银行的实现

《教育部关于推进高等教育学分认定和转换工作的意见》（2016年）提出，探索建立国家学分银行，构建分级认证服务网络，识别、记录和存储学习者不同形式的学习成果和学分。传统的方法很难实现不同学校、不同教育形式之间的学分互认和学分积累，"互联网＋"为学分银行的实现创造了有利条件。通过建立高等教育学分存储、识别和转化公共服务平台，将其纳入高等学校学历和学位授予标准、学分认定和转化方式、不同渠道取得的学习成果等，有效监督在线平台的课程质量、教与学过程、学分认定和转换结果。"互联网＋"继续在继续教育领域发展。信息技术对继续教育的影响将继续扩大，信息技术的发展将促进信用的积累和转换，促进学分银行的实现，有利于实现终身学习并为其发展做出更多贡献。

二、"互联网+"给职业院校继续教育带来的挑战

（一）某些职业院校需要完善继续教育基础设施

"互联网+"继续教育的发展对学校教育基础设施提出了更高要求。一些学校的基础设施跟不上教育发展的要求，传统的教育设施已不能满足教学任务的需要，这就要求学校有足够的预算购买基础设施。在申请购买新设备过程中，会遇到很多困难。学校和上级有关部门要加大支持和帮助力度，成功购置先进设备和器材，满足学习者的学习需求。

（二）知识学习的系统性会因碎片化学习而降低

随着 MOOC（Massive Open Online Courses，中文简称"慕课"）、微课等新课程形式的发展，我们可以通过微博、微信等客户端学习知识，移动学习、碎片化学习成为人们学习必不可少的一种学习方式。使用碎裂的时间学习知识不仅可以充分利用时间，而且可以开阔视野。然而，与系统性知识获取相比，碎片化学习也会影响知识的系统性，使学习者降低学习的集中度和深度。学习深度的下降不利于深入学习的进行。在进行碎片化学习时，要学会总结，注重碎片化知识的系统化，避免碎片化学习带来的负面影响，促进学习的进一步发展。

（三）"互联网+"背景下教师需要提升自身素质

教师在传统教学中起着主导性作用，教学知识是教师的主要工作。从课前教学设计到课后作业，都是以教授的知识为基础的。然而，随着信息技术的发展，翻转教室等新的教学方法开始应用于教学中，这就要求教师不断提高技能，转变角色。为课堂录制视频对一些教师来说也是一种挑战。教师应精通音视频录制软件，学习如何使用摄影、视频等设备，以及教师的信息技术应用水平。这无形中增加了教师的工作量。平时要加强与教师的沟通，消除教师的不良情绪，才能更好地开展工作。此外，在"互联网+"的教育环境下，教师的主要工作是引导学生，共同探索，而不是过度传授知识。这对教师的教学技能提出了更高要求，要求教师在教学中不断学习，更好地控制教学过程，提高教学质量。

三、"互联网+"背景下职业院校继续教育转型发展策略

(一)继续教育发展需要更新办学理念的 OBE 理念引领

成果导向教育指教学设计和教学实施的目标是学生在教育过程中最终实现的学习成果。教育理念强调组织课程开发,安排教学时间,围绕学习成果设计关键资源。

目前,OBE(Outcome based education,成果导向)教育理念已应用于人才培养实践。在网络时代继续教育的发展中,必须加强实地调研,切实提高专业实践性,淘汰不符合社会实际的专业,增加实践性专业的招生数量;在课程设置上,根据学习结果安排课程,切实提高课程的实用性;在教学实践中,要注重实践环节的安排,提高学生的操作能力,使学生尽快适应工作环境。OBE 教育理念对继续教育的专业设置和课程设置具有指导意义。继续教育培养社会急需的高素质复合型人才符合 OBE 教育理念,对继续教育的发展具有重要意义。

(二)资源共建共享推进需要构建现代化继续教育服务平台

建立现代继续教育服务平台是促进继续教育资源建设和共享,促进继续教育发展的重要途径之一。现代继续教育服务平台的建设可以解决教学资源冗余建设和低水平建设的问题。它可以制定统一的资源生产标准,促进数字资源共享的进程。同时,构建一个集学习、教学、管理于一体的现代继续教育服务平分,学生学习、教师教学和管理者管理都可以在这个平台上实现,可以进一步提高学习效率和工作效率,促进继续教育的发展。

(三)在国家资历框架的基础上构建继续教育桥梁

国际上的资历框架也被称为学习成果框架。根据欧洲议会的定义,资格框架是指在知识、技能和能力的基础上建立一个连续的公认资格阶梯。《中华人民共和国国民经济和社会发展第十三个五年规划纲要》(2016 年)指出,建立个人学习账户和学分累加制度,畅通教育、终身学习渠道,发展国家学历框架,而非学历教育学习成果的提升、职业技能等级学分的转换相互认可。国家政策为地方资格指明了道路。为构建继续教育立交桥,构建学分银行体系,真正实现不同学校、不同教育形式的沟通衔接,进而识别、积累、转化各级各类资质,我国需要在国家层面研究和引入一个资格框架,以实现各级教育的融合。同时,在制定国家学历框架内的学历标准过程中,要考虑国际对接,并能实现与国外职业院校的学分转换,实现教育国际化。

（四）在教育质量提高的基础上塑造继续教育品牌

"互联网+"继续教育的发展使学生的学习摆脱了时间和空间的束缚，带来了时间和空间的自由，也将导致继续教育的扩张。这就要求继续教育的主体必须坚持高质量的继续教育，不能以牺牲质量来赢得规模。职业院校要围绕"互联网+"时代的特点，以及继续教育人的发展规律和特点，探索建立和不断更新符合"互联网+"时代特点的继续教育质量标准。

继续教育质量评价指标体系可以考虑指导思想和办学定位、师资队伍和办学条件、专业和课程、教学资源、学习支持服务体系、教学管理、教学效果七个影响继续教育质量的基本因素，将此七个因素当作一级指标。一级指标确定后，可根据一级指标内容细化二级指标，全方位、全过程确定继续教育指标体系。全程监控继续教育发展，进一步提高继续教育质量。提高人才培养质量，努力实现继续教育质量和规模的共同进步，为国家发展培养更多高素质复合型人才。在提高质量的同时，打造继续教育品牌，努力消除社会对继续教育的不良印象，赢得更多社会对继续教育的认可和尊重，推动继续教育跨越式发展。

第六章　职业院校高学历继续教育供给侧改革

第一节　概　述

一、职业院校继续教育供给概念

广大学者认为，教育供给指在一定时期内各类学校教育机构所提供给受教育者的机会，也包括了学校教育以外所提供的继续教育机会。就职业院校继续教育供给而言，笔者认为，应是职业院校作为供给主体利用学校教育资源通过教育教学活动面向社会全体成员提供传统的学校教育以外的受教育机会和教育选择，能够有力推动实现教育均衡发展，进而促进经济建设、社会进步和个人全面发展。影响继续教育供给的因素很多，继续教育供给与需求是对立统一、相互影响的整体，社会人力结构需求、教育供给主体的顶层规划、学科资源、师资力量、教学手段等因素均决定着继续教育供给质量问题、效率问题乃至整个教育的供给状况。

二、供给侧结构性改革的提出

2015年11月10日，供给侧结构性改革在中央财经领导小组会议上被首次提出，在适度扩大总需求的同时，着力加强供给侧结构性改革，着力提高供给体系质量和效率。我国改革开放四十多年来，经济持续高速增长，但随着人口红利优势的逐步消失和中等收入陷阱风险的积聚，我国经济发展逐步过渡到一个新常态阶段。

（一）需求结构变化明显

伴随着中等收入群体扩大以及收入水平的提高，人民群众多样化、高端化、个性化等特征，中高端需求不断增加，尤其是对旅游、养老、文化、教育、医疗等服务领域有了更高要求。

（二）供给侧未与需求侧变化相适应

无效和低端供应的局部过剩和有效与中高端供应问题并存。同时，产品质量和服务需求难以满足居民的高质量要求。另外，供给结构调整受体制机制制约，生产要素难以配置到有效需求地区和高端地区。

（三）我国当前经济问题的主要矛盾是结构性问题突出、供需错配

供给侧是供需结构性矛盾的主要方面，需求管理政策注重政策刺激等短期调控，供需结构性矛盾、扭转经济潜在产出水平下行趋势无法从根本得到解决。

（四）世界经济格局深刻变化

从2008年国际金融危机以后，世界经济就开始处于深度调整期，我国外部经济环境因素变得更加不稳定、不确定。

三、职业院校继续教育供给侧改革的提议

进入21世纪知识经济时代以来，我国高等教育逐渐从精英教育转向大众教育，职业院校继续教育伴随着高等教育的快速发展乘势而起，推动了继续教育正规化、专业化快速发展并支撑了各职业院校继续教育学院的建立。以互联网信息技术应用引领的现代远程教育是对原有职业院校成人教育的重大创新，形成了成人教育、网络教育、职业教育融合发展的职业院校继续教育体系新格局。经多年的发展，在人才培养、项目类型、课程体系、办学模式等方面取得了显著成就。同时，经济社会的快速发展和社会矛盾的变化也改变了社会对传统继续教育的需求，新的人才观对继续教育提出了新要求，继续教育供给处于与经济社会发展多样化、高质量人才需求不相适应的现状，也严重影响了自身的持续健康发展。如何改革、促进发展是亟待解决的问题。

供给侧改革的立足点在于解决供给侧问题，通过改革的手段优化和调整供给结构，以此实现高质量供给，同时经济政策的调整必然联动教育的发展，经济领域供给侧改革势必引领包括继续教育在内的整个教育体系供给侧改革。供给侧改革重点研究的是内部和长期框架问题，更符合教育改革的内涵，推进继续教育改革也是深化教育服务综合改革。

四、职业院校继续教育供给侧改革的意义

职业院校继续教育供给侧问题主要是由于长期注重规模效益的外延式发展，缺乏内涵建设，积累了深层次结构性矛盾、供需错位。供给侧改革的提出给职业院校继续教育改革提供了新思路、新方法，对推动职业院校继续教育持续健康发展具有非常重要的现实意义。

（一）有利于供给主体提高教育理念的认知和思考

供给主体要不断深化"以人为本"的发展理念，立足行业、社会对人才需求的新形势、新要求，正确处理继续教育与学校教育之间的关系，满足社会对不同层次人才的需求。

（二）有利于破除一贯制学校教育管理体制的阻碍

继续教育有着自身区别于学校教育的多种特征，供给侧改革要求以体制机制创新为着力点，离不开制度的约束和保障，通过供给侧改革措施能够促进职业院校教育资源的合理分配，进一步完善继续教育的管理体系和制度体系。

（三）有利于优化继续教育供给结构

供给侧改革的重要意义是通过改革来增强供给结构对需求变化的适应性和灵活性，根据供给侧存在的结构性问题调整和优化供给内容和供给形式，进一步构建与时俱进的现代继续教育供给体系。

（四）有利于促进继续教育市场化供给

供给侧改革强调的是解决生产要素的合理配置问题，支持职业院校引入市场参与继续教育体系的共建共享，与符合质量要求的行业组织以及社会机构有序开展联合办学能够进一步激发继续教育供给活力。综上推进和深化职业院校继续教育供给侧改革可以实现职业院校继续教育高质量、高效率的有效供给、精准供给。

第二节 职业院校继续教育供给侧改革的必要性

一、化解供需矛盾的迫切需要

供给与需求是一对相生相伴的概念,如同硬币的正反面,需求催生供给,供给满足需求,创造新需求。处于不同的发展阶段,供需矛盾有所不同。新时期,随着需求层次、结构和对象的变化,我国普通职业院校继续教育供给与需求之间的矛盾主要体现在两个方面。

(一)资源的有限性与教育机会平等之间的矛盾

普通职业院校继续教育自产生起便担负着促进教育机会平等、推动高等教育大众化的职责。当下,人们对教育机会平等的诉求越发强烈,而普通职业院校继续教育资源处于不足或有限状态,教育资源无法做到按需分配,教育平等的机会难以得到保证,具体体现在师资不足、教育设施不足、经费不足、内容无法满足需求等方面。究其原因,在于普通职业院校继续教育在过去的发展中长期处于粗放增长状态,进而造成了资源的浪费。基于此,普通职业院校继续教育应进行供给侧改革,在尽可能考虑社会需求的情况下,合理分配供给资源,提高供给效率,节约成本,避免资源浪费和无效供给,借助"互联网+"和人工智能,开放继续教育资源,搭建在线学习平台,为学习者提供更丰富的教育资源。

(二)高质量需求与中低端供给之间的矛盾

我国普通职业院校继续教育每年的毕业生数量相当可观,供给数量能够满足需求,但无效和低端供给大量存在,教育质量不被认可。同时,部分企事业单位在引进人才和职称评定时对国外文凭或学习经历过度追捧,而通过成人教育、自考拿到的文凭在参加一些考试、面试或竞争时会受到歧视,甚至被卡在门槛之外。

当前普通职业院校继续教育的供给质量无法满足社会和学习者的需求,供需矛盾便加深。面对这一矛盾,普通职业院校继续教育需要从供给侧的人才培养出发,提升供给质量,顺应社会人力资源强国建设的现实需求,满足学习者的高质量教育需求,积极缓解供需矛盾,在未来学习型社会的建设中承担应有的职责。

二、克服发展积弊的现实要求

我国普通职业院校继续教育在过去的发展历程中为国家和经济社会发展做出了巨大贡献，不同时期的发展有其特殊的时代特点。

（一）在办学类型、培养模式、课程设置方面

普通职业院校继续教育存在同质化现象，学科专业设置重叠，人才培养模式与职业技术教育、普通高等教育存在过多重合，致使普通职业院校继续教育办学特色缺失，在市场竞争中失去优势。

（二）在教学方法方面

大多数普通职业院校的学历继续教育仍以教师为中心，学习者缺乏自主探究和意义建构，非学历继续教育以讲座式培训为主，学习者的实践练习机会较少，师生间缺乏互动交流，教学效果不佳。

（三）在教育内容方面

普通职业院校继续教育的教育内容难以满足学习者对优质学习资源、个性化供给内容、创新性和特色化供给内容的强烈诉求。

（四）在办学理念方面

在市场经济的熏染下，目前部分普通职业院校对办学定位的认知存在偏差，为了经济效益，扩大了学历继续教育招生规模，加上我国社会在评定人才方面根深蒂固的"学历至上"观念，致使学校和学习者过分追逐文凭，而忽视教育本质。

（五）在管理方面

普通职业院校继续教育缺乏规范的监管体系，政府干预较少，社会监管缺位，一些管理部门各自为政，管理混乱。

为了克服自身发展积弊，实现可持续发展，不能仅仅考虑需求侧，普通职业院校继续教育应对供给侧的相关要素进行规划和调整，对供给侧的教学、课程、师资、体制机制等要素进行重点改革，对陈旧的专业和课程进行改造和更新，淘汰无效低质供给，提高资源利用率，逐步由"粗放型发展"转向"高效集约型发展"，提高教育质量与效益，使普通职业院校继续教育实现创新性变革。

三、激活发展动力的应然选择

与普通高等教育相比，中国普通职业院校继续教育的主要特点和优势在于其灵活的教育模式、灵活的学术体系和丰富的学习形式。这也是普通职业院校继续教育最鲜明的特点。学习者有着不同的经历和教育背景，其教育需求的差异性较大，一些学习者希望通过继续教育获得职业技能，一些学习者希望得到学历的提升，一些学习者希望通过继续教育提高他们的能力，灵活、个性化、多样化的教育内容和形式是学习者的迫切需要。

此外，成人职业院校、远程教育网络大学、企业大学、社会培训不断增多，一些培训机构的培训贴合市场需要，方式灵活，为学习者提供了更多选择，给普通职业院校继续教育的发展带来了巨大的竞争压力，我国普通职业院校急需通过改革激活发展动力，提升自身的竞争力和影响力。

我国经济即将进入工业4.0时代，科技的进步改变着普通职业院校继续教育的方式和形态，人的创造性将得到进一步释放和发挥，生产方式的变革对普通职业院校继续教育人才培养模式提出新的要求，普通职业院校继续教育需要不断激发创新动力，改变普通职业院校继续教育发展理念，培育创新型人才，实现继续教育价值回归；以创新、协调、绿色、共享、开放、灵活为发展理念，从发展理念上激发发展活力；改变僵化封闭的教育体制，打开学校的大门，开拓发展空间，加强与其他学校合作，增多跨界交流和国际交流，开放学习资源；改革单一的评价形式和标准，注重过程评价，将实践能力作为评价的重要部分。供给侧改革可以持续激发普通职业院校继续教育的发展活力，为社会提供更多优质的人力资源，引领新时代的潮流趋势。

第三节 职业院校继续教育供给侧改革的逻辑与思路

我国已经进入了中国特色社会主义新时代。这是我党对当前我国经济社会发展做出的新的历史判断，也标志着我国经济社会发展开始向新的方向转型。

职业院校继续教育作为一种准公共产品，其供需过程也必须遵循市场经济一般规律，在发展速度降缓以及需求侧乏力的情况下，大力推进职业院校继续教育的供给侧改革是促进职业院校继续教育在新时代转型的重要战略。

一、新时代我国职业院校继续教育供给侧改革的基本逻辑

（一）推进职业院校继续教育供给侧改革是新时代的客观要求

我国进入了社会主义新时代，这个论断充分体现了当前社会主要矛盾的变化趋势，也进一步凸显了供给侧改革的重要性。在职业院校继续教育领域，当前的主要矛盾也是学习者日益增长的多元化学习需求与继续教育供给质量低之间的矛盾。因此，在社会主义新时代，职业院校继续教育改革也必须借鉴经济供给侧改革的做法，坚持质量与效率并举的原则，从供给一端寻求新的发展动力，强化继续教育不同领域的协同发展。

从经济学理论来看，经济增长更多依赖的是内生性力量，外部力量只是推动因素，并不能起到决定作用。内生的各类生产要素如技术、知识等创造性资源是经济增长的动力。但这些生产要素并不能自行发挥作用，需要人力资本来予以推动。因此，在中国特色社会主义新时代，最重要的生产要素就是人力资本。

作为高素质人才培养的通道，职业院校继续教育在新时代理应加大改革力度，立足人们学习需求，不断强化自身供给侧改革，推进技术、体制、机制等方面的创新，不断提升全要素的生产效率和供给质量，为社会主义新时代培养更多高素质人才。

（二）推进职业院校继续教育供给侧改革是自身效能提升的主观需要

在过去几十年的发展历程中，职业院校继续教育以数量增加和规模扩张为发展动力，曾经创造出较大生产效益。但生产效益到达一定界限之后，其边际递减效应就开始出现，需求空间的扩张速度开始放缓，需求方式开始发生变化。正是需求侧发生了改变，使得供需两端开始出现失衡，而供给一端未能顾及需求一端的要求，其结果就是导致供大于求和产能过剩。面对这种形势，职业院校继续教育要获得持续发展，推进其内涵式增长就成为改革的主要方向，而加快其供给侧结构改革是实现内涵增长的基本方式。

供给与需求是一对永恒的命题，两者之间有着密切关系。供给可以创造需求，也可以提升需求的宽度和深度，同时需求反过来也会影响到供给，两者之间是相互作用和相互影响的。职业院校继续教育要发展，就必须不断提高供给要素的质量，一方面是继续发挥土地要素等硬件资源的作用，另一方面是提升创新、资本、劳动力等要素的质量，如此，职业院校继续教育供给侧改革才能够切实推进，自身效能才能得以有效提升。

二、新时代我国职业院校继续教育供给侧改革的思路

（一）压缩冗余产能，强化分流发展

1. 淘汰一批继续教育机构，提升产能效率

在职业院校继续教育供给侧改革中，一方面，要不断完善继续教育的评价体系，设定具体的评价标准，定期对各职业院校继续教育发展状况、供给状况进行评估。对于评估不合格者，责令其整改，如果整改后依然无法达到评估要求，教育主管部门可以撤销其办学资质。另一方面，要建立市场主导的退出机制，教育主管部门应该放松对职业院校继续教育发展的管控，放权于市场，充分发挥市场的调节作用，一些生存效能低、供给质量和效率差的继续教育机构就会在激烈的市场竞争中被淘汰，能够生存下来的必然能够更加适应市场要求，其发展方向也会逐渐明确。

2. 加快产能转移，推动职业院校继续教育"走出去"

职业院校继续教育作为我国的一种教育形态，服务经济社会发展，服务对外开放是其题中之义。因此，推进职业院校继续教育"走出去"是转移职业院校继续教育冗余产能的重要方式，也是创造新的发展动力的途径。为此，一方面，我国职业院校继续教育发展的产能供给对"一带一路"沿线的广大发展中国家而言还是有技术、知识和产量优势的，向这些国家推广我国继续教育发展经验和发展成果，分享继续教育资源，能够促进职业院校继续教育冗余产能的转移，也可以为这些国家培养高素质人才。另一方面，在与"一带一路"沿线发达国家的教育交流中，我国职业院校继续教育也可以发挥差异化优势，推进继续教育机构与这些发达国家继续教育机构的交流，将我国职业院校继续教育优势教育产品通过课程、资源共享等模式向这些国家转移。同时在交流和转移过程中还可以吸纳发达国家职业院校继续教育发展的经验，进而为我国职业院校继续教育供给侧改革提供借鉴。

3. 明确发展方向与教育定位，实施分化发展

我国职业院校的学科差异化发展也是较为突出的，在一定区域范围内，除了综合性职业院校之外，还有经济类、政法类、理工类、师范类等不同职业院校。这些职业院校的继续教育机构应该充分利用各个学校的办学传统和特色，发挥各个学校在学科、专业等方面的优势，以此作为发展方向的标尺。通过这种方式可以明确职业院校继续教育发展定位，解决同质化发展过程中的产能冗余问题，也是实现与市场对接的基本方式。在这个过程中，职业院校继续教育应该更新理念，摒弃大而全的发展模式，按照各校的办学特色、学科专长来形成品牌化的继续教

育办学模式，提升各自的比较优势，进而将各自的生态位予以拓宽，避免同质化和恶性化竞争。

在分流发展的基础上，职业院校继续教育需要进一步明确市场需求，不断改变供给内容，依托现代信息技术，将大数据、云计算、互联网等技术应用到职业院校继续教育供需数据分析体系中，按照学习者的实际要求有针对性地提供教育产品，提升继续教育产品与学习者需求的结合度，进而提升供给质量和效率，避免资源浪费。

（二）调整供给结构，提升产品供给多样化程度

1. 加强非学历教育，明确职业技能培训的核心地位

在新时代，职业院校继续教育的发展应该提升与市场的对接程度，从学历教育向非学历教育转变，提升非学历培训的地位。

通常而言，职业院校继续教育非学历培训大致可以分为针对党政机关人员的培训、行业专门技术培训、企业服务外包培训以及个体学习者技能提升培训四大类型。在这四种类型中，前两者占据了主导地位，而职业技能培训则是职业院校继续教育的弱项，因为长期以来，职业技能培训一般是由职业院校和社会培训机构承担。但职业院校继续教育在强化非学历培训过程中，也可以朝这个方面转型。因为职业院校继续教育的师资除了部分来自本校之外，大部分来自企业、行业从业人员，这些兼职外聘教师具有较为丰富的行业从业经验与实践技能，而且基础理论知识也比较过硬。在职业院校继续教育供给侧改革中，可以充分利用这些师资条件，大力开展职业技能培训，提升供给质量。

2. 强化创新创业教育培训，助推社会创新创业发展

一直以来，创新创业教育是职业院校继续教育的薄弱环节，在供给侧改革中，必须将创新创业教育培训作为改革的着力点，为社会培养更多高层次创新创业人才。

职业院校继续教育具备开展创新创业的优势，首先，职业院校继续教育的决策者要具备创新意识和创新思维，明确创新创业教育的发展方向及课程体系。其次，职业院校继续教育的教师要具备创新创业的基本能力，了解创新创业的最新成果，能够切实为学习者提供创新创业经验支持。最后，要加大力度开发适应学习者需求的创新创业课程，强化各个学校的专业、学科及实践优势，促进创新创业教育的差异化发展。

3. 在学习型社会建设中，大力开展"美好生活"教育

建设学习型社会和终身教育体系，必须要办好人民满意的继续教育。在中国特色社会主义新时代，人民群众的美好生活需求是多方面的，其中，教育是丰富其精神生活的重要载体，也是构建美好生活的基础。职业院校继续教育作为终身

教育体系的立交桥，关注人民群众的"美好生活"具有不可推卸的责任。职业院校继续教育作为一项准公共产品，其具有一定普惠色彩，带有一定公益属性，更适合为大众提供周期较长的课程培训服务。特别是对于小众课程，职业院校继续教育具有明显优势，可以充分利用各校的科研优势，向社会大众传授前沿科技。

（三）加大创新力度，提升职业院校继续教育发展的创新力

1.资源共享创新，推进职业院校继续教育区域一体化、全球化发展

在中国特色社会主义新时代，我国正在大力推进改革开放战略，教育资源的国际共享程度在不断提升，教育全球化已经成为全球化趋势的一部分。发达国家职业院校继续教育发展较早，发展模式相对成熟，有着丰富的发展及转型经验，这些经验与模式可以被我国所借鉴，特别是发达国家优质的职业院校继续教育课程资源，通过信息技术是完全可以实现共享的。我国职业院校继续教育机构应该抓住这一历史机遇，积极开展继续教育国际交流与合作，制订相关的交流合作计划，推进人才的合作培养，缩小同发达国家的差距。

同时，在这个过程中，要加大师资交流力度，培养一大批能够适应对外开放需要的高素质教师，进而通过人才的流动来带动职业院校继续教育"走出去"和"引进来"的双向互动。不同区域、城乡继续教育资源要相互开放，职业院校之间可以就相同的专业和课程体系来合作培养学习者，按照各自的优势学科分摊教学任务，在区域之间实施学分银行制和学分互认制。通过上述改革，加强职业院校继续教育供给侧的共享性和协作性。

2.学术研究创新，不断提升职业院校继续教育学术研究水平

长期以来，职业院校继续教育在整个职业院校中的地位比较边缘化，其学术研究力度并不强，学术研究对继续教育的引领作用有限。但在新时代职业院校继续教育供给侧改革过程中，必须提升学术研究的创新力度，为职业院校继续教育供给侧改革实践提供理论上的支撑。具体而言：

（1）推进学术研究自由度的创新

职业院校继续教育机构要更新观念，放宽对教师及科研人员学术研究的束缚，主动抵制不当的行政干预，扩大教师学术研究自由。在这个过程中，职业院校继续教育机构应该积极强化自身服务职能，为教师的科研创造条件，如在申报课题、项目实施过程中设立专人负责，为学术研究服务提供便利。

（2）推进学术研究主体创新

在职业院校继续教育机构中，学术研究不完全是教师的责任，管理人员、服务人员、学生均是学术研究的主体。实际上，在职业院校继续教育供给侧改革过程中，对继续教育存在的问题体会最深的是管理与服务人员，要调动这些人的学术研究积极性，进而使其更好地为继续教育实践服务。

（3）推进学术研究内容创新

职业院校继续教育供给侧改革作为一大全新命题，几年来，理论研究成果比较丰富，但在实践中真正能够起到指导作用的并不多。究其原因，这些研究多是停留在理论层面，缺乏实践以及实证分析。因此，要不断创新研究方法，开辟新的研究领域，使用新的研究工具，进而为职业院校继续教育供给侧改革提供学术支持。

（4）教学手段创新，加大新技术在职业院校继续教育中的运用力度

如今是一个快速发展的信息时代，职业院校继续教育实施数字化、信息化是发展的必然趋势。在供给侧改革过程中，推进教学手段创新，需要解决如下问题。

①促进供需双方的信息对称

一方面，职业院校继续教育机构必须有自身的数据库，按照行业、企业以及学习者的实际需求，运用大数据来分析需求信息，以切实提高供给侧改革的实效。另一方面，对不了解继续教育，但同时有学习需求的学习者要加大宣传力度，通过互联网宣传来细化学习者报名流程以及学习过程。

②强化新技术在教学中的运用力度

微课、MOOC等已经在职业院校继续教育中得到了广泛运用，但还需要不断改善学习者的学习体验。同时针对成人学习者的工学矛盾，可以开发专门的App，将在线教育与课堂教学进行结合。

③不断提升教师运用和使用新技术的能力

在这个过程中，教师要加大对新技术的研究，自觉将新技术运用到教学过程中，认真倾听学习者对新技术的反馈，进而不断改进自身运用新技术的方法，提升教与学的效率。

第四节 职业院校继续教育供给侧需要加强的方面

一、供给质量亟待提升

近年来，普通职业院校继续教育的办学规模不断扩大，成为我国开展继续教育的主要力量。但是在发展过程中，一些普通职业院校继续教育重速度、轻质量，教学质量和满意度较低，课程设置滞后，缺乏优质的师资力量，质量评估薄弱，致使普通职业院校继续教育的供给质量难以满足社会和学习者的要求，影响普通职业院校继续教育的声誉和口碑。

（一）教学效果需要提高

一些普通职业院校继续教育在过去的发展中过于追逐经济效益和外延性发展，片面扩大办学规模，一些学校为了节约办学成本，在教学过程中偷工减料，教学质量逐渐下滑。目前，我国普通职业院校继续教育教学质量整体需要提高。

（二）课程建设要避免滞后

课程的开发与建设是继续教育的核心工程，当前我国普通职业院校继续教育课程设置需要科学的理论指导，课程目标和定位要明确，课程设置要有针对性、适应性，优质课程和精品课程需要增加，要保持普通职业院校继续教育在市场竞争中的吸引力，保证供给质量。

（三）优质师资需要增加

普通职业院校继续教育教师应具备职业素养、职业情感、职业道德等。当前，我国普通职业院校继续教育师资队伍建设亟待加强，要提高教师队伍的素质和稳定性。教师专业水平需要提升一个新的层次，师生比例需要改善，要做到合理分配，保证教学质量。

（四）质量评估需要增强

成人学习过程具有分散、非连续特点，对课程质量、教学质量、办学质量、学习效果进行实时评估是保障普通职业院校继续教育质量的重要手段。目前，我国尚未建立完备的质量评估体系，质量评估标准不统一，许多普通职业院校的质量管理意识需要加强，需要及时对继续教育质量进行科学的评估和反馈，保证普通职业院校继续教育的可持续发展。

二、供给结构有待优化

普通职业院校继续教育供给结构是指各个供给要素之间的关联方式，以及各个部分之间的排列和组合形式，是普通职业院校继续教育体系的内部构架。我国普通职业院校继续教育的供给结构包含区域结构、类型结构、层次结构、专业结构四个层面，当前我国普通职业院校继续教育供给结构失衡，导致供给效率偏低。

（一）区域结构需要协调

我国普通职业院校继续教育区域结构是指普通职业院校在不同区域的分布结构、规模结构等。普通职业院校继续教育区域布局结构是衡量区域继续教育发展情况的一项重要指标，决定了该区域继续教育能否与区域经济相融合，能否与区域产业结构合理对接，能否与区域人才需求相适应。

我国普通职业院校继续教育城乡分布不均衡，城乡师资队伍质量差异较大，经费分配不均衡，教育理念和重心也有所差异。经济较发达的城市教育资源丰富、信息化设施完善、教育方式灵活开放、师资力量较强、生源充足、发展态势良好。因此，我国普通职业院校继续教育区域结构需要协调。

（二）类型结构要合理化

我国职业院校继续教育类型结构存在不合理性，不同供给类型之间缺乏有效的配置和协调，造成了供给冗余和资源浪费。

1. 学历继续教育与非学历继续教育之间职责不清

目前，我国正在加速推进发展非学历继续教育，稳步发展学历继续教育。普通职业院校应把非学历继续教育作为当前和今后发展的主体。

2. 不同教育类型之间分工不明

就学历继续教育而言，函授、业余、脱产教育之间的界限逐渐模糊，分工不明，造成教学和管理的混乱。

（三）层次结构要保持平衡

我国普通职业院校学历继续教育涵盖专科、本科、硕博士学历层次，不同学历层次的培养目标、教学内容有所差异，各种不同的教育层次构成了完整的继续教育体系。我国普通职业院校学历继续教育在过去的发展中，专科仍是主要的发展力量。

当前我国成人专科比重过大，成人本科比重略低，在职博硕士比重过小，导致我国普通职业院校继续教育人才培养的整体素质和层次偏低，供给的人力资本结构单一。当前我国社会需要更多高层次人力资本和更立体丰富的人力资本结构，而我国普通职业院校继续教育的层次结构难以满足社会对高层次人才的需求，需要进一步调整和优化，以提升我国人力资本的质量。

（四）专业结构尚需调整

我国普通职业院校继续教育在设置专业过程中缺乏科学的设计与规划，专业设置重复雷同，千校一面，一些教学效果差、与社会需求脱节、适需性不高的专业仍大量存在，不同专业之间的招生比例相差较大，不利于学校资源分配和师资协调。

三、体制机制亟须创新

体制机制障碍是我国普通职业院校继续教育创新发展的现实阻梗，当前我国普通职业院校继续教育的学习成果认证转换制度尚不成熟，管理体制尚待优化，支持保障制度尚不健全，评价机制尚不完善，致使我国普通职业院校继续教育供给活力不足，制约着普通职业院校继续教育的发展。

（一）学习成果认证转换制度尚不成熟

建立成熟灵活的学习成果认证转化体系是实现认证转化的关键环节，是构建不同层次、不同领域的终身学习体系之间学习成果相互转换的关键。当前我国的成果认证制度尚不成熟，普通职业院校继续教育不同形式的学习成果之间的认证转换不畅通，重复供给普遍存在。

（二）管理体制尚待优化

目前，我国普通职业院校继续教育管理体制中有以下几点需要优化。

1. 政府对普通职业院校继续教育的统筹监管和各项规章制度需要优化

政府在普通职业院校继续教育发展中应发挥着重要的宏观管理作用，保障普通职业院校继续教育的各个环节能够规范有序运作。

2. "管办评"合一的管理方式需要优化

一些普通职业院校在继续教育管理过程中需要理顺各个管理主体的关系和职责，一些部门的管理权力不能过于集中。

3. 普通职业院校继续教育管理体制中需增加社会第三方参与

为了更好地服务社会，打通与社会的沟通渠道，普通职业院校继续教育需要建立社会第三方参与管理机制。

4. 条块分割、多头管理的现状需要改善

我国普通职业院校继续教育管理中存在着某种程度的条块分割现象，不同管理主体进行多头管理，各个管理系统较为封闭，形成了森严林立的管理壁垒，这种情况需要改善。

（三）评价机制尚不十分完善

目前，我国普通职业院校继续教育的评价机制尚不完善，缺乏科学的测评标准，评价主体单一，评价方式僵化，重知识、轻能力，重结果、轻过程，重形式、轻内涵。

1. 政府需要重视对普通职业院校继续教育的评价

政府对普通职业院校继续教育的评价未建立完善的评价体系，各项规章制度、法律法规有待完善，大部分普通职业院校未建立专门的继续教育评价部门。

2. 一些普通职业院校对学习者的评价没有落到实处

一些普通职业院校对学习者的评价流于形式，考核丧失实际价值，资格证书、毕业证、学位证的获得过于随意，学校沦为文凭和资格证的"印刷机"。

3. 一些普通职业院校继续教育的第三方评价市场不够成熟

普通职业院校继续教育的第三方评价市场尚不成熟，评价主体过于单一，对评价的认识存在局限，社会、学习者对普通职业院校继续教育评价的参与度过低，评价的专业性和中立性难以保障。

4. 对学生进行评价的考核内容和形式略显单一

受传统观念的影响，普通职业院校继续教育在对学生进行评价时，往往注重结果、忽视过程，注重知识、忽视能力。从考核的内容和形式上看，多数考试以卷面考试和毕业论文设计为主，考核内容限于客观的理论和概念，以名词解释、简答、论述为主，考试形式单一，实践性考核较少，难以全面考查出学习者的素质和实践能力。

（四）保障机制尚不十分健全

目前，我国已建立了普通职业院校继续教育的保障机制，为普通职业院校继续教育的发展提供了有力支持。但是，目前我国普通职业院校继续教育保障机制尚不健全，存在的问题主要有以下几方面。

1. 普通职业院校继续教育法律政策缺失，许多方案的推行得不到法律支持

国外许多继续教育发达国家均设立了继续教育保障机构，制定了大量继续教育法律法规。相比国外继续教育发达国家，我国政府和社会对普通职业院校继续教育的重视程度有待加强，长期未出台继续教育相关的政策文件，导致普通职业院校继续教育在发展中缺乏政策指导和法律支持。

2. 普通职业院校继续教育的经费投入长期不足，缺乏相应的资金管理部门

师资的配备、硬件设施的建设都需要大量经费投入作为支撑，一些学校的继续教育经费投入不足，社会捐赠比例较小，缺乏相应的资金管理机构；同时，一些普通职业院校继续教育教师的薪酬待遇较差，师资队伍建设的滞后降低了普通职业院校继续教育的质量。

3. 普通职业院校继续教育的资源配备不充裕

普通职业院校继续教育资源包含硬件设施、学习资料、教材、课程资源、师资等，当前我国一些经济和教育欠发达地区的继续教育资源不足，学习资源的共建共享程度较低，学习者的学习需求难以得到满足，普通职业院校继续教育的发展难以得到保障。

第五节　职业院校继续教育供给侧改革策略

一、职业院校继续教育供给侧改革思路

（一）更新理念是供给侧改革的关键

推进职业院校继续教育供给侧改革，要以新发展理念为引领，确立新思路和实施新举措。作为继续教育供给主体，要适时审视继续教育与学校教育的关系，两者互为补充、互为促进，均为职业院校人才培养体系和社会化终身教育体系的重要组成部分。新时代教育要有新作为，必须以人为本、以未来为导向，推动继续教育与学校协同发展、均衡发展。

1. 坚持创新发展

要立足传统，结合实际需求，实现突破传统，创新教育理念，破除旧观念、旧思想，整合优质资源，增强对继续教育优势资源供给，强化制度创新供给保障，培育与学校教育均衡的供给环境。

2. 坚持协调发展

统筹继续教育与学校教育资源，优化继续教育供给结构，以提高供给效率和实现继续教育供需平衡。

3. 坚持绿色发展

深化继续教育供给内涵，从注重外延式规模效益向注重内涵式质量转变，提高继续教育的供给质量。

4. 坚持开放发展

鼓励市场要素参与竞争，探索继续教育多种供给模式，拓展继续教育供给空间，实现继续教育资源的优化配置，激发继续教育供给活力。

5. 坚持共享发展

共享是发展理念的出发点和落脚点。实现改革成果共享，促进社会公平是供给侧改革的理想状态。

职业院校继续教育普遍性、开放性、多样性、灵活性的优势是促进人的全面发展的有效途径。职业院校应维持共享发展理念，深化继续教育供给侧改革，扩大有效供给，面向社会大众提供高质量的继续教育服务，进而满足全体社会成员对继续教育的有效需求。

（二）优化供给结构是供给侧改革的要义

按照结构功能主义理论："如果社会作为一个系统想要继续存在下去，它就需要一定类型的结构发挥功能性的作用。"继续教育供给结构是继续教育供给体系内部各个要素以有序的方式相互关联，并对体系整体发挥着必要的功能。优化供给结构目的是匹配社会需求，以期达到与需求侧相适应的新水平结构性。

1. 优化继续教育外部结构

优化继续教育的外部层次结构、科类结构、形式结构与当前社会经济发展相匹配，为经济供给侧改革提供所需的不同层次、多元并举的发展性人才。

2. 优化系统内部结构

优化系统内部的专业结构、课程结构、师资队伍结构和管理体制结构，使内部系统各要素资源配置趋于合理和协调，以增强人才培养的针对性和有效性。

3. 优化继续教育供给运行机制

强化各要素与系统内外部环境之间的协调关系，优化继续教育供给运行机制，以达到供给体系内各要素的合理配置，并在遵循其内部发展规律的同时，让功能得以有效发挥，完善继续教育供给结构体系，最终实现提高继续教育供给质量和效率。

（三）提高供给质量是供给侧改革的核心

通过优化供给结构来提高供给结构的质量是供给侧结构性改革的目的。这也是职业院校继续教育供给侧改革的价值取向。继续教育供给质量是对继续教育水平高低和效果优劣的判断和评价，从根本上说，直接关系到人才培养，即人才质量的输出，供给质量的评价可以从两个方面来看。

（1）是否符合经济社会发展对人才的需求。

（2）是否符合社会成员自身发展的需求。

要提高继续教育供给质量，必须构建以质量为核心的人才培养体系。

（1）积极整合校内外教育资源，为继续教育提供基础条件。

（2）从教育的本质来看，人才培养是教育的重要使命，从根本上说，教育就是培养人才。继续教育和学校教育都是人才培养体系不可或缺的一部分。

（3）始终要以教育教学为中心，强化内涵建设。

（4）完善制度体系及质量评估体系，为继续教育提供保障。

（四）强化创新是供给侧改革的突破口

当前经济新常态形势下，要增强我国供给侧的竞争力，关键问题是要素效率的提高，而创新驱动决定着要素效率，由此，以创新驱动供给侧改革有助于激发新活力，释放新动力，挖掘新潜力。进一步说，要优化和调整供给结构矛盾的突出问题，强化创新是解决供给侧问题的关键突破口，供给侧改革思想内涵丰富、外延广泛，但归根到底，第一要务还是在于创新，首先，改革的本身就是创新，需要强调理念创新和制度创新。其次，供给侧改革就在于通过创新创业实现转型发展。

实现职业院校继续教育供给结构、效率和质量的优化，关键在于构建具有创新思维的继续教育供给服务体系，加大对优质教育教学资源的投入，完善管理体制，优化供给机制，完善供给体系。受益于广大教师的劳动成果，增强了供给活力，促进了优质资源向有效供给能力的科学配置。

二、职业院校继续教育供给侧改革举措

（一）观念转变明确继续教育发展定位

践行以人为本、立德树人的教育理念，面向全体社会成员提供优质的教育供给，促进人的全面发展和进步。职业院校优质教育供给包括学校教育和继续教育，满足社会对不同层次的人才需求。

正确处理继续教育与学校教育的关系，深刻认识和发挥继续教育与学校互为补充、互为促进的重要作用，改变当前继续教育在职业院校地位的边缘化问题。在以知识为主的时代，继续教育作为教育体系的重要组成部分，促进了研究生、本科生和继续教育的融合，形成了高层次人才培养的教育体系。

1. 加大对继续教育资源的投入力度

要促进教育资源的合理分配，实现教育资源利用最大化。

2. 统筹继续教育和学校教育管理

要完善制度体系和政策体系，提高继续教育师生与学校教育师生共享服务，努力实现继续教育与学校教育均衡发展。

3. 加强继续教育与学校教育课程体系的契合度

要依托学校教育成熟的学科优势，打造继续教育精品课程、特色课程。

4. 合理引入市场机制

要鼓励与行业、企业联合办学，拓展继续教育供给模式和供给空间，激发办学活力和潜力。

5. 加强继续教育理论研究和实践探索

研究分析继续教育对象的特征和社会实际需求，有助于优化继续教育供给服务体系，实现扩大有效供给、精准供给。

6. 扩大优质资源开放共享

要在全区广泛开展社区教育，积极推进学习型城市建设，扩大辐射范围，推进精准扶贫，统筹城乡继续教育发展，推进全民终身学习。

（二）构建统筹协调的管理体制和机制完善的制度体系

体制构建与完善是职业院校继续教育供给侧改革的重要手段，要有与职业院校继续教育发展相适应的现代管理体制机制和制度体系，才能有效解决职业院校内部继续教育体制机制不畅、效率不高的问题。

1. 理顺继续教育办学职能和管理职能

要建立归口管理、管办分离的管理体制，由专职办学机构归口开展继续教育，管理职能部门负责统筹管理全校的继续教育工作，明确职责职权，分工协作，给予继续教育专职办学机构充分的办学自主权。

2. 完善继续教育质量评估体系

要加强教学质量监控，保障继续教育供给健康运行。

3. 完善制度体系

继续教育与学校教育的均衡发展需要公平的制度环境来作为坚强后盾，形成继续教育的约束和制度保障。

4. 优化运行机制、统筹管理、整合资源

要健全不同办学形式的财务分配办法，形成对依托院系的激励和制约机制，以获得其对继续教育工作的支持和联动。

5. 健全激励机制

要最大限度地发挥继续教育实践者和参与者的自主性、能动性和创新性，逐步提高工作效率和服务水平。

6. 加大对继续教育专项经费的支持

经费是推进继续教育的重要物质保障和基础，要加大对外开放政策支持，鼓励社会资本力量参与继续教育，形成办学主体多元、经费投入及融资渠道多样的办学格局。

（三）完善继续教育人才培养体系

完善继续教育人才培养体系是调整和优化职业院校继续教育供给结构的关键。

1. 培育继续教育专职师资队伍

要采用开放式师资体系构建模式，面向职业院校内外、行业、企业吸收业务精良、技术过硬的师资担任"双师型"教师，教师资源建设要本着"不为所有，但求所用"的理念，打造专职兼职相结合的师资队伍。优质的继续教育需要一支

优秀的师资队伍，继续教育学习者通常已经掌握一定知识与技能，具有较丰富的实践经验，怀着对新观点、新知识、新理论、新技能、新方法的渴望参加职业院校继续教育，这一特点必然要求继续教育的师资是具备更高知识层次和实践丰富的教师，职业院校要以人才能力提升为导向，有意识地在校内培育一批数量相对稳定、专业功底扎实并且擅长继续教育教学的教师。

2. 优化继续教育课程体系

职业院校要根据办学条件、学科优势和社会需求优化课程内容，课程不应该简单地将学校教育的标准生搬硬套，而是要根据需求的实际情况因材施教，制定不同类型和不同层次的人才培养课程体系，从学习者存在的问题开始切入，采用问题导向式培训，培训要着眼于问题解决，同时要关注前沿性、探究性、趣味性和实践性。职业院校要从多个角度加强课程设计，规划建设一批具有市场竞争力的特色课程，强化受教育者的实践能力。

3. 完善教学和支持服务模式

职业院校要根据继续教育对象和专业课程的特点，加强"启发式""案例式""现场模拟式"等教学方法以及网络和面授、自主学习和协作学习、理论学习和实践实训等相结合的混合式教学模式。尤其是基于当前大数据、云计算等信息技术方面的应用，将其先进的技术手段与职业院校继续教育有效结合，构建全新的供给模式，提高供给服务能力，满足公众对职业院校继续教育日益复杂化、多样化、个性化的需求。

（四）创新继续教育多样又具特色的供给服务

创新多样又具特色的供给服务是职业院校继续教育供给侧改革的关键举措。

1. 创新继续教育办学项目，打造特色课程

要加快职业院校继续教育转型，发展和创新非学历继续教育。学历继续教育经过近四十年发展，已存在局部过剩问题，生源数量和质量下滑严重。职业院校要充分发挥学科优势，结合行业、社会实际需求，创新打造继续教育特色项目、精品课程，加强培育创新创业教育特色项目。

2. 创新继续教育供给方式，强化信息技术应用

要充分结合继续教育服务对象的特点，创新供给方式，重点是强化信息技术在教学方式上的应用和创新，尤其是加强移动互联网技术、移动多媒体技术与职业院校继续教育教学的契合度、融合度，努力打造网络化、数字化以及智能化的供给方式。

3. 创新继续教育多样供给模式

要创新职业院校继续教育合作培训机制，注重应用型人才培养，切实推进产

学研深度结合,加强校校、校企、校地和国际间的合作,通过探索创新多样继续教育供给模式,进一步增强职业院校服务社会的能力。

4.创新继续教育与其他教育形态融合

基于对学习成果积累与转换制度机制的探索,创新继续教育与其他各类同层次教育形态的纵向衔接和横向沟通,促进不同教育形态之间学分互认与转换,满足继续教育学习对象在继续教育、学校教育以及跨校、跨专业学习的课程学分可以全部或部分互认,努力实现高等教育体系内部各组成部分的互认互通。

第七章 职业院校继续教育校企合作研究

第一节 继续教育校企合作的必要性

一、经济发展及转型的客观要求

经济发展，人才是关键。随着知识经济时代的到来，技术和产品的不断创新，生产力的迅速提高，企业之间的竞争日趋激烈。在经济快速发展的时代，要实现现代农业、综合能源基地、交通运输等方面经济发展的高效稳定转型，需要更多综合型人才来满足市场经济的需要。在早期工业经济时代，企业的竞争主要依靠土地、设备、资金等自然资源；在知识经济时代，企业的竞争已经转向人力资源与拥有知识和技术的人的竞争。

社会经济的快速发展不仅对教育提出了更高要求，特别是对人力资源的开发和管理提出了更高要求。因此，要大力发展经济，必定离不开与社会经济发展相适应的大量人力资源的支持。资源管理作为一种可以进行计划、配置、培训和存储的战略资源，已成为许多企业获取竞争优势的重要工具。战略人力资源管理是根据公司自身战略的发展需要，制定完善的人力资源培训和开发体系，以确保各类人才不断输送到企业。大量实践证明，重视教育，重视企业员工培训，给我国发达地区带来了巨大的技术和经济效益。

二、职业院校继续教育服务功能转型的必然要求

转型指的是事物本身的结构、运行方式和人们观念的根本转变过程。不同转型主体的状态和对客观环境的适应程度决定了转型的内容和方向的多样性。转型是一个积极寻求新变化的过程，是一个创新的过程。所谓职业院校继续教育的转型升级，是指职业院校继续教育的决策水平。根据外部环境的变化，继续教育的

理念和定位、体制机制、人才培养模式、师资结构、学科结构、课程设置、科研创新体系等都发生了广泛而大规模的调整和创新，将原有的发展模式转变为适应时代要求的新模式，促进职业院校继续教育的高水平发展。随着科学技术的进步、经济社会的发展，职业院校继续教育已逐渐成为经济发展不可或缺的一部分。职业院校继续教育与经济发展的紧密结合既是职业院校持续发展的需要，也是社会经济发展的需要。职业院校继续教育要走出校门、融入社会，着力增强服务意识。通过改革人才培养模式和培养方式，协调教育结构与经济结构的关系，加大对经济建设的直接参与，更好地为地方经济发展服务。职业院校继续教育服务地方经济发展已成为当代世界职业院校继续教育发展的重要趋势，是职业院校继续教育服务职能转变的必然要求。

三、职业院校继续教育自身发展的必然要求

（一）知识经济时代的根本需求

在科学技术飞速发展的今天，传统的学历教育已不能适应继续教育的多元化发展，满足其多方面的综合需求。在传统的学历教育时期，相当多继续教育机构与院校的设置、管理和职能分工对继续教育的快速发展起到了很好的促进作用。然而，在知识经济飞速发展的时代，传统的学历教育已不能适应社会经济的发展。市场经济的快速发展要求我们研究探索新的发展道路。通过职业院校继续教育与企业的合作，职业院校与企业紧密结合，根据市场需求，公司可以迅速培养出专业化、高素质员工，以适应市场经济的变化，更好地服务社会。

（二）终身学习社会的迫切要求

在知识经济时代，每天都会产生新的变化，从业人员也需要根据环境变化来做出自身的调整，以便更好地应对知识更新，终身学习社会已成为未来社会的必然趋势。学习型社会不仅是促进个人发展的社会，也是促进社会进步和发展的社会。也就是说，学习型社会不仅为人们的生活质量增加了价值，而且保持了社会的融合和经济的成功。终身学习以实现对传统教育的超越，引导每个公民把终身学习作为生存和生活的责任。终身学习不仅需要个人保持学习的习惯，它还要求每个人实现自己的抱负，发展自己的可能性。人们还必须适应社会不断发展进步的问题。终身学习是高等学校的更高要求，职业院校需要提供不同层次的非学历教育，拓展办学功能，服务学习型社会。随着学术补偿教育的逐步完成，国家教育政策的调整，社会对职业院校继续教育需求的不断变化，职业院校继续教育必须开设不同层次的学校，以满足每个层次学生的继续学习，满足学习市民化要求，满足学习型社会发展的要求。

（三）高等教育大众化的现实要求

随着普通职业院校全日制招生规模的不断扩大，高等教育已经从"精英教育"阶段走向了"大众化教育"阶段。如果我国的职业院校继续教育不能与时俱进地改变教育模式，不仅无法正常发挥其应有的作用，而且可能因为错误的信息而适得其反。在我国普通高等教育发展的时代背景下，职业院校继续教育的定位需要与时俱进，从以在职教育为主到以在职教育后的继续教育为主，注重在职人员知识技能的更新、专业水平教育和综合素质培养。否则，将极大地限制我国继续教育的发展，影响人力资源的进一步开发利用。高等教育大众化的现实要求我们深入研究和探索新的发展路径，从传统的学历教育向大力发展非学历教育，满足市场需求，满足大量经济快速发展对人才的需求。通过与企业的持续合作，学校继续教育由封闭式办学向充分发挥各种资源优势参与办学，由以扩大规模为重点的粗放式发展向以提高人才素质为重点的内涵式发展转变。因此，职业院校校企合作继续教育既是职业院校继续教育的需要，也是社会经济发展的需要。

四、政校企三方共同的价值取向和利益诉求

继续教育校企合作是政府、学校和企业共同的价值取向和利益诉求。这是三方互利共赢的结果。

从职业院校发展的历史来看，高等教育主要是一种教学功能，培养具有高级专业技能的人才。随着知识经济的到来和现代文明的发展，职业院校的职能不断扩大。科研逐渐成为职业院校的又一项重要任务，一些著名大学参加了科研，成为研究型大学。

到20世纪末，社会服务已成为职业院校的又一重要职能。如今，教学、科研和社会服务已成为职业院校的三大基本职能。随着社会的不断进步和发展，人才培养不仅是学校的任务，也是全社会的共同责任。根据市场经济理论，多元化是市场经济的本质属性。

因此，社会主义市场经济环境下的继续教育办学体制也应丰富化、多样化。只要符合社会主义市场经济规律和职业院校继续教育发展规律，就要鼓励和支持各种办学机制。这完全符合政府优先发展教育、大力发展继续教育的战略方针。这也符合政府对职业院校继续教育的职能定位和目标要求。

对职业院校而言，校企合作能够充分发挥职业院校在继续教育中的作用，实现社会效益和经济效益双丰收。职业院校通过与企业合作，根据企业的需求制订相应的培养方案，体现培训项目的个性化特色，使培训课程内容涵盖行业最新知识，培养适用性人才。此外，职业院校充分发挥科研优势，将科研成果放在企业

进行技术开发或产品开发，使得科研成果能够在很短时间内转化成功，创造出更多经济效益，学校和企业双方也达到了互相帮助、共同盈利的愿望。

从企业的角度来看，校企合作可以有效为急需人才的企业培养优秀员工，提高员工的整体素质，提高人力资本存量，为企业转型升级做好人力资源储备。与发达国家相比，我国企业仍面临人才困境。技术人才和管理人才远远不能满足经济发展对人才的需求，转型升级面临更大挑战。企业要转型升级，往往需要调整产业结构，自主创新，不断提高企业竞争力和服务水平，优化发展环境。这些都需要员工综合素质的提高。

综上所述，职业院校改革创新继续教育校企合作的办学机制，建设完善了以政府为主导、企业为主体的办学体制，对政府、职业院校、企业的每个参与者来说都会产生良好的影响。

第二节　职业院校继续教育校企合作中需要加强的方面

一、主体权责需明确，利益驱动需加强

一般来说，利益是影响校企合作主动性的最关键因素。利益的合理分配是职业院校与企业合作的最大动力。然而，利益并不是影响校企合作的唯一因素，权力与利益之间存在着不可分割的联系。双方的利益是共同的，起着决定性作用。无论是培养人才，还是技术创新，都是基于企业的需要。因此，职业院校之间的利益比例是双方合作的前提。但现实情况是：

（一）校企合作利益分配机制需要完善

校企合作收益有时达不到投资预期，导致校企合作稳定性不足，企业参与合作的积极性和主动性不高。

（二）政府在促进校企合作中发挥的作用需要加强

政府在促进校企合作方面的作用是有一定限度的，加上对企业的义务和取得的权利不一致，导致获取利益缺乏制度保障，这使得企业参与校企合作的动力不足。

（三）政府在对校企合作政策和支持力度上需要加大

我国政府在校企合作的政策和支持方面做得还不够多，还有很多方面需要改善。例如，没有给校企合作更多利益和政策保障。校企合作激励机制不完善，没有促进和激励校企合作。显然，校企合作的动力和利益不足。

二、目标定位需一致，共育人才观念需加强

在开展继续教育教学过程中，职业院校和企业虽然目标一致，但责权有所差异，为使合作成功，必须明确双方的责任和权利，既合理分工，又相互合作，双方也应该通过订立合同的形式来确保合作的顺利进行。校企合作和继续教育的两个关键因素是职业院校与企业。两者都是校企合作和继续教育组织实施的主体。它们都占有重要的地位和作用。两者是一种合作关系，是相互的。服务关系是一种共生关系。

（一）职业院校和企业不能完全依赖政府

由于我国职业院校校企合作在政府的影响下正在缓慢发展，职业院校和企业已经开始依赖政府。学校和企业都习惯了在政府领导下开展校企合作。在具体的合作过程中，职业院校和企业总是希望政府像自己一样处理遇到的困难和麻烦，而很少寻求解决问题的办法。

（二）职业院校和企业要主动合作

在校企合作中，职业院校的主动性明显高于企业。职业院校的积极性强，但缺乏针对性。然而，企业有时是被动的。从企业的角度来看，员工被送到大学接受继续教育和培训。企业积极参与科研开发、与职业院校建立合作关系的合作办学形式尚未引起企业重视，职业院校和企业缺乏合作的积极性和主动性，不能合作是不言而喻的。

校企合作开展继续教育属于非学历继续教育范畴。社会上有许多潜在的需求。职业院校对发展非学历教育也有很高的积极性。但由于缺乏切入点和落脚点，在很多情况下，职业院校只能被动等待企业主动出击，而职业院校主动出击寻找合作的动力并不强。

对企业来说，很多企业对员工继续教育的重要性认识不足，对员工培训不重视。随着经济的快速发展，企业和社会对技术工人的要求越来越高。在职员工需要继续接受教育，提高理论知识和技术技能，以适应社会快速发展的需要。对公司来说，他们更关心自己的利益。尽管他们也关注员工，但他们只关注那些只占优秀员工一小部分的人，而忽略了其余大部分。

三、资源共享要充分,培养环节要衔接到位

职业院校继续教育的教育对象是企业义不容辞的责任。这一群体具有流动性大、层次多、差异明显的特点。它与本科生等其他教育学科有着不同的特点,但继续教育的过程实际上是在进行的。这种特殊性没有得到足够重视。

(一)继续教育的开展需供需一致

由于这些接受继续教育的企业学员都是有工作和生活经验的人,他们继续教育的目的是显而易见的。他们都希望通过培训而不是继续教育来帮助他们的工作。从实际发展来看,教育对象与教育教学方式没有区别。教学过程和教育效果的评价过程通常是以普通高等教育同级为基础的。这些措施忽视了继续教育培养学生更新知识的必要性,形成了供需错位的局面。

(二)继续教育的课程体系需完善

目前,我国继续教育课程体系还不完善,没有专门为企业实际需要设计的教材。职业院校继续教育本科专业使用的教材会导致这样的情况:课程设置和实际企业需求不一致,课程内容缺乏前沿性和实效性。由于课程不能满足学生的需要,使学生的学习积极性受挫,无法达到预期的训练效果。继续教育跟不上产业的发展,表现出明显的滞后性。此外,由于我国对继续教育投入不足,继续教育师资队伍建设没有得到有效解决。它一直是制约继续教育发展的重要因素,已成为困扰职业院校和企业的重大问题。

(三)从事继续教育的教师需经过特殊培训

目前,职业院校从事继续教育的教师没有经过专门培训。他们大多不了解继续教育的特殊性,也不了解企业员工的特点和实际水平。一些教师仍然按照本科生的教学模式来教学生,成人学习的特点根本没有考虑,很多学生对培训不感兴趣。还有一些教师只懂理论知识,不懂实际操作。由于缺乏理论与实践的结合,学生可能想学习的是如何解决工作中遇到的问题以及一些前沿的技术知识和方法。教师型"教师团队"造成了企业学生的期望与职业院校的供给矛盾的局面。

此外,校企合作"双师型"教师培训模式仍以政府主导和课程合作为主,其他模式严重缺乏。这也是当前校企合作和继续教育中的"双师型"教师队伍建设需要解决的问题。

(四)职业院校和企业需做好教育资源共享

职业院校是培养高素质人才的场所,他们通常处于学术研究的前沿。在职业

院校师资力量雄厚、专业学科门类齐全的情况下，培养出具有较高理论水平和理论教学能力的人才的资源条件强，而企业在引进先进设备、实际操作技能、经营管理等方面有独到的优势。从这个角度来看，其实职业院校和企业在教育资源方面可以互相学习，但职业院校和企业利用自己的资源并没有很好地形成教育资源共享优势。合作前，双方没有对对方的情况进行全面分析。虽然双方有合作意识，但并没有将对方纳入各自的发展规划。在制度上，校企合作的诚信没有体现出来。双方仍以自身利益和发展为首要出发点。他们都在考虑对方能给自己带来什么，而不知道双方能分享教育。资源和双方资源的共享对于合作效果可以起到1+1>2的作用。共享可以省钱，也可以提高人才培养的整体效益。因此，学校和企业都要发挥各自优势，实现互利共赢。

四、过程监管机制需稳定有效

健全的监督机制是校企继续教育合作顺利实施的保障。校企合作是以双方合作为基础，提供教育资源，相互学习。然而，目前大多数职业院校对合作关系的理解是片面地提供培训资源，忽视了对学生的控制，导致合作遇到了障碍。因此，在建立合作关系的前提下，首先要为企业的人才培养计划制定完善的教育管理制度。

（一）职业院校和企业需明晰责权

职业院校和企业是两个不同的职能部门，职业院校与企业是一种合作关系，虽然合作的目的是相同的，但权利和责任是不同的。

（二）继续教育的管理和办学要避免职能交叉

目前，我国许多职业院校在继续教育的管理和运行中存在着严重的职能交叉问题。继续教育的管理和办学往往是由同一部门组织实施的，这种现象会导致资源配置不合理，效率低下，办学体制不健全，僵硬、不灵活的管理等问题。

（三）继续教育的监管和考评要灵活多变

此外，职业院校对继续教育的监督和评价缺乏灵活多样的方法。继续教育的监督机制和评价体系有待完善。

第三节 职业院校继续教育校企合作对策

一、制定职业院校继续教育服务经济社会发展的战略目标

我国继续教育发展几十年来，无论是促进我国教育事业的发展，还是服务经济社会的发展，都为培养适应时代发展的高技术、高素质人才做出了巨大贡献。然而，职业院校要继续更好地服务市场经济，需要参考国家发展战略的布局。这就要求发展继续教育作为职业院校经济社会发展服务的战略目标。其中，国家社会发展战略实际上就是人才发展战略。普通职业院校教育质量和人才培养质量已成为影响我国综合国力和国际竞争力的重要因素。继续教育不仅肩负着全面提高公民思想道德水平的任务，而且肩负着提高科学文化素质的重要任务。在制定高等学校继续教育为经济社会发展服务的战略目标，确保高等学校继续教育战略地位的落实中，国家制定有关继续教育的政策法规是高等学校继续教育顺利实施的重要保证，随着继续教育服务经济社会发展的兴起，继续教育的政策法规成为战略地位的保障。

众所周知，普通高等教育是高等学校的基础，教育质量是职业院校的生命线。继续教育是普通职业院校服务社会经济的重要载体，是连接普通职业院校与社会的桥梁和纽带。继续教育与通识教育必须形成良性互动，从不同角度全面发挥普通职业院校的功能。制定高等学校继续教育和经济社会发展的战略目标不仅有利于提高继续教育的实用性和科学研究的应用性，而且有利于培养经济社会发展所需的人才，有利于经济建设和社会发展。职业院校继续教育的培养要服务经济社会发展的战略需要，从经济社会发展战略中寻找继续教育的增长点。在发展过程中，职业院校要抓住发展机遇，及时了解经济社会发展的战略需求。加强与企业的关系与合作，增强职业院校对社会的贡献，从而更好地服务社会经济发展。在当今经济技术飞速发展的时代，教育应该是经济中的重中之重。职业院校继续教育与企业相结合是教育服务经济社会的重要渠道。校企合作是实现职业院校继续教育服务经济社会发展的重要途径，也是实现战略目标的主要途径。

二、创建以企业需求为导向的继续教育人才培养模式

建立面向企业需求的继续教育人才培养模式是提高我国企业人力资本存量、增强企业竞争力的有效途径。在职业院校继续教育校企合作发展过程中,必须建立基于企业需求的继续教育人才培养模式。只有以企业需求为导向,才能在市场经济中谋求发展,实现职业院校地方经济的快速发展。

(一)树立市场意识,转变办学模式

培养市场意识,使继续教育工作市场化,以行业经营的方式管理继续教育工作,按照市场机制有效运行,确保继续教育健康发展。继续教育管理部门对教育市场进行调研,了解市场需求,研究服务目标,融入区域经济发展,瞄准人才市场需求;专业锁定市场趋势,培训和跟踪岗位;突出技能培训,建立素质教育的新型继续教育概念。继续教育规划可以随着市场经济的变化而调整,根据发展目标和市场对人力资源的需求制订发展规划和措施。建立继续教育人才培养新模式,逐步将继续教育的重点从学历教育向非学历教育转变的发展模式。职业院校继续教育应根据各企业的特点灵活设置继续教育的时间、地点和形式,找到与各单位的匹配点,使非学历教育形成多层次、多渠道、多形式的发展模式,继续发展教育事业。在确定培养目标和筛选培养方案时,学校将根据学校的学科优势和人力资源确定最适合的项目,充分发挥学校的品牌特色,通过优质的培训服务吸引更多潜在继续教育人员前来接受培训。

(二)成立研发团队,创新培训项目

职业院校继续教育要立足地方经济发展需要,贴近行业和企业发展需要,就必须对继续教育市场进行调查研究。针对企业对人力资源的需求,组织专业人员组成研发团队,通过专业人员的研究、分析和团队讨论,科学合理地制订出真正适合市场运作和业务需求的培训方案。在职业院校继续教育中,只有开发和创新真正符合企业需要的培训项目,才能融入当地经济发展,为社会经济发展做出贡献。在人才培养方案的开发和创新过程中,要着眼企业的需求,注重自身职业院校的特点,让企业对职业院校继续教育的研发能力和专业课程感到满意,充分调动企业对职业院校的积极性,对继续教育的热情。职业院校继续教育要不断开创新项目,形成具有市场竞争力的继续教育项目群,构建科学完善的培训项目体系,更好地满足企业发展对人才的需求。

(三)按照培训需求,创新课程设置

在进行培训之前,与培训师、受训人员和公司进行沟通,了解公司培训的需

求和问题。培训课程应根据公司的需要，根据学员的接受程度合理设置。课程设置应紧密结合公司发展需要，注重培养实践能力强的应用型人才。要提高继续教育培训的经济效益，必须增强继续教育培训的针对性。职业院校继续教育培训要贴近社会市场需求，课程设置要有所创新。在补充受训人员的知识和技能时，要结合受训人员目前的知识水平、专业和学历，注意科学合理的课程设置，使受训人员能够充分掌握所需知识和技能。随着科学技术的进步和科技的更新，职业院校可以不断建设一支具有较强专业技能和与时俱进能力的课程队伍，对继续教育的发展产生非常积极的影响。

通过建立面向企业需求的继续教育人才培养模式，通过实施人才战略，职业院校可以增强自身的核心竞争力，而实施人才战略的实质是坚持人才是战略资源。职业院校继续教育在服务社会经济发展中发挥了重要作用。职业院校继续教育对市场进行深入研究，使其培养目标、培养方案、合作方式和课程设置更贴近社会市场经济效益的发展需求。只有建立面向企业需求的继续教育人才培养模式，完善人才培养与产业匹配度，才能更好地服务地方经济。

三、构建职业院校继续教育效果评价指标体系

社会经济的发展需要通过物质财富的不断积累和增加来实现，也就是说，经济的持续增长带动了社会经济的发展，继续教育作为影响经济发展的诸多因素之一，通过劳动和科技的再生产成为经济增长的源泉，进而影响到整个社会经济的发展。目前，我国继续教育以职业院校为主体，实现为社会经济发展服务的目标。继续教育的经济效益对社会经济价值有着无限影响。随着继续教育的不断发展，我国继续教育的质量和效益如何提高成为一个关键问题。如何确保和提高继续教育质量，促进继续教育可持续发展，确保继续教育真正为社会经济发展服务，构建符合继续教育特点的职业院校继续教育效果评价指标体系是十分必要的。在建立职业院校继续教育效果评价指标体系时，可以从职业院校继续教育效果评价、受训者个人继续教育效果评价等方面设计评价指标体系，考查培训组的继续教育效果。

（一）职业院校继续教育教学方面的评价

职业院校继续教育评价主要包括教学资源评价和教学管理评价。继续教育教学资源评价可分为师资力量评价、物质资源评价和财力资源评价，主要评价对象包括在职业院校继续教育的"双师型"教师比例、教师资格和专业、校舍和教学设备。对继续教育教学管理的评价包括课程设置、参与状况、内容检测、教学活动监控和相关管理制度的评价。继续教育课程评价主要是指专业设置是否符合当

地经济发展的需要和培养目标。继续教育评价指标主要包括继续教育项目覆盖面、学生参与度和企业参与度。继续教育的内容评价主要包括对教学活动的构成和实施力度的评价，对教学活动的监测和评价包括教学活动的准备过程、教学过程中的教学方法，以及学生的热情。监控是保证教学质量的重要指标。对相关管理制度的评价就是评价一些教学工作、休假等管理制度是否完善，实施是否有效，确保继续教育的有序发展。通过建立职业院校继续教育相关评价指标体系，保证职业院校继续教育质量。

（二）受训者个人继续教育的效果评价

校企合作继续教育的成功，归根结底，体现在员工是否提高了绩效，是否给公司带来了更大的经济效益。因此，对学员个人的综合评价应该是整个评价体系的主要内容。但是，应该看到，人与人之间是有区别的，对每个人的评价不能一视同仁。这就要求在员工接受继续教育之前，建立一套员工素质特征评价体系，对员工进行科学客观的评价，个体学员继续教育效果评价可分为教育活动应对指标、学习收获评价指标、工作行为评价指标、与工作成果相关的评价指标。教育活动的指标主要是指学生接受教育后对教育内容、方法和设施的满意度，是对教学活动的总体评价；学习收获评价指标主要关注学生的学习效果，可以通过笔试或实际操作进行评价；工作行为评价指标是员工接受教育时的工作表现，主要是对技能水平能否真正应用到实际工作中的评价；与工作成果相关的评价指标是四个评价指标中比较重要的指标。继续教育的效果最终体现在员工的工作绩效能否满足公司的战略要求上。因此，对员工的实际工作质量和对员工的贡献率进行一系列评价至关重要。

（三）受训团体继续教育的效果评价

这里的培训群体主要是指接受继续教育的企业。企业作为一个独立的个体经济单位，在市场运作中必须强调效率和效益。继续教育的效益是指在继续教育经费、人力、设备投入有限的情况下，取得的实际最佳效果。继续教育的效益不仅是继续教育的生命力，也是职业院校继续教育校企合作顺利开展的重要保证。因此，从效率的角度，可以将培训班继续教育效果评价分为继续教育经济效益评价指标和社会效益评价指标。其中，经济效益评价是指企业的产值、利润的增加、产品质量的提高、成本的降低等促进经济发展的表现形式；社会效益评价是指人力资源开发、产业结构优化、精神文明建设等社会发展的一种有益表现形式。通过建立培训团队继续教育效果评价指标体系，从效率的角度对继续教育效果进行评价，真正保证企业的实际效益，调动企业继续教育的积极性，使继续教育深入各个行业和企业，与社会接轨，加快继续教育的发展，从而更好地服务社会经济的发展。

四、健全职业院校继续教育校企合作的保障体系

目前，为适应社会人才培养模式的发展需要，普通职业院校不断尝试与校企合作培养高技能综合型人才。校企合作办学已成为职业院校培养继续教育人才的有效途径。在市场经济体制下，如何把普通职业院校的继续教育与校企合作结合起来，建立长期、可持续发展的校企合作关系尤为重要。因此，加快发展继续教育已成为继续教育人才培养的重要课题。目前，我国正处于经济发展的转型时期，要大力发展职业院校继续教育校企合作，优化产业结构，加快转变经济发展方式，完善职业院校继续教育校企合作保障体系，为继续教育校企合作积极稳定发展提供重要保障。

政府要完善职业院校校企继续教育保障体系，使职业院校在服务经济发展中发挥重要作用，促进经济结构调整和产业结构升级，确保职业院校继续教育校企合作健康、稳定、可持续发展。

（一）政府要建立职业院校继续教育校企合作的政策保障

通过制定政策，进一步明确和规范政府、学校、企业在校企合作教育中的责任和义务。2009年3月1日，浙江省宁波市在全国率先施行的《宁波市职业教育校企合作促进条例》是我国第一部专门针对职业教育校企合作的法规，以地方立法的形式对职业院校与企业合作进行了保障。通过制定相关政策，为校企合作持续健康发展提供了法律保障。此外，政府的激励机制对校企合作的积极发展，特别是调动企业的参与度，具有重要作用。大力开展职业院校继续教育校企合作，不仅要从地方立法的角度约束企业，还要建立校企合作的激励机制，使企业积极参与职业院校校企继续教育，从而增强企业的核心竞争力，达到服务地方经济的效果。

（二）政府要制定职业院校继续教育校企合作的组织保障

政府通过成立校企合作教育委员会和指导中心，对职业院校校企合作继续教育进行全面、系统的指导。各职业院校还必须合理调整和完善继续教育各部门的组织结构，建立健全组织管理制度，重新确立各部门的职责、权限和任务，调整旧的职责中不利因素的反复管理，使每一个分工都得到明确界定和协调。在继续开展校企合作过程中，校企合作委员会和指导中心应成立一个研究小组，了解市场对人力资源的需求，为校企合作继续教育做好准备。在校企合作学习中，对学生和企业对校企合作学习的满意度进行调查。校企合作结束后，反馈学生工作综合成绩的提高情况。各职业院校还应定期召开交流会、学习报告会和工作报告会，合理规划和优化继续教育和校企合作的教学资源。

（三）政府要建立职业院校继续教育校企合作的经费保障

通过制定优惠政策，国家设立了校企合作专项资金，保证了校企继续教育的资金来源。只有加大对继续教育经费的投入，才能保证继续教育多元化格局的快速形成，才能保证继续教育校企合作的健康有序发展。因此，地方政府应确保职业院校继续教育经费投入，通过建立继续教育专项基金制度，加大对继续教育示范基地建设和师资队伍建设专项资金的投入。在校企合作方面，校企合作的资金补助和奖励制度可以有效调动企业参与校企合作继续教育的积极性；建立校企合作继续教育的教师津贴和奖励制度，不仅限于教师参与教学，也为教师服务。对教学过程、学生表现和企业反馈进行评价，对教学效果优秀的教师给予奖励，进一步保证了校企合作过程中的教学质量。

（四）政府要建立职业院校继续教育校企合作的制度保障

大力开展校企合作继续教育，地方政府不仅要投入大量财力，而且要建立校企之间的继续教育体系。通过建立和完善职业院校校企合作的制度保障，对不积极参与校企合作的企业给予一定程度的约束，对积极开展校企合作的职业院校和企业给予表彰和奖励，对继续开展校企合作教育并取得良好成效的职业院校和企业给予表彰和资助，甚至双倍奖励。

激励和约束职业院校与企业在校企合作中的参与度，极大地鼓励和引导行业和企业参与职业院校继续教育校企合作建设。完善职业院校校企合作继续教育保障体系，营造良好的校企合作经营氛围，促进校企合作继续教育健康发展，提高地方经济竞争力，为我国经济建设做出一定贡献。

建立完善的教学质量监控和项目运行监控保障体系不仅可以提高继续教育校企合作的教学水平，而且可以促进继续教育的发展，也可以不断扩大职业院校继续教育校企合作的联系，为继续教育训练提供了更好的环境和支撑。

第四节 校企继续教育资源共享模式构建

开放态度是职业院校和企业实现教育资源共享的前提。要实现资源共享，职业院校和企业必须首先熟悉彼此的资源，并结合自身优势了解彼此的资源，才能有效地为两种资源服务。职业院校与企业相结合，继续教育的利弊并存。对职业院校来说，其理论知识的先天优势是任何企业都无法企及的，企业对市场的把握和对技术的需求是其独特的优势条件。由于职业院校和企业各有不足，可以互补，合作成为双方资源共享的有效途径。

一、搭建平台实现教育信息资源共享

职业院校与企业之间的信息获取主要依赖双方的沟通。如果校企之间的沟通不顺畅，对方无法及时了解到双方信息，便会给合作造成很多障碍。因此，从合作的开始到合作的过程和结束必须保证信息的顺利交流。在合作之前，双方应对彼此的需要进行广泛研究，为合作奠定基础。在合作之初，双方应从培训目标、培训方案和计划、课程内容、师资配备、资源共享、日常管理、办学条件、经费和使用，甚至教育理念等方面，就对方的实际情况进行详细讨论。为了有针对性地开展工作，双方需要充分沟通整合。

在合作过程中，需要通过教师、学生和导师了解和反馈信息，及时做出调整，以应对继续教育的发展。合作结束后，双方将对合作进行全面评估和交流，为进一步合作做好准备。通过沟通，可以实现对校企合作和继续教育全过程的动态监控。同时，促进校企合作和继续教育的研究、诊断和及时反馈，使培训工作的实施更加客观、全面、明确。了解、促进校企信息对称，同时及时发现和解决问题，确保继续教育按照预定的工作目标进行。在沟通过程中，引导企业制定合理可行的继续教育目标和任务，提高企业继续教育培训在企业发展中的针对性。有效的互动沟通还可以帮助企业了解自身的人才发展需求，熟悉和了解职业院校，并提供指导或建议。因此，通过及时掌握合作过程三个阶段的培训进度，保证合作信息的畅通，提高职业院校校企合作的质量，提升职业院校继续教育质量，促进企业人力资源质量的全面发展。此外，沟通平台和沟通方式要多样化、便捷化，如网上平台、座谈会、跟踪调查等。

二、"双师型"师资队伍建设加强

在校企合作中，如果没有一批具有深厚专业技能、优秀理论教学、实践操作的"双师型"教师，培训质量便难以提高，校企合作也将很难开展。因此，职业院校应着力加强"双师型"教师队伍建设。由于职业院校以培养优秀理论人才著称，职业院校教师大多具有较高的理论素养，但实践经验并不充分。企业不同于职业院校，在长期的生产实践中，公司培养了许多具有丰富操作技能的专家，正好可以弥补职业院校教师在实践教学中的不足。

考虑到继续教育对象的特殊性，职业院校和企业可以整合教师资源，优化教师队伍。因此，结合教师的优势，可以建立理论教师和企业技术专家相结合的"双师型"教师队伍。加强"双师型"师资队伍建设的途径有：

一是聘请具有较多教学经验和行业实践经验的教师到职业院校兼职，以保障职业院校"双师型"教师的缺乏,但由于兼职教师的不稳定性和流动性等原因,无论是学校,还是企业,都必须始终保证他们的规范和监督,并在此基础上提高他们的个人素质,保证教学的有效性。

二是加强对职业院校在教师专业素质和个人素质方面的培养。通过搭建培训平台,为他们提供学习机会,他们将继续提高专业水平和业务能力,并通过奖惩来鼓励他们,提高职业院校教师的积极性,大力挖掘职业院校教师的教学潜力,努力提高理论水平和实践能力。

此外,还可以通过高薪引进国内外先进人才,充实大学师资力量,提高大学整体教学水平。但这样做的前提是要加大资金投入,确保人才引进。这样的稳定性保证了教学工作的顺利进行。同时,要充分利用引进人才的优势,为教师提供学习和交流的机会,通过支持和鼓励教师科研成果,创造成长和良好的发展环境,激发教师的学习积极性和教学积极性,将职业院校教师培养目标真正内化为教师的激励,从而在更大程度上提高职业院校教师的整体水平。

三、关联校企教育教学基地

职业院校以培养理论型人才为特长,职业院校的培训基地主要针对的是理论教学,在学科专业、师资、教育管理模式等方面保持优势,而企业的实践基地则在实践设备和生产环境方面占有很大优势条件。因此,学校和企业都应充分利用彼此的优势资源建设教学基地。通过企业投资或校企联合投资,在企业生产基地建立教学实习基地。企业尽可能为学校提供优质的技术和设备,为师生开展实践教学提供支持。职业院校为企业提供优秀教师,并以高水平的教学回报公司的支持,职业院校图书馆是学生丰富理论知识的重要场所。大学图书馆向学生开放,成为学生学习的第二课堂。

以培养理论知识和实践能力并重的合格人才为共同目标,职业院校和企业可以充分利用教育资源,共建教学基地,共享教学设施,这样可以充分利用先进的技术和设备,有效防止学生继续教育培训脱离实际生产,使双方资源得到充分有效利用。此外,职业院校还可以牵头或主动联系国内外其他有实力的职业院校或企业,寻找第三方教学资源,通过参观或远程教育丰富教育资源。为了实现学生操作技能与企业实践的有效结合,职业院校必须保证校企之间的公开沟通。这种交流不仅体现在实践中,更体现在职业院校如何运用理论知识,有效指导实践技能的发展上。只有通过沟通改进和持续改进,才能更深入地了解双方需求,通过校企合作实现继续教育的顺利推进。

第八章　职业院校继续教育质量管理研究

第一节　概　述

一、继续教育质量观

质量的定义在生产力发展的不同阶段、不同角度有不同的表述。随着时代的发展，人们对质量概念的认识逐渐清晰，并经历了符合性、适用性和综合性三个阶段。在国际标准化组织（ISO）标准中，质量被定义为"满足在何种水准上的一组固有特性"。

质量观即对质量的认识。继续教育质量的高低不仅关系继续教育的发展，而且关系指导和协调继续教育的发展。继续教育理念的确立应立足发展，要有利于继续教育的发展，促进国家经济、政治、文化和社会发展，满足人民群众的教育需求。我们应该强调全面的质量观，而不是单一的质量观。

全面质量观是以继续教育整体水平为核心，全面、多方位地评价继续教育质量的一种理念，它从以下几方面对教育质量进行评价。

（1）目标

教育目标的合理性、培养目标与教育水平的一致性。

（2）教育过程

包括课程、教学体系、教学质量、师资构成、行政人员素养和管理水平。

（3）教育制度

先进科学的教育体制、继续教育体制和管理机制是行之有效的，符合教育发展规律。

（4）教育设施

教学设备、住宿等设施齐全。

（5）教育产品的质量

学生在知识更新、技能发展、方法创新、自我修养等方面所达到的水平，以及大学所培养的人才在经济和社会生活中的作用。

二、继续教育质量保障体系

质量保障最初是指制造商或生产商给用户的产品和服务不断满足用户，达到预期目标的进程。它要求从头到尾做一件事来防止缺陷。扩大到教育部门，质量保证是指特定院校按照某些政策、标准、程序等对教育质量进行监督和评估，包括参与课程、教师、教学等方面，目的是保持和不断提高教育质量。

质量保证体系是指影响质量的基本要素之间的相互联系和相互作用，构成一个有机的整体，包括外部质量保证体系和内部质量保证体系。继续教育质量保证体系是指在继续教育理念指导下，通过相互作用，形成一个有机结合、稳定有效、能够保证和提高质量的整体，借助对继续教育质量的影响因素，以提高教育质量。

第二节 继续教育全面质量管理的要点和内容

一、全面质量管理的要点

全面质量管理最先见于美国通用电气公司质量经理菲根堡姆在1961年发表的《全面质量管理》一书，他指出："全面质量管理是为了能够在最经济的水平上并考虑到充分满足用户需求的条件下进行市场研究、设计、生产和服务，把企业各部门的研制质量、维持质量和提高质量的活动构成一体的有效体系。"[①] 费根堡姆提出的质量体系第一个问题指出，质量管理的主要任务是建立质量管理体系。这是一个新的见解，具有划时代的意义。费根堡姆的思想在日本、美国、欧洲等国家得到了广泛传播，并在各国的实践中得到丰富和发展。

1994年版的1SO9000标准中，全面质量管理的定义："一个组织以质量为中心，以全员参与为基础，指导和控制组织各方面的相互协调的活动，目的在于通过让顾客满意和本组织所有成员及社会受益而达到长期成功的管理途径。"

目前，全面质量管理已广泛应用于世界各国各行各业。全面质量的管理思想也被引入教育和培训行业全面质量管理的基本指导思想。

---

① 菲根堡姆.全面质量管理[M].杨文士，译.北京：机械工业出版社，1991.

（一）以人为本

倡导"从始至终教育"的理念，强调素质教育的作用。人是组织质量管理的主体，调动人的创造性和主观能动性，动员人的充分参与是提高质量的根本保证。为了不断提高人的素质，所有员工都必须掌握和执行公司的质量方针和目标，提高每个员工的工作质量，以确保产品质量。

（二）系统管理

从总体定位和总体质量出发，全面研究质量相关活动，系统分析，综合管理相关活动，实现整体优化，以最少投入生产出满足用户需求的产品，取得最佳的经济效益。

（三）质量与效益相统一

反对重数量、忽视质量，反对无成本的过度质量。其实质是质量与经济投入的优化组合，以最少的投入获得最优质的产品。

（四）质量经营

在企业的一切生产经营活动中，都必须强调质量，质量是关键。全面质量管理的基本要求如下：

1. 全过程的质量管理

任何产品或服务的质量都是系统地孕育、形成和实施的。质量形成过程有许多相互关联和相互联系的环节，每一环节或多或少地会影响产品或服务的质量。为了获得满意的产品，质量管理不仅仅局限于产品的制造过程，而是扩展到所有方面。建立系统的质量管理体系，全面管理影响质量的各个方面和要素。

2. 全员参与的质量管理

产品或服务的质量反映了各个阶段工作的质量。企业每个环节的质量、每个人的工作都会影响到产品或服务的质量。

二、继续教育全面质量管理的内容

根据全面质量管理理论，质量管理是以全体员工的参与为基础，组织和协调多方关系，实现顾客满意、员工满意和社会效益。在职业院校继续教育教学中，影响教学质量的因素是多方面的，所以全面质量管理的内容也是多方面的。总之，内在因素可以概括为三方面：人、物、事。外部因素包括法律法规、评估机制和行业协会。

（一）继续教育之人

全面质量管理强调以人为本，人是组织质量管理的主体，调动人的创造性和主观能动性，充分调动人的参与是提高质量的根本保证。在继续教育教学中，参与者包括组织领导、教师、受训人员、培训单位组织者、合作单位等。

1. 组织领导是办学单位的灵魂和领路人

组织领导，即学校领导和决策者，包括学校领导、学院领导和中等教育中心主任。领导者是组织的核心，决定着组织发展的使命、愿景和价值观，对组织文化的形成和发展起着决定性作用，对继续教育的质量起着领导和指导作用。俗话说："在命令之下，不会有软弱的士兵。"北京大学的蔡元培、清华大学的梅贻琦、浙江大学的竺可桢等，已经成为他们大学不可或缺的显著标志。组织领导的人格魅力是组织素质形成的关键。

2. 员工是继续教育质量管理的执行人

员工，即学校的执行人，包括项目主管、项目负责人、班主任等。员工是组织的执行人，参与项目规划、组织和运行的各个方面，并贯穿项目的过程管理；员工的细心细致工作直接影响到继续教育项目的质量，对继续教育的质量起着至关重要的作用。

3. 学员的成就和声望是继续教育质量的重要体现

继续教育的根本任务是培养人才。继续教育的质量要求优秀的人才来发展继承。纵观国内外一流大学的发展历史，有许多优秀的校友。因此，学生的成就和声望就是继续教育质量的"活广告"。培训对象，即继续教育的培训对象，包括党政管理干部、企业管理人员、专业技术人员和其他社会人员。教育产品与工业产品最大的区别在于教育产品质量或价值的实现，这不仅是由于教育产品的内在因素，而且在很大程度上取决于教育者自身的因素。因此，学生自身的知识水平、素质和态度也直接影响着继续教育的质量。

4. 教师是继续教育质量的主要承担者

清华大学梅贻琦先生说："大学者，非谓有大楼之谓也，有大师之谓也！"[①]教师的重要性可见一斑。教师，即继续教育项目的教师，包括专家学者，也可以是具有一定理论水平的政府官员和经验丰富的企业管理者。教师的文化素质决定着教师的教学水平，教师的教学水平是决定继续教育水平的内在因素，对继续教育的质量起着决定性作用。

5. 参与单位组织者是继续教育质量的促进者

参与单位的组织者，即委托单位，一般指介于办学单位与学生之间的组织部门、人事部门、企业人力资源部门等，是办学单位与学生之间的沟通桥梁，能够

---

① 梅贻琦. 中国的大学 [M]. 北京：北京理工大学出版社，2012：1.

提高对办学单位的需求,是学生能够提出要求的一个信息节点,它提升了继续教育的质量。

6.合作单位是继续教育质量管理的延伸

合作单位是独立于办学单位的外部组织,在办学过程中发挥着支撑作用。它可以直接参与项目,如招生推广,也可以提供辅助,如第三方教学实习基地。一个组织的发展总是受到自身力量的限制。为了寻求突破,引进社会力量或与同类机构合作是一种很好的方式。这就要求我们要处理好对外合作这种关系。如何选择合作伙伴,以及选择什么样的合作模式,都需要建立一个规范的制度来保护。

（二）继续教育之物

人们在质量管理中的创造性和主观能动性是质量管理的根本保证。而事物,从哲学的角度来看,是客观存在的,是质量管理的基础和载体。一般包括教材、宣传册、质量手册、学生手册、员工手册、硬件设施、校园环境、财务等方面。

1.教材是继续教育质量管理的物质基础

古人云"温故而知新"。学习过程不仅是教师在课堂上的讲课过程,也是课后的复习。上课时间是有限的,教师只能在授课时谈论重点和要点,最初的准备和理解是非常重要的。由此可见,教材是学生学习的重要基础。

2.宣传册是继续教育正能量的传播器

在孕育、形成和发展过程中,继续教育的质量需要提升特色和亮点,争取社会的认可。宣传册是一个很好的载体,汇集了继续教育的亮点和特色,它是为办学传播正能量的。

3.质量手册、学员手册和员工手册是继续教育质量管理标准化的需要

在传统的继续教育质量管理中,通过制定规章制度进行控制的模式往往是一种质量管理。对于全面质量管理,必须对每一个环节进行量化。在继续教育领域,质量手册、学生手册和员工手册是质量管理标准化的体现。在质量手册中,可以详细说明继续教育中的各种质量风险点,并告知具体的处理方法;学生手册详细说明了继续教育学生的各种预防措施等;员工手册详细说明了继续教育中员工办学过程中各环节的运作方式。

4.硬件设施是继续教育质量的重要支撑

硬件设施是指教室、图书馆、自习室、体育馆、食堂、宿舍等基础设施。为了满足学生的学习和生活需要,它们可以激发学生的学习兴趣。良好的硬件设施可以给教师带来大量的教学方便,如多媒体教室的应用极大地改变了教学方式,使教学更加灵活、生动、有趣。良好的硬件设施可以提高学校的形象。

5.校园环境是继续教育的文化内涵

校园环境,尤其是多年积累的建筑物和树木,是大学历史的传承。它汇集了传统遗产和文化品位,是大学向世界展示自己的名片。

6.财务是继续教育质量管理的源头

继续教育是职业院校服务社会的重要途径,也是职业院校主要教育之一。然而,继续教育在具有教育属性的同时,也具有特定市场的属性。在为社会服务的同时,还必须考虑到社会的可持续发展。财务收支问题也是必须考虑的。全面质量管理追求数量与效率的统一,反对重数量、轻质量,反对无成本的过度质量,对财务管理提出了更高要求。在财务管理中,要处理好学校中心利益与学校学科发展的关系、学校中心收益与研发投入的关系、教师报酬的合理性等问题。

(三)继续教育之事

这个事件是人和事物的综合运动,对于继续教育的质量具有举足轻重的地位。继续教育之事可以概括如下所述。

1.继续教育的发展规划、政策与制度的制定和实施

继续教育发展规划作为一项战略性、前瞻性和导向性政策,在继续教育管理中起着主导作用,决定着继续教育的发展方向和发展趋势。政策和制度的制定是继续教育规划顺利实施的保证,对继续教育质量管理具有宏观调控作用。

2.继续教育组织架构的设计

组织架构是指一个组织整体的结构,是在管理要求、管控定位、管理模式及业务特征等多因素影响下,在办学单位内部组织资源、搭建流程、开展业务、落实管理的基本要素。组织架构是办学单位的流程运转、部门设置及职能规划等最基本的结构依据。组织架构分为直线型、职能型、扁平式等多种类型,关键是要考虑是否符合发展规划的需要。优化合理的组织架构能调动各方积极性,形成科学系统的管理模式,促进发展规划的实现,是继续教育质量管理的重要组成部分。

3.继续教育运行机制的构建

运行机制是继续教育过程中的主要机制,是学校生存与发展的内在功能,是学校的运行模式。它是指导和制约办学单位决策和人、财、物相关活动的基本标准。制度是决定学校办学行为的内外部因素和相互关系的总称。各种因素相互联系、相互作用。要真正实现学校各项任务的目标,必须建立协调、灵活、高效的运行机制。

4.继续教育办学过程的管理

项目运行过程管理的质量对项目质量起着决定性作用,是全面质量管理的重要组成部分。过程管理包括项目开发、市场营销、教学管理、后勤保障、质量控制和行政财务管理。

5.满意度的反馈

满意度是对继续教育培训质量的直接反映。满意度调查和信息反馈是我们发

现质量问题、为质量持续改进提供第一手信息的重要途径。根据对象的不同，满意度取决于学生满意度、员工满意度和社会满意度。

6. 时事声音和特殊事件

如何在某些事件中发挥声音和作用，如何在消极事件发生后加以应对，如何在积极事件发生后最大限度地发挥其影响，对继续教育质量的传播和提高具有积极意义。

（四）继续教育的外部因素

职业院校继续教育的人、物、事三个方面是继续教育全面质量管理的内在因素。基于社会的大学也会受到外部因素的影响。外部因素包括国家法律法规、继续教育评估机制和行业协会。

1. 国家的法律法规是继续教育质量管理的底线

国家的法律法规在继续教育中具有明确的作用，可以做什么是显而易见的。法律法规对继续教育具有预防作用，在日常的学校教育过程中，它们依法调节和控制人们的思想和行为，规避违法行为的发生；法律法规对继续教育具有规范作用，执法可以纠正办学行为中一些偏离法律轨道的违法行为，使其回归正常法律轨道。法律法规是继续教育质量管理的底线。

2. 继续教育评估机制是继续教育质量管理的有效工具

它独立于学校的持续教育评估机制，能有效测试学校的质素，提出改善建议，以及促进持续改善素质。例如，美国继续教育与培训认证委员会（ACCET）、德国成人教育研究所（D正）和教育研究机构研制了"面向学习者的继续教育质量测评模型"，英国教育标准化办公室以2006年颁布的《教育督导法案》为法律依据，制定了继续教育机构督导通用框架，等等。

3. 行业协会是继续教育质量管理的有效支撑

行业协会等非政府组织在行业的组织和管理方面发挥着独特的作用。通过行业协会的规制，赋予"增强企业抵御市场风险、规范市场行为、配置市场资源、维护企业共同经济利益"的能力。

行业协会作为整个行业的代表，能够处理和协调各种关系，从而降低企业的经营成本，提高工作效率。

行业协会主要为会员单位提供专业服务，维护会员利益，实现行业自律和公平。行业协会为会员单位提供信息咨询、协调纠纷、发布信息、加强业务培训等公共服务。

行业协会作为行业的代表，参与行业规章制度的制定，行业协会制定的行业政策往往成为国家制定有关规章的依据。

第三节 继续教育全面质量管理的重要性

一、继续教育全面质量管理是继续教育大众化的需求

自改革开放以来，随着我国经济的快速发展，我国高等教育得到了迅速发展。特别是在20世纪末，我国高等教育的扩张使我国的高等教育进入了一个快速发展时期，现在已经进入了高等教育大众化阶段。继续教育作为高等教育的一个领域，自然而然地进入了大众化发展阶段。继续教育大众化阶段不仅是数量的扩大，而且是"质的变化"，包括继续教育质量观念的转变、教育功能的扩大、培养目标和培养模式的多样化、招生条件的多样化、教学计划的制订和教学模式的多样化，以及教育的管理方式，大学和社会关系的变化，等等。

随着继续教育的普及和推广，继续教育的质量也成为继续教育的一个重要研究课题。由于继续教育的普及，继续教育对社会的影响远远超过精英教育对社会的影响。继续教育质量问题已成为各国继续教育改革和研究的热点问题，也是全社会关注的热点问题。

继续教育大众化趋势使人们对继续教育和继续教育质量的关注比以往任何时候都更加强烈。继续教育为国家的科技、经济和社会发展提供了重要的先进人力资源，其质量的高低将对国家的发展和国家的综合竞争力产生重要影响。因此，在这种情况下，为了保证继续教育人才培养的质量，职业院校、企业、政府和社会越来越重视教育质量管理。

二、继续教育全面质量管理是市场经济发展的需要

继续教育质量管理模式应随着不同的社会经济条件而发生变化，在社会主义市场经济条件下，我国的继续教育制度发生了重大变化。职业院校已经开始面向社会、面向市场、面向社会的市场环境。职业院校的影响力不断增强，政府、社会和职业院校已成为继续教育质量保障的三大力量。

继续教育不仅要培养人才，而且要培养适应市场经济建设需要的人才，既要

提供高质量的科技成果，又要具备将科技成果转化为现实生产力的能力，同时，我国还要提供政府决策、社会咨询、校企合作等多种服务。

通过对继续教育质量管理的不断研究和实践，建立社会和市场调节、政府宏观调控、职业院校自主管理的继续教育质量保证体系有利于继续教育在普及过程中适应市场经济发展的需要。

三、继续教育全面质量管理是继续教育自身可持续发展的需要

在继续教育的发展中，各国都十分重视和研究质量管理理论，保证教育质量，重视建立和完善教育质量保证体系。例如，欧洲国家和美国、日本等许多发达国家都有适合本国国情的高质量继续教育系统。因此，研究、比较和借鉴各国继续教育质量管理与控制的先进理论、经验和方法有利于我国继续教育质量管理体系的建立，也有利于我国继续教育在普及过程中的健康、可持续发展。特别是在我国继续教育面临普及化、市场经济转型和国际化的挑战和机遇背景下，继续教育质量管理的研究与继续教育的健康持续发展息息相关。

此外，质量是继续教育发展的基础和生命线。改善继续教育的发展不仅取决于自身的内部制度，还取决于不断变化的国际和国内环境。因此，继续教育质量管理保障体系的建立应与继续教育的内外部环境相协调。只有这样，继续教育才能生存下去，从而走上一条健康、可持续的道路。

四、继续教育全面质量管理是继续教育国际化的需要

在经济全球化的影响下，继续教育不可避免地受到国际化的冲击。我国加入世界贸易组织，一方面，跨国教育认证、跨国教育投资和跨国教育服务层出不穷。同时，我国实施《服务贸易总协定》规定的开放高等教育市场义务，促进继续教育国际合作与竞争。另一方面，我国大多数职业院校的继续教育处于相对封闭的状态，不能快速适应国际化的要求。因此，面对高等教育国际化的挑战，继续教育质量保证和认证体系与国际社会的联系是继续教育质量管理研究的一个新课题。借鉴国际质量标准和指标的成功经验，建立国际标准的质量管理保证体系是提高我国继续教育质量和水平的必由之路。

第四节 职业院校继续教育质量管理的对策

解决职业院校继续教育质量管理方面存在的各种问题和不足，提高职业院校继续教育全面质量管理的水平，主要从以下几个方面提出对策和建议。

一、职业院校继续教育之人的管理

（一）领导层明确继续教育的定位

以学校领导为代表的领导必须明确继续教育在学校发展中的重要地位。继续教育是学校的三大教育职能之一，是大学服务社会的重要途径。这是继续教育实施全面质量管理的重要前提。

（二）加强员工队伍专业化建设

员工队伍的专业化建设关系到员工能否按照项目过程管理的标准进行负责任的作业，直接影响到继续教育项目的质量。可以定期对不同雇员进行专门培训，如新雇员的就业证培训，项目主管、项目策划、班主任技能培训等。

（三）加强校友的组织与管理

继续教育校友是具有特定职业成就的人，与本科生和研究生相比，他们可以更快地反馈给学校自己的捐款，能更好地促进学校继续教育事业的发展。因此，职业院校应注重对继续教育的校友培养。

（四）加强校内师资的挖掘、培育和管理

师资是职业院校的核心竞争力，没有自己的师资，就没有自己的教育竞争力。一方面，我们必须充分挖掘学校里的教师。我们可以对教师进行分类，让弱势教师以社会服务岗位的形式进入继续教育教学。同时，可以将继续教育纳入学校教师评价体系，加强宣传，引导更多教师重视继续教育的教学，探索适合继续教育的教师。另一方面，通过教师培训计划，有计划、有步骤地培养教师，从而增强教师自身的实力，增强教师的核心能力和竞争力。同时，遵循"学术无界限、讲台有纪律"的原则，加强对教师的管理。

（五）强化参训单位组织者在质量管理中的作用

参训单位的组织者是学校与学生之间的沟通桥梁，对于学生的需要，学校已经得到确认。然而，学生的筛选和入学后的评价对学生几乎没有任何作用。学校可以通过协议或互访的方式，在招生和效果评估方面明确学生的资格，从而改善学生的出入境条件。

（六）加强合作单位的准入和管理

作为第三方，合作单位并非由学校直接管理，是质量问题和负面事件的风险点。可以通过制定合作方准入条件、合同管理办法、合作方管理办法等文件制度明确合作的具体条件。上述文件明确规定，合作伙伴的进入需经行政部门或工作领导小组批准。本合同的签订由行政主管部门负责或归档。职责明确，合作范围明确，学校主体不得转移。

二、职业院校继续教育之物的管理

（一）加强教材、项目的研发，整合同质化项目，规避恶性竞争

教材、教学项目的研发是学校的核心竞争力之一。该政策支持项目的研究和开发，也可以为经济提供支持。对于研发能力，如果抄袭别人的项目，争夺同质化项目，采取先引导、后惩罚的策略，积极引导新项目的研发，打击同质化竞争。

（二）加强继续教育正能量的宣传

继续教育的正能量必须注重宣传，形式多样，如网站展示、宣传册制作等，以达到传播特色、扩大影响的目的。

（三）推进继续教育质量管理标准化建设

继续教育质量标准化建设是继续教育全面质量管理的基础。标准化构造可以将复杂的内容分解为简单的链接，并为每个链接的完成设置具体步骤。基本的质量标准化包括质量手册、学生手册和员工手册。

（四）加大投入，提升硬件设施

通过申请办学经费、办学剩余经费、设置经费等方式加大对教室、图书馆、学习室、体育馆、食堂、宿舍等基础设施的投入，提高硬件水平，满足学生学习和生活的需要，增强学校形象。

（五）合理利用校园环境

为了解决校园环境中师生之间的矛盾，一方面，可以分批低密度进入校园，感受校园问题，避免交通拥堵等引起校园内师生的强烈不满，另一方面，大力开展正能量宣传教育，逐步改变师生对继续教育的抵制，从根本上解决校园环境共享问题。

（六）规范财务管理

在财务管理方面，正确处理学校中心利益与学校学科发展的关系，正确处理学校中心收入与项目研发投入的关系，正确处理教师报酬的合理合法性问题。

三、职业院校继续教育之事的管理

（一）制定继续教育发展战略，构建继续教育制度

从教育定位、管理体制、运行机制、资源建设、政策支持等方面进行思考，制定学校未来教育发展战略，搭建继续教育平台，协调继续教育发展。通过继续教育体系建设，保证继续教育发展战略的顺利实施，促进继续教育由粗放型向规范型发展。

（二）深化管理体制改革，优化组织架构

随着继续教育事业的发展，继续教育机构的管理体制必须进行改革。可以探索建立继续教育和集中管理制度，建立地方、行业和企业的继续教育和服务机制。在学校层面，可设立继续教育管理办公室，负责学校继续教育的行政管理工作。继续教育学院转为专门从事继续教育的学校，由职业学院的继续教育中心负责学院继续教育的管理和运作。学校二级管理加强规范化管理，形成比较完整的分散办学体系和学校集中管理的办学体制，形成继续教育办学模式和职业院校分工互利的办学模式。

（三）探索继续教育办学实体内部企业化管理运作模式

通过最高层次的制度设计，明确各部门的责任，分散权力，使基层有充分的自主权。按照企业模式组织管理学校，遵循市场发展规律，优化资源配置，实行独立管理和独立核算，实现合理的盈利能力和效率提升。

（四）明确继续教育学院和专业学院的办学定位

继续教育综合性持续进修学校，开展多种形式的继续教育项目，职业院校按

照学科要求开展专业继续教育培训。对于公共行政学院干部培训和继续教育学院干部培训等交叉学习方案，可以实施区域和次部门专业领域，以避免校办学校之间的竞争，减少内部消耗。学校层面还可以建立创业学院等公共平台，整合学校各单位优势，形成协同效应，参与社会项目竞争，形成学校品牌。

（五）注重继续教育办学过程的管理

教学管理是质量管理的核心。教学管理的质量直接关系项目的成败。教学的组织和实施必须严格遵循国家、职业院校和院校的内部规则、程序和流程，监督教学过程，致力提高教学水平和服务质量。

除了学习之外，继续教育和培训还应为学生提供食宿，因此，后勤保障对提高继续教育的整体质量起着重要作用。组织应有效组织和管理设备、图书馆资料、安全设施、住宿环境、饮食环境等，为继续教育课程和其他学习提供保障。

质量控制是不断提高质量的有效手段。它定期从继续教育和培训服务的各个方面评估学员满意度，分析培训内容、教学方法、基础设施和管理服务的成效，并通过测试和控制促进改进和创新。

行政和财务管理非常重要，有效的行政和财务管理机制可以提高效率，规范管理，可以建立有效的行政和财务管理流程，不断优化和改进，不断规范管理，提供质量保证。

（六）加强沟通反馈机制的建设

沟通反馈路径的畅通性对于发现质量问题和解决质量问题至关重要。可以设置一个意见箱或者投诉电话，可以在第一时间了解学生意见，发现继续教育中的问题，并加以改进。可以通过微信软件进行满意度调查，获得第一手信息，并发现问题，保持进步。

（七）防范负面事件对学校声誉的影响

就大学继续教育的地位而言，承受负面事件后的压力的能力本身也是需要提高的。因此，继续教育应特别注意负面事件的影响，避免对学校声誉造成负面影响。

四、职业院校继续教育质量管理的优化

（一）对继续教育质量的认识

发展继续教育是我国社会主义现代化建设的客观要求，也是加快高等教育大众化进程的重要举措。质量控制是当前制约继续教育发展的瓶颈，是影响继续教育质量和毕业生就业竞争力的重要原因。它往往还是一个压缩版的本科教育，任

何质量控制都离不开质量标准,如果没有科学具体的质量标准作为控制的基础,质量控制就无从谈起。

在长期的实践中,教育质量的控制始终是在实践和学科中进行的。继续教育要与普通全日制高等教育相适应,背离继续教育的特点、教学方法和需要,追求所谓的高质量,实际上就是全日制教育的复制。

不同的学校有不同目标,不同的质量标准会片面强调成人的特点,制订的教学计划缺乏补充。因此,成人教育没有达到必要的规范水平,也没有得到社会的认可。从以上对继续教育质量标准的论述可以看出,继续教育质量标准不应简单照搬普通教育标准或片面强调成年人的特点,而应是适应性与发展性的统一。

教育的适应性是教育质量的本质。这里的适应性意味着教育必须满足不同人群和不同行业的需求,包括外部适应性和内部适应性。外部适应性是指教育要适应国家和社会的需要;内部适应性是指教育要适应教育规律,教育质量要适应教育的内在需要。不同学校可以满足不同学生和家长的需要,也可以满足不同行业的需要。与此同时,教育还必须遵守有关受教育者身心发展的规律,为教育工作者提供各种教育内容、教育模式和教育水平。

开展继续教育,以满足在职人员的学习需要,这就是质量。坚持可持续发展的理念,就是把教育快速成功的发展理念转化为可持续发展的教育理念。它不仅要求教育满足人们的基本生活能力,如职业选择和工作,而且要求教育提高人们的素质,改善人们的新生活,适应、促进生产力发展和社会生活等方面的文明进步。同时,教育应该使教育工作者能够最大限度地发挥他们的价值。通过发展继续教育,保证社会主义现代化建设对高素质劳动者和专门人才的需求,实现可持续发展战略。

(二)加强继续教育教学管理

师资队伍建设是提高继续教育质量的保证。由于多年来继续教育没有得到足够重视,对继续教育教师培训资源的投资不足,教师严重短缺。有些教师只注重培训中的方案,不了解受训人员的实际问题和教育现状;或缺乏实践经验,理论不能与实际挂钩;或没有掌握新成果,内容陈旧,培训质量不高。提高培训质量的关键在于是否有一支高水平的师资队伍,这也是保证继续教育质量的关键。因此,普通职业院校应提高继续教育教师的素质,加强继续教育教师的绩效考核,引入竞争机制,多渠道、多形式培养,提高教学水平;从学术教育到继续教育,按照构建终身教育体系的理念,重视继续教育教师的培养,自觉培养一批比较固定的继续教育骨干教师。同时注重选聘兼职教师,以专职教师为骨干,把专职和兼职结合起来,努力建设一支政治素质高、业务素质高、技术素质高、作风优良的高素质继续教育队伍,为提高职业院校继续教育的整体水平打下扎实的基础。继续教育教学过程管理是提高继续教育质量的核心。

第八章 职业院校继续教育质量管理研究

继续教育对象是指离开正规教育，参与工作，能够承担社会责任的成年人。许多人没有时间参与集中化的面授教学，这意味着面授出勤率不高，工作与学习的矛盾更加突出。在学业成绩评定方面，成绩与考试不分离，教师的思维放松。有些教师在面授课时非常直言不讳。无论学生是否能够接受和理解，他们只想完成教学计划，从而影响教学质量。对学生来说，试卷是由教师签发的。只要他们具备良好的师生关系，他们会学到一些东西，教师会照顾他们。在实践中暴露出来的问题需要深入分析和研究，以寻求有效的对策。

因此，职业院校需要制定一套继续教育教学管理规章制度，规范教学环节，实现日常检查和专项检查、定期检查和抽查、学校检查和继续教育学院自我检查、专家检查和管理人员检查、领导检查与教师的有机结合。课程质量是保证继续教育质量的关键因素之一。

职业院校继续教育应针对在职人员的需要和特点，根据专业岗位的人才规格和人才素质要求设置课程，制订教学计划和教学大纲，以"必要、充分"的理论加强实践教学环节。缩短教学与生产、社会实践的距离，加快知识和智力要素向现实生产力的转化，开设新的科学管理的继续教育课程，提供内容丰富、形式灵活的持续教育工程，直接为工业或企业生产开发服务。在具体操作方面，职业院校可以在广泛收集培训相关信息的基础上，确定培训计划、教学内容和课程设置，充分体现职业院校继续教育的特点，形成自身的优势，吸引有特色和优势的合作伙伴，吸引更多优秀学者前来接受培训。

（三）创造良好的学习环境

继续教育比职业教育更复杂，它涉及已经工作的学习者、学校的管理者等，会对各部门之间的关系产生影响。如果部门之间缺乏合作与协调，往往会导致学习者教育机会的丧失。

一方面，新的人事制度改革要求在职人员有新的思路和新的解决问题的方法，使他们意识到学习的必要性，并大大激励他们继续学习。另一方面，在职员工在工作中学习，工作量太大，时间又太忙，大部分训练时间是在节假日期间进行的。有些培训课程的安排与课时冲突，有时培训内容集中在几天内，有些内容需要在日常教学实践中实施。学习者很难有时间集中精力进行培训。因此，需要各部门之间进行综合协调，建立社会学习保障机制。如发展灵活的学术制度，注重学习者的特点，根据其特点确定学习制度，力求开放和多样化的学习机会，为学习者提供更多教育机会，可以采用学习成本分担的方法，即国家提供免费或低成本的学习机会，承担任职者的部分学习和培训费用，减轻任职者的工作和学习压力，鼓励任职者不断更新知识，为国家的发展服务。

（四）建立科学评估体系，保证继续教育的质量

学校领导和管理者需要客观信息作为及时调整教学质量目标、决策和教师教学质量的依据。质量评价的目标、指标体系和标准可以指明教师努力的方向和奋斗的具体目标，激发教师的积极性。

通过质量评估，有效保证了教学质量，促进了职业院校继续教育的健康有序发展。建立有效的继续教育监控机制，重视继续教育建设，使继续教育工作健康有效、不断发展成为我国经济发展的摇篮，有助于培养复合型人才。

评估小组成员可由教育部门主任、学校有关专家、继续教育学院院长、社会企业用人单位主任和有关专家组成。对教师的培养方案、课程设置、教学内容、教学方法、教学手段和教学效果进行综合评价。

评价继续教育成败的关键在于人才培养质量是否达到要求的水平。继续教育的质量标准是适应社会发展的要求，服务社会，符合教育本身的内在规律。同时，通过继续教育，教育者可以最大限度地发挥自己的价值。

参考文献

[1] 李晓娜，顾晟.基于职业院校学历继续教育发展的几点思考[J].泰州职业技术学院学报，2018，18（4）：3.

[2] 王蕾.新形势下职业院校学历继续教育转型发展策略分析[J].中外交流，2020，27（26）：33.

[3] 周欢.新常态下成人高等学历教育发展策略研究[D].合肥：合肥工业大学，2023.

[4] 戴晓炜.新政策形势下职业院校学历继续教育发展刍论[J].成才之路，2019（5）：2.

[5] 邱光树.高等职业院校继续教育服务发展现状研究[J].现代职业教育，2021，（4）：206-207.

[6] 李生京.抵御金融危机的高等职业教育发展战略研究——以吉林省为例[J].现代教育科学，2010（5）：26.

[7] 张畅.新时代背景下我国职业院校学历继续教育发展路径探析[J].长江工程职业技术学院学报，2019，36（4）：3.

[8] 王泽静.浅析职业院校继续教育学院如何做好管理工作[J].今日科苑，2010（22）：1.

[9] 王蕾，黄长久.基于SWOT分析的北京市职业院校学历继续教育发展策略研究[J].北京劳动保障职业学院学报，2021，15（2）：6.

[10] 王慧芳.高等院校非学历教育管理模式的变革探析[J].职教论坛，2012（24）：4.

[11] 张治斌.基于市场需求的高职继续教育发展研究[J].科技创新导报，2017，14（23）：2.

[12] 赵跃强.构建多元化继续教育培训体系的研究[J].天津职业院校联合学报，2016（6）：19-23.

[13] 赵海豹，许冰冰.新时期职业院校成人高等学历教育问题与对策研究[J].高等职业教育：天津职业大学学报，2018，27（3）：4.

[14] 蓝敏萍.广西职业院校职业继续教育发展现状与对策研究[J].广西教育，2018（47）：4.

[15] 任云妹.社会服务新格局下的职业院校继续教育发展趋势研究[J].佳木斯职业学院学报,2018（12）：2.

[16] 魏志耕.职业院校继续教育专业化研究[D].长沙：中南大学,2008.

[17] 王文科.谈成人高等教育当前误区及今后发展思路[J].继续教育研究,2008.

[18] 饶瑶,孙焕良,梁玉祝.成人高等教育与高等职业教育的融合发展研究[J].2021：71-76.

[19] 张淑君.职业院校继续教育发展研究[M].北京：光明日报出版社,2014.

[20] 魏志耕.职业院校继续教育专业化研究[D].长沙：中南大学,2023-08-05.

[21] 付雪洁.职业院校面向行业继续教育的实践研究[D].西安：西安建筑科技大学,2023-08-05.

[22] 唐建华.四川省高等职业院校学历继续教育的困境与对策[J].福建茶叶,2019,41（11）：1.

[23] 张培.职业院校发展继续教育工作思路与实现路径研究[J].成人教育,2016,36（2）：67-70.

[24] 张娟,王玮,董静.应用型本科院校成人高等学历教育的发展研究[J].继续教育,2016（3）：4.